Bill Mason

W0398025

Die Kunst des Kanufahrens

Der Canadier

Bill Mason

Die Kunst des Kanufahrens

Der Canadier

mit Fotos von Bill Mason und seinen Mitarbeitern,
Ernst Becher, Ernst Becker, Arno Gatz, Toni Harting,
Sammlung Elmar Engel, Parks Canada

BusseSeewald Herford

Originalausgabe:
Path of the Paddle

ISBN: 0-919493-38-6 (paperback)

CIP-Kurztitelaufnahme der Deutschen Bibliothek
Mason, Bill
Die Kunst des Kanufahrens: Der Canadier
(Dt. Bearbeitung von Arno Gatz und Elmar Engel)
Herford: Busse Seewald, 1987
Einheitssacht., Path of the Paddle, (dt.)
ISBN 3-512-00775-9

Deutsche Ausgabe:
(mit freundlicher Unterstützung des Canada Council)

1. Auflage Februar 1987
2. Auflage Oktober 1987
3. Auflage März 1990
4. Auflage Januar 1991

Graphische Gestaltung: Mike Niedieck, Köln
Fotosatz: Richarz Publikationsservice, St. Augustin
Druck: Busse Druck, Herford
Printed in West Germany
ISBN 3-512-00775-9

Inhaltsverzeichnis

Vorwort

Ein Wort zu Kanu, Canadier und Kanadier. Kanu ist eine Art von Oberbegriff. So beinhaltet Kanusport auch das Kajakfahren. *Der* Kajak jedoch ist eine eigenständige Bootsgattung, die von den Eskimos „erfunden" und zum Teil heute noch gefahren wird.
Das klassische „Indianer-Kanu" wird in Mitteleuropa offiziell Canadier genannt. Wer also „Kanu" sagt und „Canadier" meint, macht durchaus keinen Fehler. Der Begriff „Canadier" ist aber genauer und absolut unmißverständlich.
„Die Kunst des Kanufahrens: Der Canadier" enthält alles Wesentliche, was man wissen sollte, um eine Kanutour allein, mit Freunden oder Familie zu planen und zu genießen. Dem Leser, der Leserin wird die Kunst des Canadierfahrens wirklich nahegebracht. Die Techniken sind für Anfänger und erfahrene Kanuten in einmaliger Art in Wort und Bild dargestellt. Bill Mason hat damit das wohl beste Canadier-Lehrbuch überhaupt geschaffen. Auch für uns Europäer. Elmar Engel hat als Schriftsteller, Kanufahrer und Waldläufer die schwierige Aufgabe der Übersetzung übernommen und viele andere wichtige Dinge, die zur Herausgabe eines Buches gehören. Mir war es ebenfalls möglich, in weiten Bereichen mitzuarbeiten. Ich bin mit großer Freude an diese Aufgabe herangegangen, nachdem der Plan gefaßt wurde, „Die Kunst des Kanufahrens" herauszubringen.

Gegen Ende des Zweiten Weltkrieges – ich war damals zehn Jahre alt – hatten mir und vielen meiner Freunde die Amerikaner einen Treibstofftank vom Himmel geworfen. Die Unterseite wurde platt geklopft, in die Oberseite ein Mannloch geschnitten. Zwei Frühstücksbrettchen wurden an einen Besenstiel genagelt, und ab ging's auf den nächsten Tümpel.
Ich bin aus Liebe zur Natur und zum Wasser zum Kanusport gekommen. Die handwerkliche Ausbildung führte zur Betriebsgründung. Einige Jahre später, als die Familie größer wurde und wir trotzdem weiter Kanusport betreiben wollten, begann ich mit dem Bau der ersten Canadier. Weitere Modelle folgten, die zwangsläufig in die Richtung der alten, aber zeitlosen Formen gehen mußten. Ganz einfach, weil ein starkes Interesse besteht an der Kultur und den handwerklichen Fähigkeiten alter Völker, speziell der Eskimos (Inuit) und Indianer, die zwei so hervorragend durchkonstruierte und auf ihre Lebensbedingungen zugeschnittenen Boote wie Fellkajak und Birkenrindenkanu entwickelt hatten. Nicht nur meiner Meinung nach gibt es kein wundervolleres, graziöseres Boot als den Canadier.
Und es gibt kaum ein Medium, unsere Umwelt besser kennen und lieben zu lernen. An den Flüssen und Seen manifestieren sich aber auch die Sünden gegen diese Natur am ehesten.

Gerade der Kanute erlebt und erleidet sie am eigenen Leib wie kaum ein anderer. Deshalb ist gerade er bestrebt und auch bereit, sein Revier, seine Gewässer, seine Umwelt zu schützen. Ich freue mich, daß der Naturschutzgedanke gerade unter Kanuten eine so große Verbreitung hat. Je mehr von uns die Flüsse und Ströme hinunterfahren, um so größer ist unsere Möglichkeit der Einflußnahme. Wir – meine Familie, meine Freunde und ich – haben es stets so gehalten, halten es immer noch so und hoffen, noch lange Jahre dem Kanusport nachgehen zu können; auf fernen wie auf heimischen Gewässern. So wie ein Canadier immer zeitgemäß bleiben wird, wird auch dieses Buch nie seinen Reiz für Leser verlieren, solange noch Flüsse zum Meer fließen. Der Autor, der die Kenntnis des Experten hat, vermittelt mit seinem eigenen Enthusiasmus eine Begeisterung für das Canadierfahren, das ganz sicher auch Sie, verehrte Leserin und verehrter Leser, in ihren Bann zieht. Ob es die Stromschnellen im Frühjahr sind oder die Empfindung der Schönheit der Natur auf einem spiegelglatten See am frühen Morgen – Kanufahren ist Poesie und spannendes Abenteuer zugleich. Lernen Sie von einem Meister auf unnachahmlich kurzweilige Art, und bald wird Sie jeder Paddelschlag den Wundern der Natur näher bringen. Vor allem aber werden Sie lernen, das Wildwasser besser zu verstehen. Die unvorhersehbaren Gefahren, die jedes Naturphänomen in sich birgt, werden sich reduzieren lassen. Richtig erlernt, ist der Kanusport schöner, leichter und aufregender. Ich hoffe, dieses Buch inspiriert Sie zum Canadierfahren. Ich hoffe weiterhin, daß Ihnen dieser Sport dieselbe Erfüllung wie mir bringt. Ich bin sicher: Der „Pfad des Paddels“ – wie Bill Masons Buch im kanadischen Original heißt – ist ein guter Weg dahin.

Köln, Januar 1987
Arno Gatz

Legende

Sologepaddelter Canadier – Dreieck zeigt in Fahrtrichtung

Von zwei Fahrern gepaddelter Canadier

Die Striche symbolisieren den Weg des Paddels im Wasser – die Dreiecke die Schlagrichtung

Querstrich bedeutet stationär im Wasser gehaltenes Paddel

Bewegungsrichtung

Bewegungsrichtung während einer normalen Drehung

Bewegungsrichtung während einer schnellen Drehung

Felsblöcke über oder knapp unter der Wasseroberfläche (rock) — **R**

Kehrstrom (eddy) — **E**

Stromzunge (deep-water V) — **V**

Walze (souse hole) — **S**

Schwelle, Felsriegel (ledge) — **L**

Schwall (haystack) — **H**

Stromrichtung (current)

Die Kunst des Kanufahrens – Der Canadier

Das Kanu und hier insbesonders der Canadier ist das einfachste, funktionellste und dabei ästhetisch ansprechendste Objekt, das je geschaffen wurde. Das ist nach meiner Ansicht keine Feststellung, über die zu debattieren ist, sondern eine Tatsache. Daraus läßt sich zwingend folgern, daß – vorausgesetzt, das Kanu bzw. der Canadier ist das ansprechendste Objekt menschlicher Schöpfung – die Kunst des Kanufahrens zweifellos einen ebenso hohen Stellenwert haben muß wie Malerei, Dichtung, Musik und Ballett. Angesichts der sich ständig ändernden Wind-, Wellen- und Fließbedingungen des Wassers sind die Möglichkeiten, einen Canadier in jeder Lage mit Phantasie und Eleganz zu beherrschen, unausschöpfbar. In den vierzig Jahren, die ich Canadier fahre, kehrte ich selten von einer Tour zurück, ohne nicht etwas ausgekundschaftet zu haben. Niemand wird sich je in der Kunst des Kanufahrens so perfektionieren können, daß es nichts mehr zu entdecken gäbe.

Vor nicht allzulanger Zeit probierte eine Gruppe von Kajakspezialisten alles nur Menschenmögliche, sich auf dem Dudkosi River, der direkt vom Mount Everest herabstürzt, umzubringen. Es war ein mehr als verrücktes Unternehmen – es war der freie Fall im Kajak. Obwohl alle ihre Bemühungen dagegen sprachen, überlebten die Männer – wie auch immer! Sie hatten die Grenze des Paddelbaren weit über die wildesten, nur denkbaren Träume hinausgeschoben.

Doch Kajaks sind nicht Gegenstand dieses Buches. Das Thema würde zu weit ausufern. Dieses Buch handelt vom klassischen Kanu, vom „Canadier".

Wir Kanufahrer sind bescheiden. Trotz des oben Gesagten geben wir gerne zu, daß ein Canadier nicht die einzige Möglichkeit ist, sich umzutun. Andererseits sind wir aber überzeugt, daß der Wander-Canadier das schönste Medium des Reisens ist.

Die große Rolle, die das Kanu gerade in Nordamerika als Fortbewegungs- und Transportmittel spielte, gehört natürlich der Vergangenheit an. Doch die Bedeutung des Kanus, des Canadiers ist nicht nur Nostalgie – allein die Akzente sind inzwischen anders gesetzt. Für Handel und Pelzwirtschaft sind die Boote heute unwichtig, aber statt dessen sind sie zum Medium geworden, die uns noch verbliebene Urnatur viel intensiver als sonst möglich zu erleben.

Die *großen* Entdeckungen sind alle gemacht – doch immer noch bleibt ungeheuer viel zu erkunden, zu erfahren, wiederzubeleben. Im Lande selbst, bei den dort lebenden Geschöpfen, in uns selbst. Etwas darüber herauszufinden, woher wir kommen und auf was wir uns zu bewegen. Es gibt keine bessere Art, sich dieser Suche zu stellen, als mit dem Kanu einzutauchen in die Atmosphäre eines Flusses oder Sees.

Kanufahren – eine Droge

Warnen jedoch muß ich Sie, der oder die Sie diese Zeilen lesen: Bevor Sie ernsthaft darüber nachdenken, sich mit dem Kanufahren zu befassen, müssen Sie sich klarmachen, daß Sie ihm unrettbar verfallen. Daß Sie, wenn die schlimme Zeit des Frostes und des Winters Flüsse und Seen unpassierbar macht, ungeduldig werden. Skilaufen könnte ein Ersatz sein – aber es ist eben nur Ersatz. Die Jahreszeit ohne Kanufahren kann zwar verkürzt werden durch Pflege- und Politurarbeiten, doch was ist das alles ... Da hilft nur eins: Möge der Winter mild werden und der Frühling zeitig einsetzen! Vielleicht besteht sogar die Möglichkeit, die Paddelsaison aufs ganze Jahr auszudehnen – selbst um den Preis von Neopren-Anzügen, Strickmützen und Handschuhen. Es ist herrlich, trotz der eisigen Tropfen, die einem vom Genick den schaudernden Rücken hinunterrinnen.
Das beste Gegenmittel gegen die Frustration des Winters sind Landkarten. Über Karten gebeugt, vergeht die Zeit schneller ... Wenn Sie dann auch noch die Karte mit einem Kunststoffüberzug versehen, können Sie sie sogar als Tischdecke benutzen, oder als Vorhang oder irgendetwas anderes. Trotzdem ist das Dasein eines Kanufahrers nicht leicht während einer klirrenden Frostperiode ... aber was ist das dann für ein unbeschreibliches Gefühl, wenn mit den längeren Tagen die Bäche unter dem Eis zu murmeln beginnen!

Meine Leidenschaft fürs Kanufahren begann erstaunlich früh. So früh, daß ich mich überhaupt nicht erinnern kann, von einem Canadier jemals *nicht* fasziniert gewesen zu sein. Meine Eltern erzählten, daß sich diese Neigung bei mir bereits als Kind – mit fünf oder sechs Jahren – herauszukristallisieren begann.
In Grand Beach am Lake Winnipeg, wo wir den Sommer verbrachten, krabbelte ich die meiste Zeit zwischen den auf den Strand hochgezogenen Kanus herum. Und wenn ich erst eines fand, das am Steg festgemacht war! Dann stieg ich die Leiter hinunter und paddelte es vor und zurück – soweit der Festmacher reichte. Wer fünf oder sechs Jahre alt und mit einer lebhaften Phantasie begabt ist, dem stellt eine Leine von nur einem Meter Länge kein unüberbrückbares Hindernis dar. Ich paddelte über Seen und Ozeane; ich bezwang Stromschnellen, die noch keiner vor mir bezwungen hatte, und das alles in der Reichweite eines Taus von nicht mehr als hundert Zentimetern. Bis endlich der Eigentümer des Kanus kam und knurrte, wenn ich da nicht sofort verschwände, dann ...

Die schönste Erinnerung meiner Kindheit ist die volle Woche, für die mein Vater einen Canadier mietete. Normalerweise tat er das nur für eine Stunde oder auch mal für zwei – doch diesmal zahlte er für eine ganze Woche! Das war, als ob das Boot einem selbst gehörte. Wir konnten lospaddeln, wann immer wir wollten. Es war unbeschreiblich. Das Einzige, was ich mit dieser Woche vergleichen kann, war der Tag, an dem ich meinen ersten Canadier erwarb. Nichts von dem, was seit der Zeit in meinen Besitz überging, kann sich damit messen. Ich stellte das Boot direkt unter dem Küchenfenster ab, damit ich es auch beim Essen sehen konnte. Ich legte es mal so und mal so auf, damit ich es aus den verschiedensten Winkeln betrachten konnte. Und fand heraus, daß ein Canadier – aus welchem Blickwinkel auch immer – ungemein formschön ist. Sogar dann, wenn er umgedreht auf dem Rasen liegt.
29 Jahre sind vergangen, seitdem ich diesen ersten Canadier kaufte, und immer noch verbringe ich eine Menge Zeit mit dem Anschauen meiner Boote. Das erste ist inzwischen längst Erinnerung – aber ich habe Ersatz dafür gefunden. Der Ersatz ist nicht ein einziges, sondern ich bin inzwischen beim siebzehnten „Schiff“ angekommen. Trotzdem könnte ich noch ein paar mehr gebrauchen, aber irgendwann sollte man sich bescheiden.
Es ist für mich kaum zu glauben, daß nicht alle Welt kanuverrückt ist. Meiner Ansicht nach ist das Kanu das einzige Fortbewegungsmittel, das keine beweglichen Teile hat. Da gibt es nichts, was aussetzen kann oder was man füttern muß. Wie Pferde zum Beispiel, die Koliken bekommen oder lahmen oder aus der Koppel ausbrechen. Allerdings muß ich ein Zugeständnis machen: Läßt man eine Anzahl von Pferden unterschiedlichen Geschlechts eine gewisse Zeit frei herumlaufen, hat man in absehbarer Zeit ein paar Pferde mehr. Ich kann ja verstehen, daß es so etwas wie Pferdenar-

Magnetawan River, Ontario

Denison Falls, University River, Ontario

Blue Chute, French River, Ontario

Little Thompson Rapids, Petawawa River, Ontario

Magpie River, Ontario

Cascade Falls, Lake Superior

ren gibt – aber Kanubesessenheit ist am allerschlimmsten. Diese Leidenschaft kann das ganze Leben umkrempeln, wie bei mir. Nachdem ich mein Graphikstudium beendet hatte, fing ich bei einer Werbeagentur an. Ich mochte meine Arbeit, mit meinen Kollegen kam ich gut aus. Doch alljährlich während der Schneeschmelze marschierte ich ins Chefbüro und eröffnete dort, ich gedenke bis zum Spätherbst ganz allein mit meinem Kanu in der Wildnis herumzustromern.
Der Boss warf mich jedesmal raus, weil ich ihn während des arbeitsintensiven Frühjahrs im Stich ließ. Während der anschließenden zwei Wochen Kündigungszeit wechselte er kaum ein Wort mit mir. Doch am letzten Nachmittag kam er doch angeschlichen, um Goodbye zu sagen. Dabei kam es dann zu einem kleinen Pokerspiel, währenddessen er andeutete, womöglich könne er mich zum Herbst nochmals einstellen. Ich würde gerne wiederkommen, sagte ich ihm, doch lieber auf der Basis eines freien Mitarbeiters ... Es wäre doch nett, die Kollegen wiederzutreffen ... So ging das an die sechs Jahre, bis ich daraufkam, mir eine Existenz aufbauen zu können – mit dem Drehen von Filmen übers Kanufahren oder von Filmen, in denen Kanus eine Rolle spielten.

Die Kunst, ein Kanu zu paddeln

Es ist schon lange her, daß ich an meinem Feuer auf den Uferfelsen eines Sees hoch oben im Norden saß, als aus dem Nebel ein Kanu mit einem Indianer auftauchte, der auf dem Weg zu den Fischnetzen war. Das Gleichmaß seiner Bewegungen war unbeschreiblich. Der Indianer paddelte ohne sichtbare Anstrengung und doch mit seinem ganzen Körper.
Er überquerte rasch den See und war schneller im Nebel wieder verschwunden, als ich es für möglich gehalten hätte. Es sah so aus, als ob er diese Geschwindigkeit, ohne zu ermüden, unendlich lange beibehalten könnte. Ich sprang in meinen eigenen Canadier, um seine Technik nachzuvollziehen. Und seitdem probiere ich's immer wieder, doch ohne dieser Harmonie nahezukommen. Der Grund liegt auf der Hand: Der Indianer hat wahrscheinlich Tag für Tag seines Lebens gepaddelt. Vom Aufbruch des Eises bis zum Zufrieren des Wassers – und das habe ich nicht. So einfach ist das. Es ist wie mit dem Reiten: Schon nach ein paar Stunden ge-

lingt es einem, sich auf dem Pferd zu halten, aber es kann ein Leben lang dauern, bis man wirklich dort hinaufgehört. Als erstes muß man beim Kanufahren lernen, daß ein Canadier kein leb- oder seelenloses Objekt ist. Er gewinnt rasch an Temperament, bezieht sein Leben aus der Strömung des Wassers, der Bewegung der Luft. Das Verhalten des Bootes hängt von den Elementen ab – von dem leisesten Windhauch bis zum brüllenden Sturm, vom bescheidensten Wasserkräusel bis zum meterhohen Brecher, vom sich gemächlich schlängelnden Bach bis zum donnernden Katarakt. Jeder kann einen Canadier auf einem stillen Mühlenteich handhaben – doch in einer Stromschnelle wird aus dem Boot ein wilder Mustang, der straff am Zügel geführt werden muß. Die Besatzung muß es in ihre – und aus seiner – Richtung zwingen. Es ist wie beim Reiten: Der Canadier wird den über Bord kippen, der ihm zuviel Spielraum läßt, und er wird allein den Fluß hinuntertreiben.

Selbstunterricht

Obwohl die persönliche Unterweisung optimal ist, kann man das Kanufahren auch allein erlernen. Die Erfahrung im Wildwasserfahren erwarb ich durch Probieren – und durch manche böse Überraschung. Leider sind zwei Canadier dabei zu Bruch gegangen, und auch mich hätte es um ein Haar erwischt. Kurz und gut: Ich hatte Glück, daß ich mit dem Leben davonkam. Kurz darauf stieß ich auf das Buch „New Way of the Wilderness“ von Calvin Rutstrum und lernte durch diese Lektüre ungeheuer viel.
Doch die Kunst des Kanufahren hat sich seit dieser Zeit weiter entwickelt. Sie ist lebendig und macht Fortschritte. (In Nordamerika gibt es z.B. breitgefächerte Lehrprogramme für Kinder). Diese Weiterentwicklung ist noch lange nicht abgeschlossen und widerspricht nicht meinem Wunsch, meine Erfahrungen aus dreißig Jahren Praxis weiterzureichen – die ich vor allem in einer ursprünglichen Natur erworben habe. Es gibt eine ganze Reihe von grundsätzlichen Meinungen über Wildwasserfahren mit Wandercanadiern, die bis jetzt in keinem Buch gesammelt sind – oder Verhaltensweisen, die weiterempfohlen wurden. Es freut mich sehr, wenn ich damit die Kunst des Kanufahrens weiter fördern könnte.

Es gibt in Deutschland leider noch keine speziellen Canadier-Schulen oder -Lehrgänge; dafür aber eine ganze Reihe von Wildwasser-Lehrgängen für den Umgang mit dem Kajak. Doch im Zuge der noch nicht abgeschlossenen, spezifisch deutschen Umstellung vom Faltboot über den Poly-Kajak hin zum Canadier ist es nur noch eine Frage der Zeit, bis es soweit ist. Inzwischen hat sich jedoch schon eine ganze Reihe von Canadier-Verleihern etabliert, bei denen man erstmal mit einem solchen Gefährt auf du und du gehen kann. Die Adressen erfährt man über Kanu-Ausrüster, Sportgeschäfte oder beim DKV.
Deutscher Kanu-Verband
Postfach 10 09 50, Bertaallee 8
Tel. 0203 – 7 29 65 – 66
Teletex: 2627 203 389 KANU
D 4100 Duisburg 1
Der Verband baut zur Zeit eine Videothek mit Lehrfilmen und Kassetten auf, in der auch Bill Masons Filme verliehen werden sollen (derzeit nur erhältlich für Schulen und Vereine beim Landesfilmdienst, Düsseldorf, und bei der Kanadischen Botschaft, Bonn).

Solotouren

Einen Canadier allein zu paddeln, bedeutet nicht unbedingt, allein zu reisen. Es bedeutet lediglich, daß das Boot von einer einzigen Person gefahren wird. Die Anzahl der Fahrzeuge spielt dabei keine Rolle. Sicher sind auch heute Menschen ganz allein unterwegs, doch sind es längst nicht mehr soviele wie früher. Damals war es der einsame Trapper, der auf sich gestellte Prospektor, der freischweifende indianische Jäger. An ihre Stelle sind heute die Freizeit-Paddler getreten. Bei ihnen sind zwei in einem Boot, ist eine Flottille von Booten die Regel. Eine Gruppierung, die der Kamaradschaft dient und darüberhinaus Sicherheit bedeutet. Es hat sogar mal einer geschrieben:
„Ein Einzelgänger, der ablegt und mit seinem Kanu in Richtung untergehende Sonne verschwindet – das ist der Unsinn, der aus Hollywood kommt. Im heutigen Kanusport hat sowas keine Berechtigung mehr.“
Leider ist es aber genau das, was ich mein Leben lang getan habe. Trotzdem erfreue ich mich immer noch meines Daseins. Allerdings gebe ich auch unumwunden zu, daß Solotouren gefährlich sein können. Ebenso gefährlich wie ein Auto, das mit 80 km/h über eine Landstraße braust, dem ein anderes Auto mit derselben Geschwindigkeit entgegenkommt – und es im Abstand von anderthalb Metern passiert. Jedesmal, wenn eine solche Alltagssituation eintritt, liegen lediglich 150 cm zwischen einem selbst und dem katastrophalen 160 km-Zusammenstoß. Autofahren gehört zu den gefährlichsten Tätigkeiten, denen wir nachgehen; dabei ist es längst der normalste aller Vorgänge. Auto wie Kanu: Das Risiko fährt immer mit, ob man allein ist oder zu zweit. Trotzdem ist die Gefahr bei einer Solotour in der Wildnis zwangsläufig höher. Ein einziger Fehler kann einen qualvoll langsamen Tod fern jeder Hilfe bedeuten. Eine Verletzung mit der Axt, ein Sturz auf der Portage mit einem 40 kg-Pakken auf dem Buckel, eine Kenterung in einer Schnelle; Blinddarm, Herzanfall: eine andere, plötzlich auftretende Krankheit – die Liste ist endlos. Da beißt keine Maus einen Faden ab: Die Risiken des Alleinfahrers sind um ein Vielfaches größer als in der Gruppe oder auch nur zu zweit.
Andererseits stimmt es, daß viele allein paddelnde Trapper, Prospektoren und Jäger ein hohes Alter erreichten. Aber sie haben das Kanufahren meist schon in ihrer Kindheit erlernt, sind in diesem Metier aufgewachsen – bis sie zu äußerst

kompetenten Waldläufern und Kanuten heranreiften. Sie, die Beruf, Wildnis und Kanu miteinander verbanden, fuhren nicht allein, weil sie es unbedingt wollten. Sie mußten es tun, weil ihr Geschäft so bescheidenen Gewinn abwarf, daß keine zwei Leute davon zu existieren vermochten. So ist das auch heute noch mit Schriftstellern, Malern oder Photographen, die ihrem Ein-Mann/Frau-Job nachgehen. Mit viel Glück mag man jemanden finden, der flexibel und anpassungsfähig zugleich ist, um das Abenteuer mit einem zu bestehen.

In die größte Gefahr begibt sich zwangsläufig der alleinfahrende Anfänger. Das zweite kritische Stadium tritt ein, wenn man sich besser und sicherer glaubt, als man wirklich ist. Bei mir passierte es während meines dritten Solo-Kanusommers: Ich mußte ein hübsches Kanu – oder besser: das Wrack, das davon übrig war – am Ufer einer sehr turbulenten Schnelle zurücklassen und zu Fuß die Wildnis verlassen. Zu genau diesem Zeitpunkt wußte ich aufgrund der bösen Erfahrung viel mehr über die Kunst und die Risiken des Kanufahrens als zu Beginn des Trips. Inzwischen bin ich weise genug, bei jeder Alleinfahrt alle gefährlichen Stromschnellen zu umtragen. Man muß sich einfach damit abfinden, daß wir Großstadtkinder, die wir die Ästhetik der Wildnis suchen, uns im Gegensatz zum Oldtimer auf gänzlich ungewohntem und damit gefährlichem Terrain bewegen. Es ist aber auch eine empfehlenswerte und ernüchternde Lektüre, von jenen kanufahrenden Waldläufern zu erfahren, die allein auszogen und nie wiederkamen. Wie Tom Thomson zum Beispiel, jener begnadete kanadische Maler, dessen Unfalltod für mich eine ungeheure Tragödie ist. Wer möchte nicht um die Meisterwerke wissen, die zu schaffen ihm nicht mehr vergönnt war? Er mußte in der Einsamkeit malen. Er wagte das Risiko und verlor.

Es ist gut und begrüßenswert, daß am häufigsten und liebsten in der Gruppe gepaddelt wird. Darüberhinaus gibt es noch die wenigen unabhängigen Individuen, die nach absoluter Freiheit, nach dem wirklichen Abenteuer Ausschau halten und die ganz allein losziehen. Vor allen ihnen wünsche ich gute Reise. Und „bis auf bald!“ – irgendwo weit draußen. Vielleicht werden wir einmal mit einer dampfenden Tasse Tee in der Hand zusammen am Feuer sitzen und für eine Weile die gegenseitige Gesellschaft genießen – um dann wieder aufzubrechen.

Der eine in die eine, der andere in die andere Richtung. Für mich gibt es nichts Schöneres, und für mich existiert auch keine größere Herausforderung, als im Frühjahr das Kanu zu beladen und ungebunden durch die Wildnis zu ziehen. Mit keinem anderen Ziel vor Augen, als irgendwo am Abend ein Lager aufzuschlagen. Es liegt ein ungeheurer Reiz in diesen Fahrten, die ich als junger Mann unternommen habe und für die meine Familie jetzt meinen Enthusiasmus teilt. Über den Reiz der Alleinfahrt schreibt

Calvin Rutstrum: „Der Mensch ist ein soziales Wesen und wird ständig auf diese Tatsache hingewiesen. Trotzdem erfährt er die tiefgreifendsten Augenblicke seines Lebens im Alleinsein. Nur wenige haben sich solo sehr weit in die Wildnis vorgewagt. Auch die, die es wagen, können der Einsamkeit nicht entfliehen. Doch warum eigentlich gehen wir allein? Nach meiner Erfahrung müssen wir, um den Reiz der Wildnis durch und durch aufnehmen zu können, uns hin und wieder ganz auf uns selbst besinnen und allein losziehen. Ein Trip in der Gemeinschaft anderer hat vollkommen andersartige Wertigkeiten und fraglos auch berechtigte Freuden. Nur ist er etwas ganz anderes als eine Solotour, auf der man feinnerviger und gefühlsbetonter lebt.

Die subjektive Reaktion auf die Umwelt wird absolut, die objektive Reaktion verflüchtigt sich durch die starke Intimität der natürlichen Existenz.

Allein am Feuer, mit einem tiefen Gefühl des Entkommenseins und der Freiheit, bereitet man sein Mahl so, wie es einem selbst schmeckt, richtet sein Lager da ein, wo es einem am besten gefällt. Ist man allein, hält man sich an einen individuellen Tagesablauf; man legt große Strecken zurück, wenn einem danach ist – oder man widmet sich unbeeilt, still und nachdenklich der Szenerie. Je länger die Tage des Alleinseins andauern, umso eher fällt das Gefühl der Einsamkeit von einem ab. Das Wild leistet einem Gesellschaft, wie berührt mit einem Zauberstab, da man selbst jegliches Geräusch der eigenen Bewegungen, des Fahrzeugs, der Ausrüstung kontrolliert. Die Sinne schärfen sich durch die Konzentration. Es gibt weniger Zerstreuungen und weniger Ablenkungen – die Atmosphäre wird entrümpelt, und die Reaktionen werden direkter. Man entwickelt ein besseres Ohr für jeden Ton, ein besseres Auge für jede Bewegung.

Das Leben des Alleingängers mündet zwangsläufig in die Subjektivität. Der Mensch schlüpft aus seiner Rolle als Eindringling zugunsten eines fest in der Natur verankerten Teils ihrer selbst.“

Ich kann Calvin Rutstrums Philosophie übers Alleinreisen nur beipflichten. Der Großteil meiner Skizzen, Gemälde und manche Filme sind auf solchen Touren entstanden. Dabei bin ich mir vollkommen im klaren, daß mein erster Fehler mein letzter sein könnte. Deshalb verstehe ich auch, daß alle auf Sicherheit bedachten Organisationen unnachgiebig hart gegen Solotouren argumentieren. Ich bin, genau wie sie, auf Sicherheit bedacht – doch kann ich mich nicht zu dem Hinweis durchringen, daß Solotouren der Vergangenheit angehören müssen.
Ich glaube, niemand hat das Recht, sie als ein Kapitel der Vergangenheit einzuordnen. Aber ich kann nur wiederholen, daß Alleingänge in der Wildnis – ob zu Fuß oder im Kanu – wirklich extrem gefährlich sind. Im übrigen kann jeder Unfall zu einer höchst kostspieligen Suchaktion – und sei es „nur“ um der Leiche willen – ausufern. Die sorgsame Abschätzung und nicht die Überschätzung der eigenen Möglichkeiten ist eine unabdingbare Voraussetzung. Außerdem bleibt immer noch der Dachziegel-Effekt: der böse Zufall, den kein Mensch ausschließen kann. Auch er muß vor dem Alleingang miteinkalkuliert werden.
Soll man sich nun allein oder zu zweit den Anfängen des Paddelns widmen? Die Ansichten der Fachleute gehen auseinander. Die Praktiker setzen zwei Leute in einen Canadier. Die Logik spricht dafür – der Canadier ist ein Zweierboot. Der zweite Grund sind die Probleme, die der Alleinfahrer, und da erst recht der Anfänger, mit dem Wind hat. Es gibt trotzdem gute Gründe, daß eine Person pro Boot paddeln lernt. Ich zum Beispiel bin sehr dafür.
Wenn aber kein erfahrener Kanute zur Hand ist, sollte zumindest ein zweites *Boot* dabeisein, damit man sich gegenseitig unterstützen kann. Auch ist es ratsam, sich für den ersten Versuch einen windstillen Tag auszuwählen.

Ballast

Niemals sollte man zur Stabilisierung etwas nehmen, was schwerer als Wasser ist – wie zum bösen Beispiel: Steine. Möglicherweise verklemmen sie sich bei einer Kenterung, und das Fahrzeug sinkt. Ein Boot mit Ballast zu fahren, ist eine schwache Krücke und ein schlechter Ersatz für guten Trimm, richtige Position und ordentliche Technik.

Aller Anfang ist schwer

Für manche Leute läuft es auf eine abenteuerliche Konfrontation hinaus, wenn sie zum erstenmal einem Canadier gegenüberstehen. Ich habe beispielsweise einen Freund, einen Mathematikprofessor. In seinem Fach ist er eine Koryphäe. Doch wie er eines Tages auf meinem Landesteg stand und den Canadier anstarrte und sich fragte, wo und wie er an das Problem herangehen sollte, ist eine Erfahrung, die ich nie vergessen werde.
Er hatte mich nicht um Rat gefragt – also bot ich ihm auch keinen an. Aber ich sah ihm verstohlen zu, während ich mich scheinbar mit etwas anderem beschäftigte. Eine Weile standen er und seine Partnerin da, und beide dachten über die Lösung des Einsteigeproblems nach. Ich vergaß zu erwähnen: Die Partnerin meines Freundes ist ebenfalls Mathematikprofessorin.
An welchem Ende sollten sie anfangen? Wo war vorne – wo hinten? Wie einsteigen? Sie zögerten, während ihre Computerhirne arbeiteten, die verschiedenen Möglichkeiten katalogisierten und wie üblich rasch eine Lösung fanden.
Mein Freund ging entschlossen an Bord. Er quetschte sich in die enge Öffnung zwischen dem hinteren Sitz und dem Achterdeck, Blickrichtung wie ein Ruderer nach hinten. Seine Partnerin nahm den Vordersitz ein – aber ebenfalls mit der Blickrichtung nach hinten. Ich konnte es kaum glauben und dachte, die beiden wollten mich ein bißchen auf den Arm nehmen. Dann jedoch kam der Hammer. „Warum -“ rief mein Freund, der Professor, mir zu, „warum machen die hier diese Aussparung zwischen Sitz und Bootsspitze nicht ein bißchen größer – dann hätte ich mehr Platz für meine Beine?“ Seine Partnerin drehte sich dabei um und betrachtete tiefsinnig den komfortablen Raum zwischen Bug und Vordersitz. Es fiel ihr nichts dazu ein, und sie sagte auch nichts. Aber ich wußte genau, was sie innerlich kopfschüttelnd dachte: „Ja – schau her – hier ist Platz, mehr als genug.“ Trotzdem legten sie ab und zickzackten mit tiefen Runzeln auf der Stirn auf den See hinaus.

Ein Wander-Canadier am Beispiel des „Mohawk“

Die Spritzdecke ist aus sehr festem Baumwoll-Polyester-Mischgewebe gefertigt und wird an der Schnürleiste in 10–20 Minuten eingehängt. Sie liegt an 2 Kanten fest an, so daß sie wildwasserdicht ist.

Sie kann bei Verschmutzung in aufgezogenem Zustand mit Seifenlauge gebürstet und hinterher mit einem Zeltspray wieder imprägniert werden.

Die Spritzdecke ist nicht unbedingt notwendig. Man kann das Kanu mit Wetterkleidung offen fahren. Die Spritzdecke schützt bei Regen, bei schwierigem Wasser muß sie sein.

Der Schurz wird in 2 Ausführungen hergestellt: genäht und geschweißt, er greift tief und fest in den Süllrand.

Die Sitze sind aus kochfest verleimten Sperrholz gefertigt und können durch einen separaten Kunststoffsitz komfortabler gemacht werden. Sie sind zum Kniendfahren schräg stellbar und erlauben stundenlanges, ermüdungsfreies Sitzen und Knien. Beim Kniendfahren wird die Wirbelsäule entlastet. Man kniet auf Schaumstoff oder speziellen Kniepolstern und kann den Fuß durch eine Schaumrolle ebenfalls unterstützen. Die Kniegurte können auf jede Beinlänge individuell eingestellt werden.

Die Polyesterkante des Oberdecks ist ringsum mit Kantenschutz ausgerüstet.

Hochbelastbare Sitzauflage.

Eine umlaufende Gepäckleine sichert Ihr Gepäck bei einer Kenterung vor Verlust.

Querholm mit angebautem Alurohr.

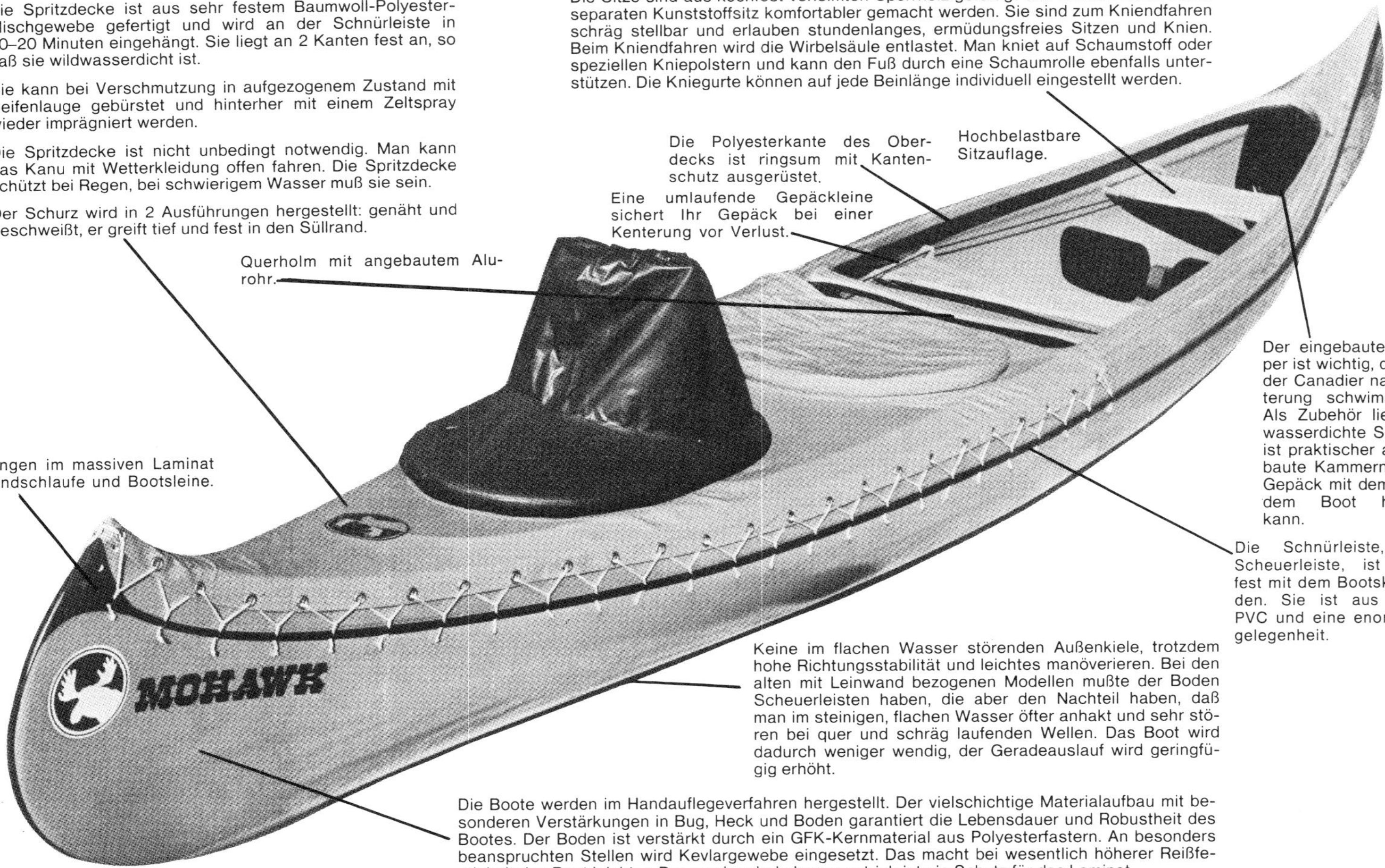

Bohrungen im massiven Laminat für Handschlaufe und Bootsleine.

Der eingebaute Auftriebskörper ist wichtig, da nur dadurch der Canadier nach einer Kenterung schwimmfähig bleibt. Als Zubehör liefern wir eine wasserdichte Spitzenbox. Sie ist praktischer als fest eingebaute Kammern, da man das Gepäck mit dem Behälter aus dem Boot herausnehmen kann.

Die Schnürleiste, gleichzeitig Scheuerleiste, ist durch Nuten fest mit dem Bootskörper verbunden. Sie ist aus schlagzähem PVC und eine enorm stabile Angelegenheit.

Keine im flachen Wasser störenden Außenkiele, trotzdem hohe Richtungsstabilität und leichtes manövrieren. Bei den alten mit Leinwand bezogenen Modellen mußte der Boden Scheuerleisten haben, die aber den Nachteil haben, daß man im steinigen, flachen Wasser öfter anhakt und sehr stören bei quer und schräg laufenden Wellen. Das Boot wird dadurch weniger wendig, der Geradeauslauf wird geringfügig erhöht.

Die Boote werden im Handauflegeverfahren hergestellt. Der vielschichtige Materialaufbau mit besonderen Verstärkungen in Bug, Heck und Boden garantiert die Lebensdauer und Robustheit des Bootes. Der Boden ist verstärkt durch ein GFK-Kernmaterial aus Polyesterfastern. An besonders beanspruchten Stellen wird Kevlargewebe eingesetzt. Das macht bei wesentlich höherer Reißfestigkeit das Boot leichter. Der versiegelnde Innenanstrich ist ein Schutz für das Laminat.

Das Material hält bei normalen Wandertouren nahezu unbegrenzt. Bei extremen Wildwassertouren können Brüche auftreten, die man selbst reparieren kann. Das Kanu kann im Freien gelagert werden. Hitze und Kälte machen nichts aus. Ebenso bedarf das Material keiner weiteren Pflege.

Danach wieder im Ernst: Wer allein in einen Canadier einsteigen will, stelle sich neben den Vordersitz – neben das Boot mit der Blickrichtung nach hinten (wie der Professor) – also achteraus. Dann beuge er die Knie und stelle einen Fuß zwischen Vordersitz und Mittelducht. Er lehne sich vorwärts und greife mit beiden Händen um die beiden Dollborde, indem er das Gewicht auf den Fuß im Canadier verlagert. Dem ersten folgt der zweite Fuß; er wird hinter den ersten gestellt, während man selbst in gebückter Haltung sich auf dem Vordersitz (immer noch achteraus schauend) niederläßt, die Füße unter dem Sitz verstaut, sich dann auf die gespreizten Knie herunterläßt und sich mit dem Hintern am Vordersitz anlehnt. Ein Paddel, flach und horizontal auf Ufer und Dollbord aufgelegt und mitgegriffen, bedeutet als „Paddelbrücke" zusätzliche Sicherheit.

Bei dieser Art des Einsteigens zu kentern, ist recht schwierig – wenn nicht gar unmöglich. Dann greift man das Paddel, und es kann losgehen.
Man paddelt zwar achteraus – doch bei dem absolut symmetrischen Canadier spielt das Vorwärts oder Rückwärts absolut keine Rolle. Aber man ist auf der Rückseite des Vordersitzes der Mitte näher und damit in einer stabileren Position.

Doch bald ermüdet der Normalmensch in der knienden Haltung. Keine Angst – es gibt noch andere Möglichkeiten, sich in einem Kanu niederzulassen.
Wenn zwei einsteigen, funktioniert das genauso. Nur schauen jetzt beide Paddler, wie sich's gehört, nach vorne in Richtung Bug. Der Vordermann steigt zuerst ein (wie vorhin), während der Hintermann den Canadier am Dollbord festhält und stabilisiert. Dann steigt der Hintermann ein, während der Vordermann Boot und Stabilität sichert. Der Vordermann sollte deshalb zuerst einsteigen, weil der Canadier an seinem Sitz doppelt so breit ist wie am hinteren Sitz. Macht man's falsch herum, dann steigt das Boot vorne aus dem Wasser und verliert an Stabilität. Das ist für den Anfänger, als ob er auf einem schwimmenden Baumstamm balancierte.

Umgekehrt ist's beim Aussteigen: Der Hintermann verläßt das Fahrzeug als erster – eingedenk der stabileren Position des Vordermannes und dessen größerer Kontaktfläche auf dem Wasser. Wer dieses Prinzip außer acht läßt, wird irgendwann mal ein unfreiwilliges Bad nehmen und kann nur hoffen, daß es nicht direkt oberhalb eines gefährlichen Kataraktes geschieht.

Eine schwere, gut placierte Ausrüstung usw. wirkt sich als Ballast – mit tieferem Schwerpunkt also – positiv auf die Stabilität aus Landungen in scharfer Strömung haben ihre Eigengesetzlichkeit. Doch davon später.

Paddel – Positionen

Durch Knien im Boot erreicht man zweifelsohne die stabilste Paddelposition. Der Schwerpunkt liegt tief. Aber: es tut weh. Weil es ungewohnt ist, weil die beanspruchten Muskeln sich nicht so rasch anpassen, weil neue, ungewohnte Druckstellen entstehen. Es ist eine Sache der Gewöhnung, die in wenigen Tagen über die Bühne gehen kann. Ebenfalls Gewohnheitssache ist, ob man mit Kniegurten und -brettern, mit Fußstützen bzw. Kniepolstern fährt. Hilfreiches, aber keinesfalls notwendiges Zubehör, das im Wildwasser besseren Halt gibt – und unbedingt so angeordnet sein muß, daß es im Falle einer Kenterung beim Ausstieg nicht behindert. Vorerst wird der Neuling bald zurück auf den Sitz rutschen wollen. Aber es gibt noch eine Reihe anderer Positionen, in die man zwischendurch wechseln kann. Ein wichtiger Vorteil des Canadiers gegenüber dem Kajak.
Das ist, nebenbeibemerkt, ein weiterer Hinweis auf die breitgefächerte Palette der verschiedenen Variationsmöglichkeiten des Canadierfahrens, zu denen natürlich auch die diversen Paddelschläge gehören. Auch von ihnen wird noch ausführlich die Rede sein. So wie die einzelnen Paddelschläge unterschiedliche Reaktionen des Bootes bewirken, so passen sich die Paddelpositionen bald automatisch der Situation an. Das wird einem am ehesten beim Alleinfahren klar. Man kann in diesem Falle nicht dem Partner die Schuld in die Schuhe schieben. Ein wichtiger Grund, das Solopaddeln erst einmal zu favorisieren. Wenn es später einmal sein muß oder soll, ist man sich selbst dankbar, so begonnen zu haben.

Ein gut koordinierendes Canadier-Team ist ein Anblick, der in Form und Bewegung Ähnlichkeit mit einem Pas de deux im Ballett hat. Einen Canadier allein zu fahren, ist dagegen eine ganz andere Herausforderung – sollte aber ebenfalls den Eindruck von Kunstfertigkeit und Eleganz vermitteln.

Knien mit Dreipunkt – Auflage

Es ist die übliche Langstrecken-Position. Die gespreizten Knie liegen auf dem Bootsboden auf, der Hintern lehnt gegen den Sitz. Eine besonders stabile Position, die im rauhen Wasser, vor allem aber in Stromschnellen, unbedingt angebracht ist.

Gestrecktes Bein auf der Paddelseite

Dabei drücken sich Hüfte, Schenkel, Knie gegen den Süllrand. Man hat sich regelrecht im Boot verkeilt. Das Bein kann rasch zurückgenommen werden. Diese Position wird von Wildwasserfahrern favorisiert.

Rennposition

Damit hat man die größte Schlagkraft. Ein Knie ist unten auf dem Bootsboden, das andere nach vorne gestellt und abgewinkelt. Der vorne stehende Fuß ist nach innen abgekehrt, der hintere Unterschenkel ragt diagonal ins Boot hinein, während man mit den Zehen zusätzlichen Halt sucht. Das Kanu „steht" dabei auf einer Kante (siehe auch „Verkürzen der Wasserlinie").

Knien bei gekantetem Kanu

Man rutscht ganz an die Bordwand heran, hält die Knie zusammen und drückt sich, wie bei der Dreipunktauflage, mit dem Hintern an den Sitz. Eine ausgesprochene Flachwasser-(Seen) Position. Der Schlag kann nahe am Körper erfolgen, das Wasser ist näher – das Boot reagiert besser.

Knien und dabei auf den Fersen hocken

Beim Knien hockt der Fahrer mit dem Hintern auf seinen Fersen. Dabei ist das Kanu gekantet, Bug und Heck ragen aus dem Wasser. Der Canadier dreht sich, beschreibt Kurven und läßt sich leicht seitwärts versetzen. Die Position macht viel Spaß, weil man mit dem Boot spielend manövrieren bzw. Figuren fahren will. Es dauert allerdings, bis die Beinmuskeln für längere Zeit mitspielen.

Sitzen

Dagegen ist nichts einzuwenden, wenn man sich mal entspannen will und das Wasser ruhig ist. Trotzdem sollte man die Knie weit spreizen und sie gegen die Bordwände drükken, um Stabilität zu gewinnen. Dabei können die Beine soweit wie möglich gestreckt oder unter dem Sitz abgewinkelt werden.

Abgespreizte Knie

Bei schwierigen Schnellen und/oder hohen Wellen, nachdem man ins Bootzentrum gerutscht ist, spreizt man die Beine soweit es geht und „verkeilt" sie an der Bordwand. Der Schwerpunkt rutscht noch tiefer, das Boot wird noch stabiler.

Aufrechtstehen

Dabei gewinnt man eine noch bessere Übersicht. Die Beine sind gespreizt, der vom Paddel entfernte Fuß steht weiter nach vorne, etwas nach innen gekehrt zur besseren Balance. Die Wade des dem Paddel zugekehrten Fußes ist gegen den Sitz gedrückt. Das Paddel ist im Wasser und wird zum Abstützen vor und zurück bewegt – „gewriggt". Nichts für Anfänger! Stehen gehört zur Hohen Schule des Kanufahrens.

Knien mit gestrecktem Oberkörper

Eine Gelegenheit, die man nutzen sollte, um die Beine zu entlasten. Ferner eine Möglichkeit, über den Kopf des Vordermannes hinwegzublicken.

Ein Bein gestreckt

Eine Position unter anderen zum Entkrampfen. Das von der Bordwand entfernte Bein wird soweit wie möglich gestreckt, während sich der Fuß nach innen dreht. Dabei gewinnt der Paddelschlag größere Kraft, weil der Körper sich weniger dreht. Dabei kann man natürlich wechseln – linkes Bein vor, Paddel rechts – rechtes Bein vor, Paddel links.

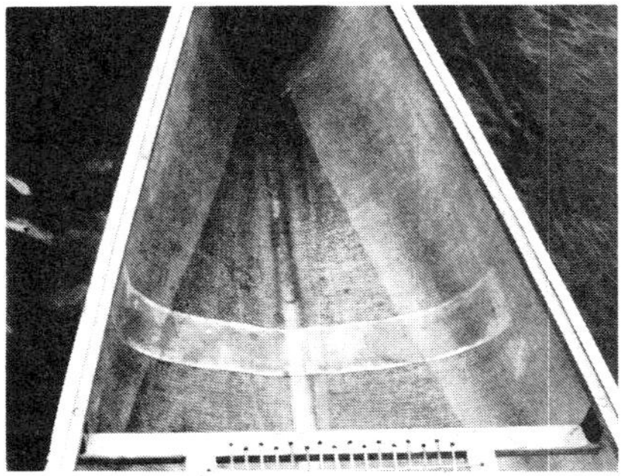

Verkürzen der Wasserlinie

Es klang schon mehrfach an: Um einen Canadier allein und mit einer gewissen Eleganz zu paddeln, muß man ihn auf die Kante stellen, d.h. ihn zum Paddel geneigt fahren. Dabei wird die Wasserlinie drastisch verkürzt, und das Boot wird beweglicher. Bei einem aus transparentem Material gebauten Boot ist der Vorgang am deutlichsten sichtbar (siehe Abb. - dunklere Flächen im Boot).

Paddel – Technik

Bei einer guten Technik paddelt der ganze Körper. Die Muskeln in Rücken, Schulter und Bauch sind stärker als die in den Armen – also heißt es, auch sie in Aktion zu bringen.

Beim Vorwärtsschlag bewegt sich der Oberarm von der Schulter aus nach vorn – so wie bei einem Boxer, der eine harte Rechte schlägt. Wenn man sich in der Taille etwas bewegt und mit der Schulter eine Rollbewegung macht, bringt man die Muskelstränge des Oberkörpers in die Arbeit mit ein.

Die untere Hand dient dabei lediglich als Drehpunkt. Die obere Hand überträgt die Kraft durch die bekannte Hebelwirkung. Das bedeutet eine recht effiziente Ausnutzung der Körperenergie. Das Geheimnis des scheinbar anstrengungslosen Paddeln liegt in der Phase der völligen Entspannung, während der das Paddel aus dem Wasser kommt. Die obere Hand fällt tief herunter, und das Paddel stößt horizontal nach vorne, um den Winddruck auf dem Blatt zu verringern.

Machen wir uns nichts vor: Bei einem langen Trip sind es im Schnitt 14.400 Schläge pro Tag! Es heißt also, die vorhandene Energie effizient zu nutzen. Bei den folgenden Instruktionen hilft es sehr zu wissen, welche Seite des Paddelblattes die aktive, die Schlagseite, ist – die Seite also, die auf das Wasser beim Vorwärtsschlag Druck ausübt. (Vielleicht sollte man die Seite markieren, um bei den folgenden Instruktionen keine Verwirrung aufkommen zu lassen.) Das ist bedeutsam für alle Schläge, mit Ausnahme des Indianerschlages, bei dem das Paddel rotiert.

Der Windeffekt

Ganz selten nur genießt der Kanufahrer die reine Freude der Windstille. Es sei denn, er ist mit oder vor Sonnenaufgang auf dem Wasser. Es ist die Tageszeit, während der sich der Uferwald im stillen See spiegelt und man den Eindruck gewinnt, man schwebe im freien Raum zwischen Himmel und Erde. Die Bewegung scheint ohne Anstrengung, das Kanu reagiert auf den schwächsten Paddelschlag. Unter solchen Bedingungen zu üben, wäre ideal. Tagsüber ist absolute Windstille viel seltener angesagt. Wir müssen uns damit beschäftigen, daß und wie der Wind einen Canadier beeinflußt und welche Gegenmaßnahmen wir ergreifen können. Ein leerer Canadier wird stets breitseits über ein stillstehendes Gewässer geblasen, weil das Boot absolut symmetrisch ist (Abb. 1). Der Winddruck auf Bug und Heck ist identisch – also stellt sich das Fahrzeug dem Wind im rechten Winkel. Wenn man genau in der Mitte des Bootes kniet (Abb. 2) und sich passiv verhält, treibt der Canadier ebenfalls breitseits vorm Wind. Logisch – wenn die Last genau im Zentrum ist, bleibt das Boot symmetrisch.

Danach zieht der Paddler sich auf den Hecksitz zurück (Abb. 3). Dabei muß man sich knien, denn diese Position ist nicht sonderlich stabil. Beim Kapitel „Einsteigen“ haben wir bereits darüber gesprochen. Nur noch ein Drittel des sonst leeren Canadiers liegt im Wasser: ausgerechnet das schmalste und kippligste Drittel.

Das Boot wird vom Wind herumgetrieben (Abb. 4), und der Bug zeigt in die vom Wind abgewandte Richtung, ins Lee also. Der Canadier agiert wie eine Wetterfahne (Abb. 5), der Paddler selbst ist der Drehpunkt. Das Heck liegt durch sein Gewicht tief im Wasser – also bietet sich dem Wind dort nur eine geringe Angriffsfläche, während der Bug wie ein Segel wirkt. Jetzt versucht der Paddler im Heck, das Boot zu drehen, um gegen den Wind anzupaddeln. Schon bei einem moderaten Luftzug merkt er, daß das nicht klappt. Also schlüpft er wieder in die Mitte (Abb. 6) und es gelingt (Abb. 7 und 8). Selbst bei starkem Wind läßt sich das Boot aus dieser Position dirigieren, zumindest solange man direkt dagegen anpaddelt. Auch vom Vordersitz aus ist das bei einer schwächeren Brise noch möglich (Abb. 9) – eine stabile und relativ komfortable Position. Man muß sich schon sehr dumm anstellen, um dabei zu kentern – vor allem, wenn man dabei kniet.

Nehmen wir an, der Wind verstärkt sich. Jetzt heißt es, seine Kraft zu nutzen. Also begibt man sich vor den zentralen Schwerpunkt (Abb. 10). Das Heck liegt jetzt höher und zeigt ins Lee. Der Luftwiderstand bei der Vorwärtsbewegung in Luvrichtung liegt an der untersten Grenze. Die gesamte Kraft der Paddelschläge wird in Vorwärtsbewegung umgesetzt. Wenn es ruhiger wird, orientiert man sich wieder ein Stückchen nach hinten (Abb. 11). Dabei stellt man den Canadier ein wenig auf die Leekante, läßt das Boot etwas abfallen, so daß der Winddruck vom Bootsboden abgleitet und beim Steuern hilft. Auf diese Art und Weise lassen sich

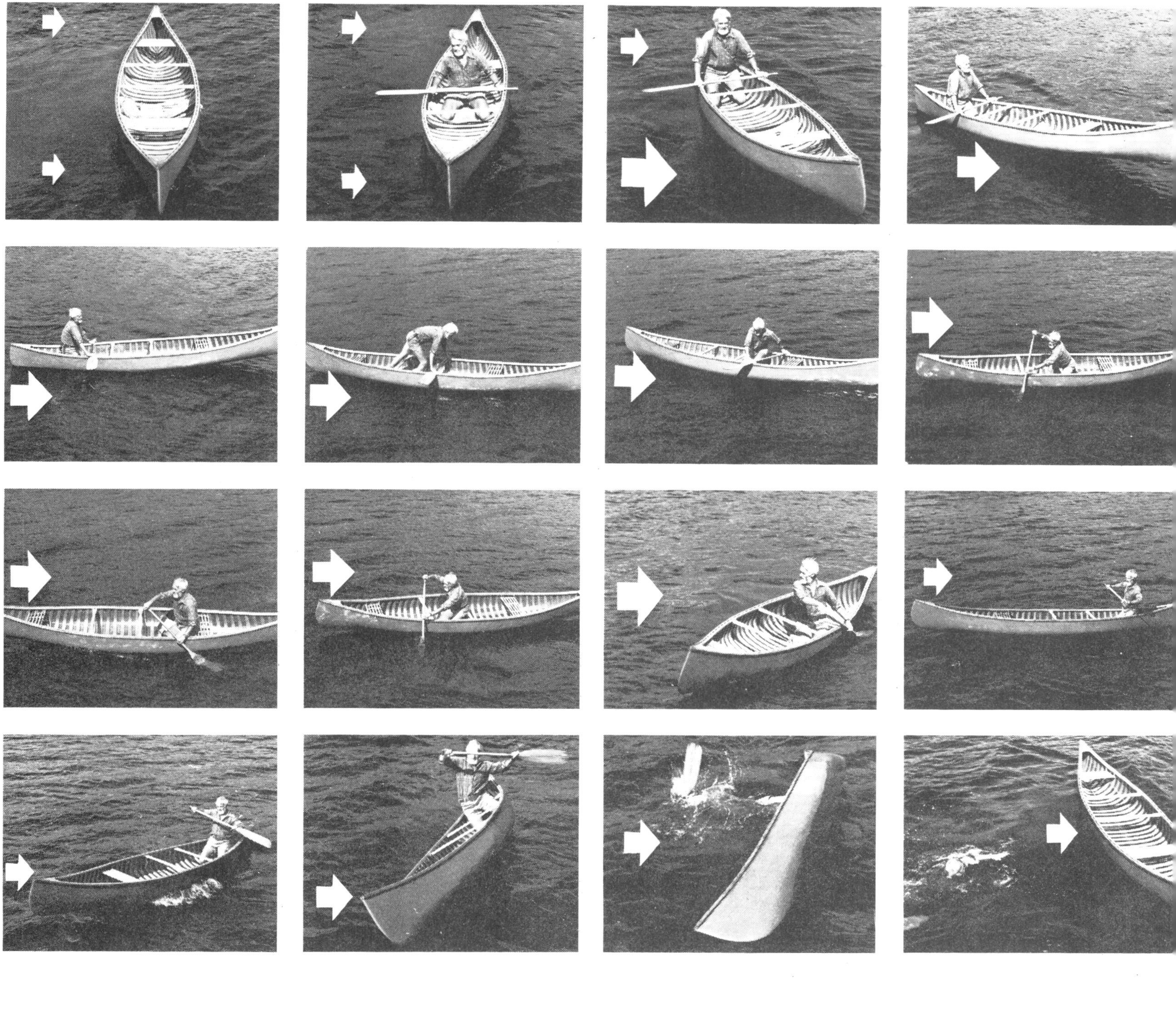

kraftaufwendige Steuer- und Korrekturschläge vermeiden. Die Vorwärtsbewegung wird nicht unterbrochen. Es ist ein ähnlicher Vorgang, wie hoch am Wind zu segeln. Erfahrung und Können lehren, die Elemente zu nutzen, statt gegen sie anzugehen.

Die Abbildungen 12, 13, 14, 15 und 16 demonstrieren nochmals die Gefahr, die dem Paddler im Heck droht. Es passiert mitunter, daß der Insasse einfach herausfällt – ohne daß das Boot kentert. Es gab auf größeren Seen eine Reihe von Todesopfern, weil der Canadier im Wind schneller abtrieb als der schnellste Schwimmer folgen konnte.

Paddelschläge

Ein Voyageur – ein „Berufspaddler“ im alten Kanada.

Paddelschläge für den Alleinfahrer

Was ist schon dabei: Man schnappt sich ein Paddel und steuert die angepeilte Richtung an. Glaubt man. Doch so einfach ist das nicht. Bei jedem Schlag bewegt sich das Boot mehr oder weniger seitwärts – in die vom Paddel abgewandte Richtung. Das Boot giert. Um dem entgegenzuwirken, wechselt der Anfänger nach einigen Schlägen die Seite. Das sieht aus wie ein Frachter, der im Zickzackkurs einem ihn verfolgenden U-Boot zu entkommen sucht. Man kommt aller Wahrscheinlichkeit nach zwar ebenfalls an, doch mit einer ganzen Anzahl von Kilometern mehr auf dem imaginären Tacho. Außerdem geht eine Menge Energie nutzlos „in die Wupper“.

Der falsche Heck-Steuerschlag

Zu einem halbwegs geraden Kurs kommt man, wenn das Paddel am Ende des Schlages noch im Wasser von der Bordwand weggeführt (gedrückt oder gehebelt) wird. Das Boot giert immer noch, weil der Anfänger die falsche – die passive – Seite des Paddels für diesen Schlag benutzt – denn er ist nicht sonderlich effektiv. Er paßt eher ins Wildwasser, und darüber spreche ich später. Im Flachwasser sollte man ihn meiden.

Der J – Schlag

Vier wesentliche Korrekturschläge stehen uns zur Verfügung, um einen geraden Kurs zu steuern. Beginnen wir mit dem „J". Nach dem Ende des Vorwärts-, Grund- oder Treibschlages wird die Seite des Paddels, auf der der Wasserdruck liegt, die Schlagseite also, nach außen gedreht – so daß das Blatt parallel zur Bordwand steht, ein Stück von ihr wegdrückt und zum Steuer wird. Diese Bewegung korrigiert das Gieren. Der Kurs stabilisiert sich. Das Paddel beschreibt im Wasser ein „J". Die Nagelprobe, ob's korrekt gemacht wird, zeigt ein Blick auf die obere Hand: Zeigt der Daumen nach oben, ist es der oben beschriebene, falsche Steuerschlag, der „Deppenschlag". Zeigt der Daumen nach unten, ist es das richtige „J". Viele Anfänger drehen das Paddel nicht genug, es steht nicht parallel zur Bordwand. Wenn nötig, kann man sogar den Paddelschaft auf den Süllrand auflegen, um eine größere Hebelwirkung zu erzielen. Deshalb heißt dieser Schlag auch Druck- oder Hebelschlag.

Innenkurve mit dem „J"

Wer das Boot zur Paddelseite hin drehen will, muß den „J"-Schlag stärker betonen. Er muß das „J" runder machen, das Paddel länger im Wasser lassen. Es hilft viel, wenn man den Schlag weiter von der Bordwand entfernt beginnt, sich ihr dann ziehend nähert, in den Treib-/Grundschlag übergeht, schließlich nach außen hebelt, wenn aus dem „J" ein nach der vom Boot abgewandten Seite ein offenes Oval wird. Sollte der Bug nach der falschen Seite ausgieren, dann hat man das Paddel nicht genug in der Hand gedreht. Oder man hat den Schlag nicht weit genug nach hinten durchgezogen. Wenn man nur direkt seitlich vom Körper mit dem Paddel zieht oder hebelt, dann bewegt sich das Boot allenfalls seitwärts – ohne dabei einen ausreichenden Vorwärtsschwung zu erreichen. Das Paddel sollte im Wasser bleiben, bis das Kanu auf dem gewünschten Kurs ist.
Und nochmals: Außen anfangen (mit dem Blatt parallel zur Bordwand ziehen), dann senkrecht drehen und dabei mit dem Treib-/Grundschlag näher zur Bordwand kommen – durchziehen und das Paddel wieder drehen – dabei mit der Schlagseite nach außen drücken, so daß es wieder parallel zur Bordwand steht. Auf den Daumen achten: Er *muß* nach unten zeigen. Sonst ist's der Deppenschlag.
Der „J"-Schlag kommt nicht automatisch mit der Übung; er muß richtig erlernt werden.

Der J – Schlag

Innenkurve mit dem J – Schlag

Der „kanadische“ Schlag

Nachdem der Anfänger mittels des „J“-Schlages den Kurs halten sowie auch eine Innenkurve fahren kann, ist der Kanadier an der Reihe. Das „K“ ist kein Schreibfehler – es handelt sich ja nicht um das Boot, sondern um den Paddelschlag. Ursprünglich hieß er das Messer-“J“, doch die US-Amerikaner nannten ihn den „Kanadier“. Es ist ein guter Schlag, und alle Kanadier sollten ihn als den „ihrigen“ schätzen. Obwohl er nur eine Variation des „J“ ist, ist die Beschreibung nicht einfach.
Am Ende des „J“ wird das Paddel unter Wasser nach vorn gezogen. Es fährt mit der flach aufwärtsgerichteten Schlagseite wie ein Messer durch Butter – daher der alte Name. Auf dem halben Wege in der Vorwärtsbewegung flutscht das Blatt ganz aus dem Wasser und taucht weiter vorn wieder ein zu einem neuen Vorwärts- (Grund-/Treib-)Schlag. Der Trick besteht darin, das Paddel beim Vorwärtskommen leicht anzuwinkeln. Die obere Hand kontrolliert. Zuviel bedeutet, daß es zu früh aus dem Wasser kommt – zu wenig, daß es zu tief eintaucht.
Die meisten Anfänger brauchen die Hilfestellung eines Kanuten, der das Paddeln beherrscht. Doch genaues Studium der Fotos, plus viel Übung bringen das angestrebte Resultat ebenfalls zustande. Man muß nur daran denken, daß die größte Steueraktion vom harten Aufwärtsziehen des Blattes kommt. Der Schlag ist sehr effizient, da die Steuerkorrektur beim Nachvorneholen des Paddels geschieht, während beim „J“ die Steuerkorrektur am Ende des Schlages erfolgt und Zeit und Kraft verlorengehen.
Ein gut ausgeführter „Kanadier“ ist die Hohe Schule der Vorwärtsbewegung. Aber nicht ungeduldig werden: Es kann Jahre dauern, bis man ihn richtig beherrscht. Manche schaffen's nie zur Perfektion.

Innenkurve mit dem „Kanadier“-Schlag

Ähnlich wie beim „J“ wird der Radius der Kurve bestimmt durch das Aufreißen und die Zeit, die das Paddel in der Bewegung im Wasser bleibt. Auch hier muß man beim Vorwärts- (Grund-/Treib-)Schlag näher an die Bordwand herangehen.

Der kanadische Schlag

Innenkurve mit dem kanadischen Schlag

Der Schlag mit angewinkeltem Paddel

Es ist der wirksamste und kraftzehrendste aller Schläge, und war der „Calvin-Rutstrum-Schlag“, über den es allerdings geteilte Meinungen gibt. Doch wenn man – koste es, was es wolle – schnell irgendwohin will, dann mit dem „Angewinkelten“. Gesteuert wird in der letzten Hälfte dieses Grund-/Treibschlags. Das Paddel wird aus dem Wasser gerissen und zu einem neuen Treibschlag eingesetzt, der wiederum durch das Drehen des Paddels in der Hand steuert. Es wird kaum Zeit vertan. Das Paddel schneidet wie der Propeller eines Flugzeugs durchs Wasser. Der Winkel des Paddels zur Bordwand steuert das Boot schon während des Grund-/Treibschlages. Es gibt Leute, die behaupten, der Winkel bedeute einen Verlust von Antriebskraft. Das stimmt. Er kann aber kompensiert werden, indem das Paddel zur Kanu-Unterseite hin geneigt geführt wird. Andernfalls könnte die dann nach außen führende Hebel-Bewegung die Fahrt verlangsamen.

Innenkurve mit angewinkeltem Paddel

Diese Bewegung kommt zustande, indem man das Blatt während des Grund-/Treibschlages noch stärker nach außen abwinkelt. Zusätzlich hebelt man kräftiger als vorher nach außen.

Bogenschlag Außenkurve

Der Anfänger hat gleich zu Beginn gelernt, daß das Kanu nach außen giert – sofern man nicht genügend mit dem Paddel korrigiert. Wenn man jedoch eine Außenkurve fahren will – in die dem Paddel abgewandte Richtung also – dann mache man einen ganz normalen Grund-/Treibschlag, ohne irgendeine Drehung mit der Hand. Wenn die Kurve noch enger sein soll, dann beschreibe man mit dem Paddelblatt einfach einen Halbkreis, der direkt vorn neben der Bordwand beginnt, nach außen führt und hinten an der Bordwand endet. Je weiter vorne man einsticht und je mehr man nach hinten zieht, umso enger wird die Kurve.

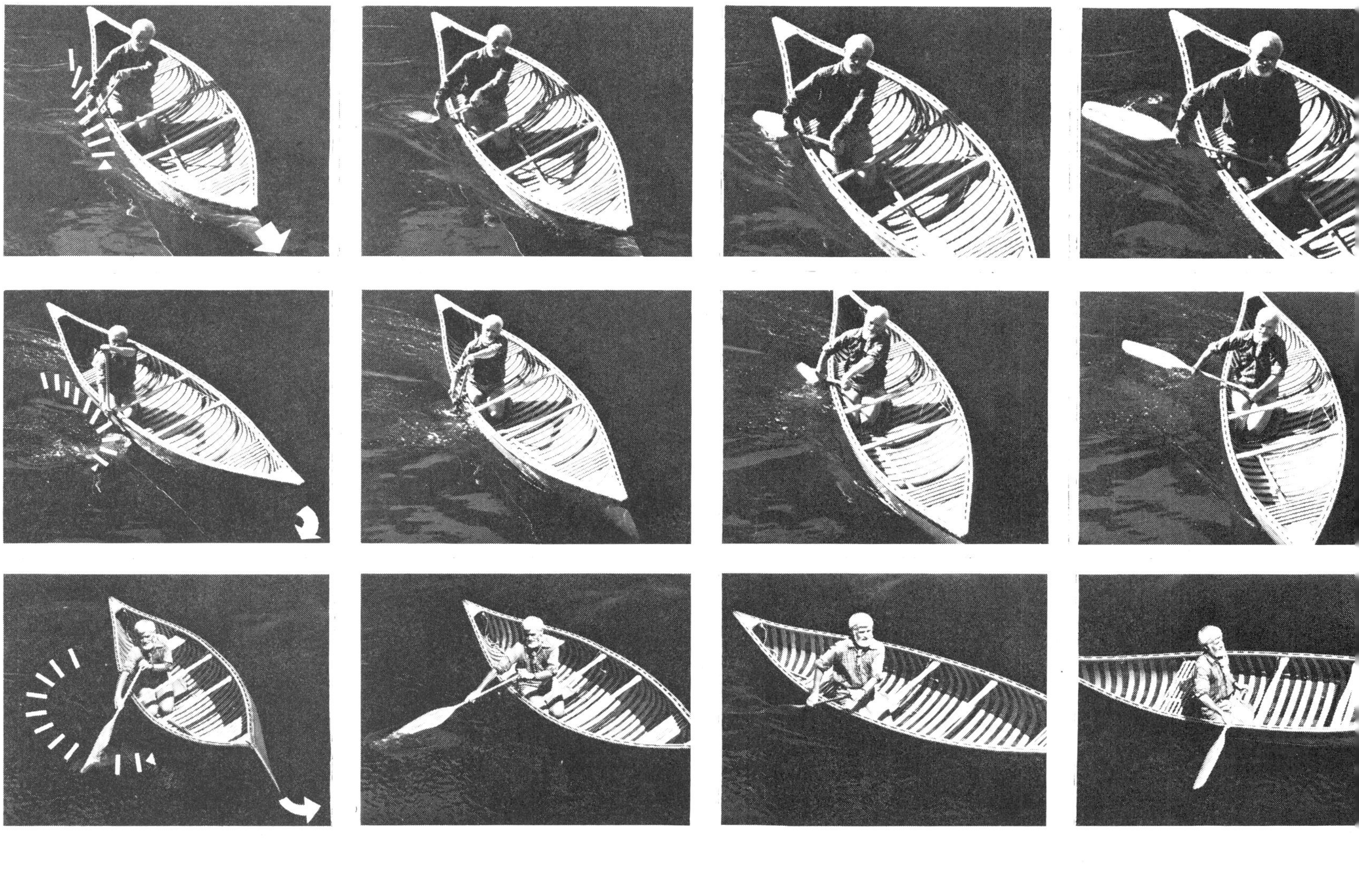

Der Indianer-Schlag

Er ist einer der interessantesten Schläge bei starkem Gegenwind, in Stromschnellen und – wenn man sich im Kanu lautlos irgendwo anschleichen will – *die* Methode. Er ist ein lautloser Unterwasserschlag, die Komplettierung des „Kanadiers“. Wenn das Paddel nach vorne durchs Wasser schneidet, dreht die obere Hand den Schaft; das Blatt bleibt im Wasser, während es nach vorne gebracht wird und in den nächsten Treibschlag übergeht. Dabei bleibt man während des gesamten Vorganges in direktem Kontakt zum Wasser. Wird er sorgfältig und nicht zu schnell ausgeführt, hört man beim „Indianer“ nicht das geringste Geräusch. Es gibt nichts Besseres, um an wilde Tiere heranzukommen. Aus diesem Grunde benutze ich ihn, ehe ich eine Landzunge umrunde, um neben dem Überraschungseffekt auch die Lautlosigkeit auf meiner Seite zu haben. Tiere ergreifen die Flucht aufgrund fremder Witterung, Geräusch und Bewegung. Bei vorsichtigem Paddeln auf Indianerart – vorausgesetzt der Wind weht aus der „richtigen“ Richtung – beachten die Tiere den Kanufahrer kaum – oder erst dann, wenn er ihnen ganz nahe ist. Unter Umständen flieht das Wild sofort, um dann genauso plötzlich zu verharren und einen genaueren Blick auf dieses merkwürdige Wesen zu werfen, das sich übers Wasser heranpirscht. Wenn man nicht abrupt reagiert, scheint das Tier erst einmal selbst wissen zu wollen, was da vor sich geht, ehe es sich entscheidet, den Ort der Begegnung zu verlassen.

Einmal ist ein Rehbock zum Ufer zurückgekommen, prustend und aufgebracht mit den Hufen stampfend, als wolle er das Wesen vertreiben, das ihn in seinem Revier belästigte. Als ich mich ein anderes Mal lautlos paddelnd einen engen, kristallklaren Bach hinaufpirschte, sah ich einen kleinen Biber, der sich, mit dem Rücken zu mir, auf einem Baumstamm sonnte. Ich paddelte direkt auf ihn zu; ich wollte wissen, wie nahe ich an ihn herankommen könnte. Nur noch meterweit von ihm entfernt, kam ich mit dem lautlosen Indianerschlag immer näher. Erst im letzten Augenblick – sonst hätte der Bug meines Canadiers ihn an seinem Hinterteil gestubst – zog ich etwas nach links. Als er den Bug ganz nahe an sich vorbeischieben sah, sprang er vor Schreck hoch in die Luft und platschte ins Wasser. Aber nach ein paar Sekunden war er wieder an der Oberfläche. Er konnte einfach der Versuchung nicht widerstehen, das Ding näher zu betrachten, das ihn kurz zuvor so entsetzt hatte. Nachdem seine Neugier befriedigt war, verschwand er unter Wasser. Eine Begegnung – ein Erlebnis – das ich dem Indianerschlag verdanke.

Die Innenkurve

Der „Indianer“ ist ein wichtiger, kompetenter Schlag, um das Boot in den Wind zu drehen – bei bögigen Bedingungen, bei bösartigen Gegenströmungen. Am Ende des Treibschlages sollte man ein besonders kräftiges „J“ fahren. Wenn das Paddel unter Wasser nach vorne „geschnitten“ wird, legt man sich weit hinaus und setzt den Ziehschlag an, nachdem man das Paddel in der oberen Hand gedreht hat. Dabei muß man kräftig zum Bug hinziehen. Je weiter vom Boot weg damit begonnen wird, umso besser. Wenn das Blatt an der Bordwand angekommen ist, heißt es einen wuchtigen Grund-/Treibschlag ansetzen, der wiederum in ein kräftiges „J“ ausläuft. Wenn nötig, muß man den Vorgang wiederholen. Im richtigen Augenblick und am richtigen Ort angesetzt, kontrolliert der „Indianer“ das Boot auch in den härtesten Böen und bösartigsten Strömungen.
Ob es sich um den „J“, den „Kanadier“- oder den Drehschlag handelt: Es ist wichtig, das Paddelblatt parallel zur Bordwand gekantet nach vorne zu bringen, denn das vermindert den Luftwiderstand. Es ist kaum vorstellbar, was diese Technik ausmacht, wenn man tagelang gegen den Wind fährt.
Irgendwann kommt ganz natürlich die Frage auf:
Warum braucht man eigentlich die verschiedenen Steuerschläge? Warum all die verschiedenen Wege, die zum selben Ergebnis führen?
Die Antwort auf diese berechtigte Frage lautet: Nichts und Niemand ist perfekt. Auch der beste Steuerschlag nicht. Die Meinungen über die größte Effektivität der einzelnen Schläge gehen auseinander. Doch das ist ein Teil der Faszination des Canadier-Fahrens. In diesem Zusammenhang erinnere ich mich gerne an manch heiße Diskussion am Lagerfeuer, wo hitziger Wortlärm das Donnern der Stromschnellen zu übertönen schien. Glücklicherweise schafft es nicht einmal ein Computer, die hundertprozentig richtige Antwort zu liefern. Die lokalen und aktuellen Bedingungen, der ganz individuelle Impetus des einzelnen Fahrers oder der Fahrerin

Der Indianer-Schlag

Innenkurve mit dem Indianer-Schlag

sind so unterschiedlich, daß weder eine allgemeine Canadier- noch Paddeltechnik zu einem Credo werden kann, das für alle und immer gültig ist.
Und jede Leserin und jeder Leser, die nicht in allem mit dem hier Geschriebenen einverstanden sind, sollte die entsprechende Seite aus dem Buch herausreißen und sie als Fidibus für das Lagerfeuer verwenden. Mich würde das überhaupt nicht stören, solange der Zeltplatz gut gewählt und das Feuer ordentlich beschickt ist.

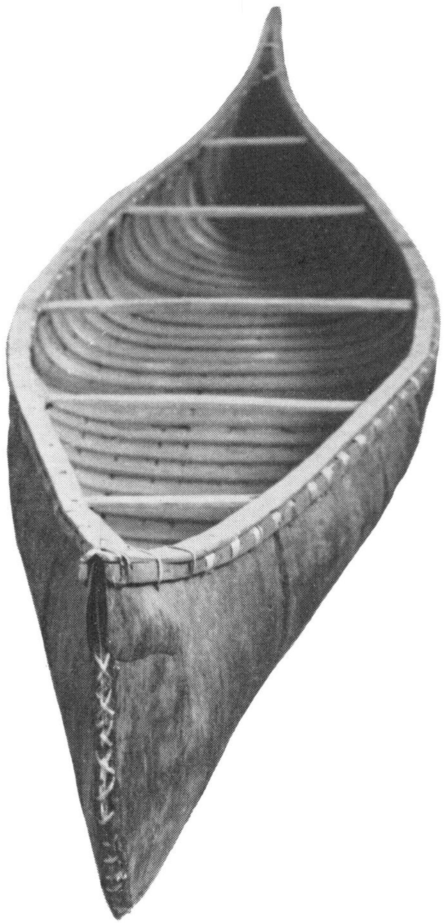

Ein klassisches Birkenrinden-Kanu

Sich auf der Stelle drehen (Zieh- und Hebelschläge)

Nachdem der Anfänger gelernt hat, sein Boot sowohl geradeaus zu fahren wie auch nach rechts und links auszukurven, möchte er nun wissen, wie man ganz unvermittelt „auf dem Teller" drehen kann. Schneller jedenfalls als mit der hinten angesetzten Kombination von Grund-/Treib- und Steuerschlägen. Die Antwort darauf sind die Bugschläge, mit denen man auch in voller Fahrt auf einer Bootslänge eine Wende von 360° hinbekommt.
Beginnen wir mit den (aufs Wasser bezogen) stationären Schlägen und erinnern uns:
Jedes Boot hat seinen Drehpunkt. In einem ansonsten leeren Boot liegt dieser Punkt direkt unter dem Fahrer. Zur größtmöglichen Manövrierbarkeit und Kontrolle sollte der Paddler mittschiffs knien – oder zumindest vor dem Vordersitz – Blickrichtung achteraus. Damit liegt der Drehpunkt im Zentrum oder nahe beim Zentrum des Bootes.

Stationärer Heckzug

Um den Canadier von der Paddelseite *weg*zudrehen, muß man mit dem Paddel in einem 45°- Winkel aus- und nach hinten zurückgreifen und es dann, unter Benutzung der Schlagseite, zum Bootsheck hinziehen. Dabei steht das Blatt parallel zur Bordwand. Der Bug dreht sich nach der dem Paddel entgegengesetzten Seite (siehe Abb.).

Stationärer Druck- oder Heckhebelschlag

Dabei soll sich der Bug zur Paddelseite *hin* drehen. Der Schlag wird an der Heckbordseite angesetzt und vom Boot weggedrückt oder gehebelt. Je weiter hinten er angesetzt ist, umso wirkungsvoller ist er. Vom Drehpunkt aus gesehen, wird der Radius ganz einfach vergrößert.

Stationärer Bugziehschlag

Einen ähnlichen Effekt kann man erzielen, wenn man nach vorne – soweit außen wie möglich – in einem 45°- Winkel ausgreift und mit der Schlagseite des Blattes zieht. Es hört sich für den Anfänger leichter an, als es ist. Um die Entfernung zum Drehpunkt zu vergrößern (was der Effizienz des Schlages zugute kommt), kann die untere Hand höher als üblich heraufrutschen. Die obere Hand kommt gerade noch unterm Kinn durch, ohne daß man sich selbst einen Uppercut versetzt.

Stationärer Hebelschlag am Bug

Man sticht vorne wie bei einem ganz normalen Grund-/Treibschlag ein. Allerdings wird das Blatt parallel zur Bordwand und unters Boot abgewinkelt. Die untere Hand gleitet am Schaft über den Süllrand herauf. Jetzt heißt es, das Blatt vom Bug weghebeln, indem man das Dollbord Drehpunkt benutzt. Die passive Seite des Paddels drückt dabei gegen das Wasser. Dann zieht man das Paddel mit einem leichten Dreher zurück, damit es besser „schneidet" und setzt es an der Bordwand und unter dem Boot erneut an. Der nächste Hebelschlag drückt weiter auf die dem Paddel entgegengesetzte Seite. Dieses Manöver ist aufgrund der Hebelaktion besonders effektiv. Die Schwierigkeit besteht darin, das Blatt im richtigen Winkel zu führen.
Vielleicht hilft es, das Paddel wie zu einem normalen Grund-/Treibschlag einzusetzen (senkrecht zur Bordwand), dann den Schaft um 90° zu drehen und nach außen dazu drücken. Dabei muß man darauf achten, daß die passive Seite des Blattes aufs Wasser drückt. Im Wechselspiel zwischen Heck-Ziehschlägen und Bug-Hebelschlägen erreicht man mehr als doppelten Effekt. Wenn der Bug höher aus dem Wasser ragt als das Heck, ist der Bug-Hebel wirksamer, da es mehr Kraft kostet, den tiefer im Wasser liegenden Teil des Bootes seitwärts zu bewegen.

Stationärer Heckzug

Stationärer Hebel

Stationärer Bugzug

Stationärer Bughebel

Der Kastenschlag

Heckzug und Bughebel kombiniert ergeben den Kastenschlag, bei dem das Paddel im Wasser ein Rechteck beschreibt. Das Paddel flutscht – flach wie ein Messer durch Butter – im Wasser hin und her. Das Boot dreht sich *von der Paddelseite weg*.
Umgekehrt dreht es sich mittels des Kastenschlages zur Paddelseite hin, wenn der Bug*zug* und der Heck*hebel* kombiniert werden. Der richtig geführte Kastenschlag ist mit aufgekantetem Boot eine elegante, durchgehend spielerische Bewegung, die das Boot wie ein gut trainiertes Dressurpferd „auf der Hinterhand" drehen läßt. Nach dem Bughebel bleibt man mit dem Paddel von der Bordwand entfernt und schneidet zum Heck zurück, wo der Zug angesetzt wird.

Der Kreisschlag

Der Name sagt es. Das Paddel wird in einem 360°-Kreis herumgeführt – d.h., ein Halbkreis muß unter dem Canadier hindurchgezogen werden. Dabei muß der Schaft in den Händen rotieren und das Boot ziemlich auf der Kante stehen. Der Kreisschlag hat denselben Effekt wie der Kastenschlag, aber er macht Spaß und ist bedeutsam für die Bootsbeherrschung. Allerdings sollte die Gefahr, dabei „einen Krebs zu fangen", also zu kentern, nicht unterschätzt werden.

Kastenschlag

Kreisschlag

Drehen unter Fahrt

Der Bughebel und die entsprechenden Züge werden vor plötzlich auftauchenden Hindernissen für abrupte Richtungsänderungen angewandt. Doch ihnen gehen Preß- und Konterschläge voraus.

Bug-Konterschlag mit einem Zieher

Das Boot sollte sich rasch bewegen. Dann wird das Paddel mit der Schlagseite nach vorn in einem Winkel von 45° zur Bordwand „eingepflanzt". Der Druck des Wassers auf das Blatt und die Eigengeschwindigkeit ziehen das Boot um das Blatt herum – das ist der Konterschlag. Mit dem Nachlassen der Geschwindigkeit läßt das Drehmoment ebenfalls nach. Um es weiterzuführen, muß ein weit ausgelegter Bugzieher her, der das Boot zur Paddelseite weiter herumführt. Manche Kanufahrer vertreten die Ansicht, der Konterschlag sollte mit einem auf das Dollbord aufgelegten Schaft gefahren werden. Diese Meinung teile ich nicht – denn das bedeutet, daß nach ihm das Paddelblatt direkt am Bug aus dem Wasser heraus muß. Auch kann man sich dabei nicht „auf das Paddel legen", um dem Manöver Nachdruck zu verleihen.

Bug – Preßschlag mit Bughebel in voller Fahrt

Um eine scharfe Drehbewegung zu der dem Paddel entgegengesetzten Seite zu fahren, muß der Canadier ebenfalls gute Fahrt machen. Das Paddel wird parallel zur hinteren Bordwand geführt. Während es nach vorn gezogen wird, dreht man das Blatt, bis die passive Seite des Blattes zur Fahrtrichtung steht. In diesem Augenblick heißt es, den Schaft auf das Dollbord pressen und festhalten! Dabei muß man den Körper als Gegengewicht einsetzen und sich ins Boot hineinlehnen – nach der dem Paddel entgegengesetzten Seite. Die Gefahr des Überbordgehens ist sonst zu groß. Nachdem sich die Fahrt verlangsamt und das Drehmoment reduziert hat, heißt es, den Bughebel oder einen Bogenschlag ansetzen. Um den größten Effekt zu erzielen, muß man auch hier weit nach vorne greifen – um die Entfernung des Paddelblattes vom Drehpunkt möglichst zu vergrößern. Nicht zu vergessen die richtige Vorbereitung des Manövers: Der letzte Grundschlag vor der beabsichtigten Drehung muß in einem weiten Bogen erfolgen. Ohne ihn wird das Boot die Drehung von der Paddelseite weg nicht vollständig schaffen.

Der Bug- Preßschlag ist bis heute der einzige Schlag, der mich über Bord gefeuert hat. Es geschah – wie üblich – zum allerunglücklichsten Zeitpunkt: als ich die Technik in einem Lehrgang für Kanu-Trainer vorführte. Ich war als „der" Experte für Kanufahren und Kanu-Lehrfilme angekündigt. Am Abend sollte ich mir Filme daraufhin anschauen, ob sie auch tatsächlich die gewünschte Aussage ganz klar demonstrierten.

Ich paddelte zwischen den Toren der Slalomstrecke herum und erwischte bei dem Bug- Preßschlag plus -hebel mit dem Paddelblatt einen falschen Winkel – und ging ganz unzeremoniell über Bord. Beim Wiederauftauchen sah ich, daß das Boot nicht gekentert war und zog mich so schnell es nur ging wieder hinein in der stillen Hoffnung, daß niemand die Katastrophe bemerkt haben würde. Ich tat ganz nonchalant für den Fall, daß ich doch einen Zuschauer hatte – tat so, als ob ich das Ganze als Abkühlung oder als ein bißchen Spaß zwischendurch getan hätte. Leider war ich voll bekleidet und obendrein war es ein feuchtkalter Vorfrühlingstag. Meine Glaubwürdigkeit erlitt letztendlich doch eine erhebliche Einbuße.

Bugkonter mit Zieher

Preßschlag am Bug mit folgendem Hebel

Einhändiger Drehschlag

Um dem Manöver ein wenig Professionalität zu verleihen, sollte man's mal mit einer Hand versuchen. Wie zuvor: Tempo und dann der Bogenschlag. Die obere Hand verläßt das Paddel, während sich die untere um den Griff schließt. Das Blatt gleitet in Richtung Bug. Dann wird es angewinkelt und der Schaft auf dem Dollbord aufgelegt. Nun heißt es festhalten, und fleißig einhändig hebeln, wenn das Drehmoment nachläßt. Mit der freien Hand sucht man Halt an der Ducht oder dem Dollbord gegenüber. Das Ganze ist sehr schwer zu beschreiben. Die Schwierigkeit bei der Ausführung liegt darin, das Paddel ordentlich nach vorne gleiten zu lassen und es dort zu halten, ohne daß es an der Bordwand vorbei und nach hinten treibt.
All diese Schläge funktionieren am ehesten, wenn man knapp hinter mittschiffs kniet, so daß der Bug ein wenig entlastet ist. Man sollte auch den Canadier stark ankanten. Je kürzer die Wasserlinie, umso eher dreht sich das Boot.

Übergreifen unter Fahrt

Ein Übergreifen beginnt mit einem Bogen, bei dem das Paddel, von der Bordwand entfernt eingesetzt, zum Heck zurückgeführt wird. Dann wird das Paddel – ohne die Hände zu wechseln – übers Boot auf der anderen Seite außen eingesetzt und zum Boot hingezogen. Das Paddel bleibt dabei nahe der Wasseroberfläche, was in flachen Schnellen von Vorteil sein kann. Gegenüber dem Hebel ist das ein nicht unbeträchtlicher Vorteil! Der Hebel wiederum ist dem Übergreifen überlegen, weil das Paddel dabei nicht aus dem Wasser gezogen werden muß. Fluß- und Fließbedingungen geben den Ausschlag!
Vor allem die Wildwasserfanatiker bringen kaum Interesse für Alleinfahrten im Flachwasser auf. Stehende Gewässer sind für sie lediglich das Präludium für den „wahren“ Sport. Sie fahren mit weitgespreizten Knien. Ein gekanteter Canadier ergibt im Wildwasser wenig Sinn. Trotzdem sollten es diese Kanuten auch mal auf einem See versuchen – denn diese Art zu paddeln, ist eine schöne und elegante Kunst. Außerdem ist es eine sehr nützliche Grundschule für jede Form von Wildwasser und vermittelt viel Gefühl für Sicherheit und Zutrauen im Umgang mit dem Element, das keine Balken hat.

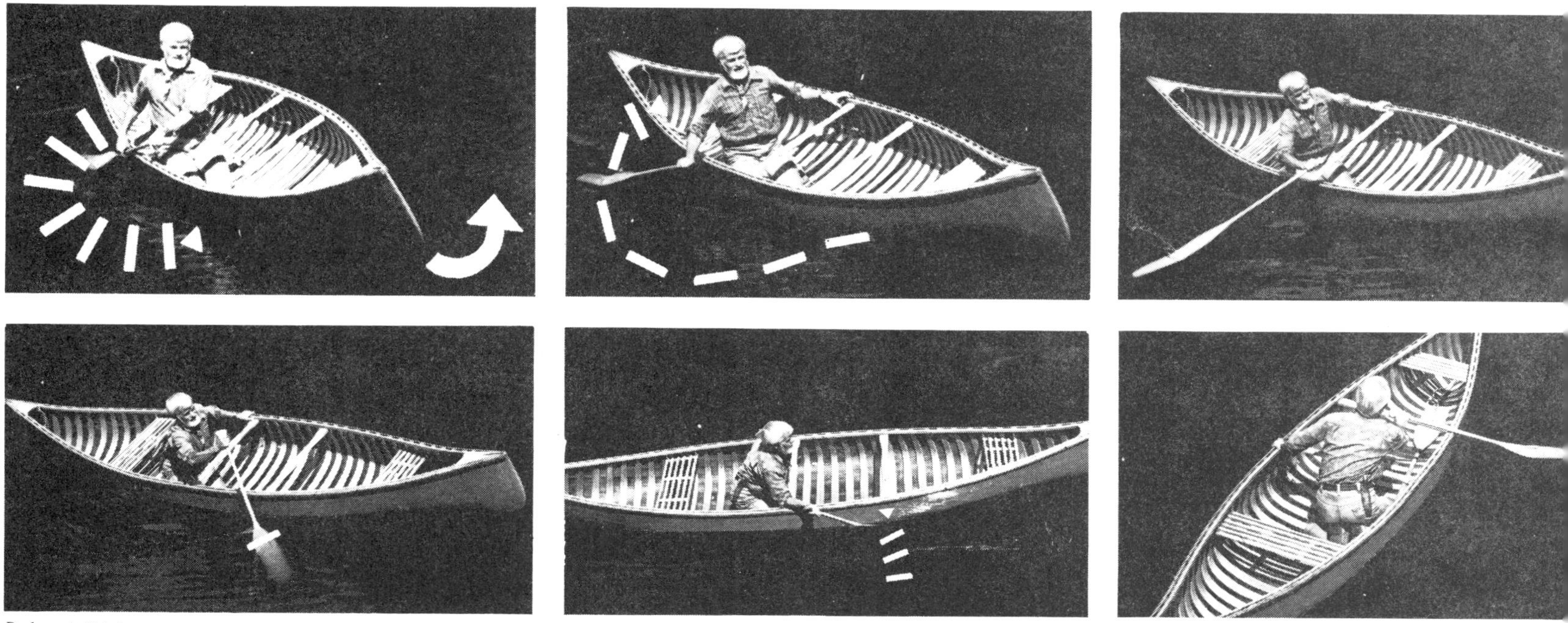

Dreher mit Hebel

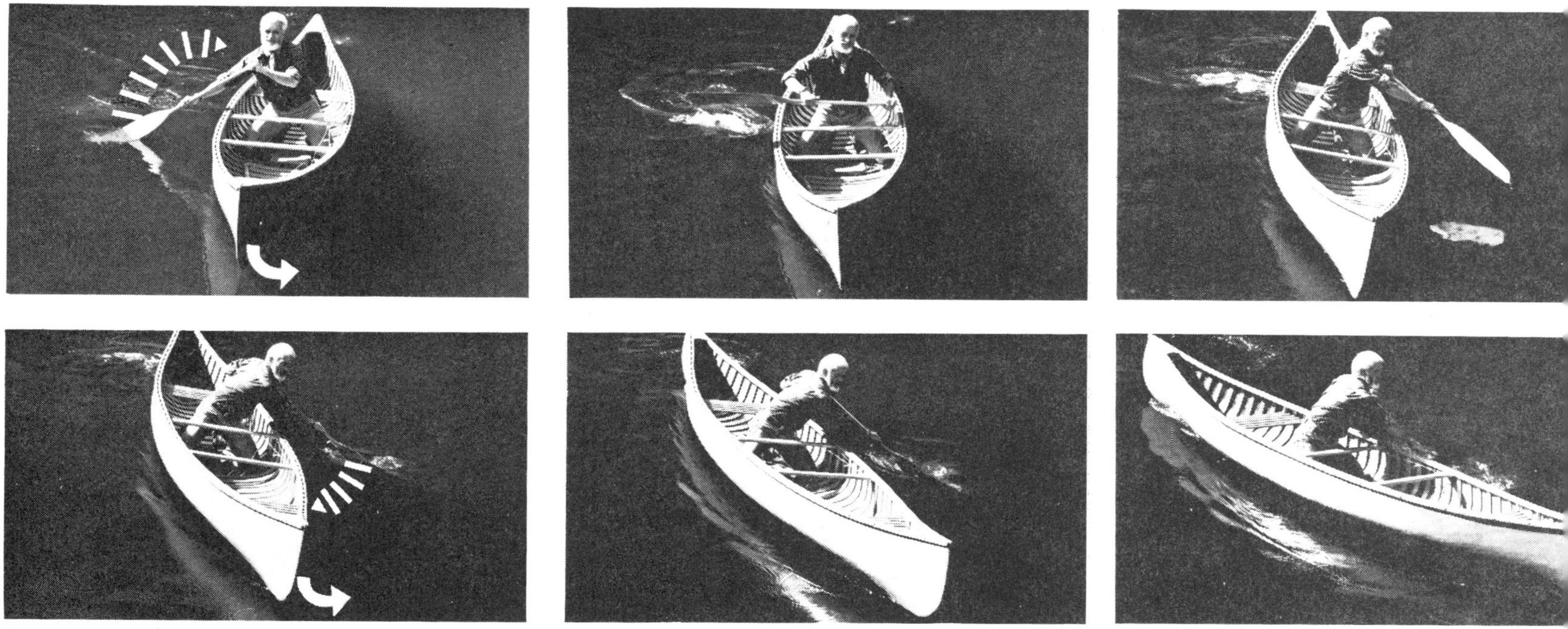

Übergreifen unter Fahrt

Seitliches Versetzen zum Paddel hin

Im Wildwasser ist es mitunter angebracht, das Boot ohne Vorwärtsbewegung zur Seite hin zu versetzen. Damit verringert sich beispielsweise die Gefahr, breitseits vor einen Felsblock zu treiben. Wenn der Canadier richtig im Stromzug läuft, Bug genau stromab, Heck stromauf ausgerichtet, ist die Gefahr des Auflaufens um ein Vielfaches geringer. Das seitliche Versetzen sollte so erfolgen, daß Strömungs- und Boots-Längsachse ständig übereinstimmen. Allerdings ist auf den Abbildungen das Ganze etwas überdeutlich dargestellt. Vor allem befindet sich das Paddel zu Demonstrationszwekken zu nahe an der Oberfläche. In der Praxis ist die Aktion komplexer. Das Paddel befindet sich dann, der größeren Effizienz halber, tiefer im Wasser.

Versetzer mittels Zug

Angenommen, es geht darum, das Boot zur Paddelseite hin zu versetzen. Man legt sich in einem 90°-Winkel weit heraus – das Paddelblatt parallel zur Bordwand, und zieht das Blatt an Boot und Körper heran. Dabei muß der Schwerpunkt des Bootes in der Mitte liegen. Der Schlag wird so oft wie nötig wiederholt. Beim Üben sollte man das Paddel sowohl über als auch unter Wasser mit „Messerschnitt" zum Einsatzpunkt bringen.

Versetzen durch Wriggen

Das Wriggen hat vor dem Zieher den Vorzug, daß das Paddel im Wasser bleibt und sich ganz automatisch ein ständiger Stützeffekt ergibt. Dieser Schlag ist schwieriger zu erlernen, ist aber die Mühe wert. Man setzt das Paddel hinter sich ein und schlägt einen Bogen nach vorne; dabei steht das Paddel in einem Winkel von ca. 45° zur Bordwand. Das heißt, man verkantet das Paddel ähnlich einem Flugzeugpropeller. Vorne angekommen, gibt man dem Blatt den entgegengesetzten Dreh, zieht es rasch nach hinten und wiederholt das Ganze immer schneller. Das ist das Prinzip des Wriggens – es kehrt noch oft wieder und sollte oft geübt werden. Das Wriggen muß möglichst gleichmäßig genau seitwärts ablaufen. Das Boot hat dann keine andere Wahl, als sich zur Paddelseite hin zu versetzen.

Die Acht

Sie ist eine Variante des seitlichen Wriggens. Am Ende jeder Blatt-Bewegung zieht man das Paddel zur Bordwand und wieder zurück, wobei das Blatt im Wasser eine Acht beschreibt.

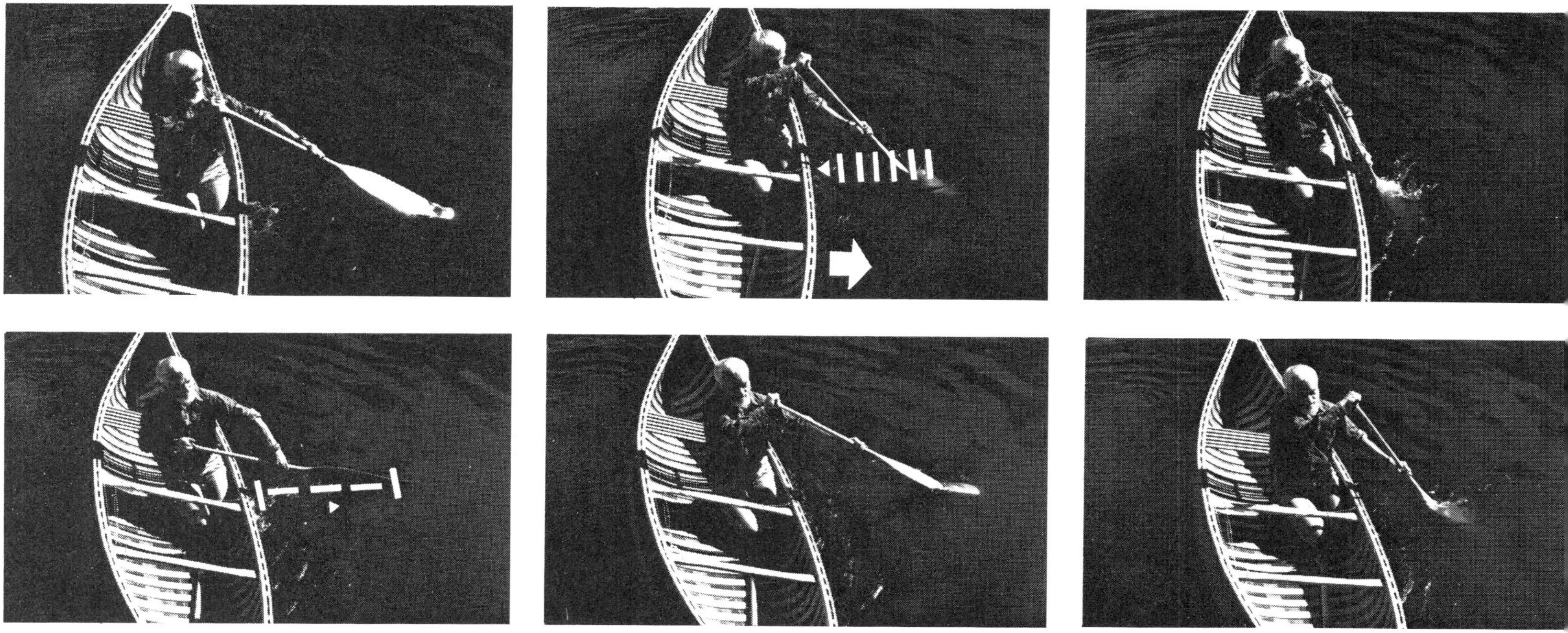

Versetzen durch Zug

Wrigger-Zug

Versetzen durch Hebel

Dieses Manöver versetzt das Boot nach der dem Paddel gegenüberliegenden Seite. Der Hebel muß direkt neben dem Körper angesetzt werden – sonst funktioniert er nicht. Nach dem Ende des Hebel wird das Paddel zur Vorbereitung des nächsten Schlages gegen die Druckrichtung verkantet und unter Wasser zum Boot zurückgeführt. Das Dollbord dient dabei als Stütze und Drehpunkt für den Paddelschaft.

Der Wriggerhebel

Er führt zum gleichen Resultat. Doch jetzt ist es nicht die Schlagseite des Paddels, die den Druck ausübt, sondern die passive Seite. Ob diese Technik effektiver ist als der einfache Seitenhebel, tut nichts zur Sache. Er ist auf jeden Fall ein schöner, eleganter Schlag und gehört ganz einfach zur Kunst des Kanufahrens.
Mögliche ungewollte Drehungen des Canadiers kann man durch das entsprechende Versetzen des Paddels nach vorn oder hinten verhindern. Die Abbildungen verdeutlichen diese Schläge eher als alle Worte vermögen. Noch eher jedoch kommt man durch Übung auf den richtigen Dreh.

Versetzen durch Hebel

Wrigger-Hebel

Das seitliche Versetzen unter Fahrt

Dabei geht es darum, denselben Vorgang aus der normalen Bewegung heraus zu versuchen. In der Bewegung muß erst ein Konter- bzw. Preßschlag her, um das Manöver einzuleiten.

Das Versetzen durch Zug unter Fahrt

Zuerst heißt es, einen Ausleger im rechten Winkel zu machen und einen Konterschlag, Schlagseite des Blattes nach vorn, anzubringen. Das Anwinkeln des Paddels zieht das Boot zur Paddelseite hin. Wenn der Schwung nachläßt, beginnt man, wriggend zu ziehen, um das Boot noch weiter zu versetzen.

Zug unter Fahrt

Das seitliche Versetzen durch Hebel unter Fahrt

Dieser Vorgang zu der dem Paddel entgegengesetzten Seite beginnt mit einem Preßschlag direkt neben dem Körper, wobei die passive Seite des Blattes nach vorne steht. Dann stützt man den Schaft auf das Dollbord und hält mit Macht fest. Dabei darf man – wie vorhin – nicht vergessen, den Körper als Gegengewicht zur Bootsmitte zu verlagern. Es hilft auch, wenn man das Paddelblatt um 45° während des beginnenden Hebelschlages dreht und dann erst in den eigentlichen Hebel übergeht, wenn die Bewegung an Schwung verliert. Der Drehpunkt ist dabei das Dollbord. Wichtig ist, sich im Zentrum des Bootes zu befinden oder mit dem nach vorn oder hinten gezogenen Paddel zu korrigieren.

Hebel unter Fahrt

Das seitliche Versetzen durch Übergreifen unter Fahrt

Dieser Schlag kann durchaus als Ziehschlag zum Versetzen genutzt werden, wenn er soweit wie möglich hinten am Heck angesetzt wird. Dabei muß man seinen Körper recht weit drehen. Der Vorteil ist, daß das Paddel nicht so tief im Wasser liegt und sich im Wildwasser die Gefahr des Verhakens verringert. Die Fahrt wird wirksam verlangsamt, und es ist eher möglich, das Boot richtig zu positionieren. Wer allein Wildwasser fahren will, sollte sich diese Technik aneignen.

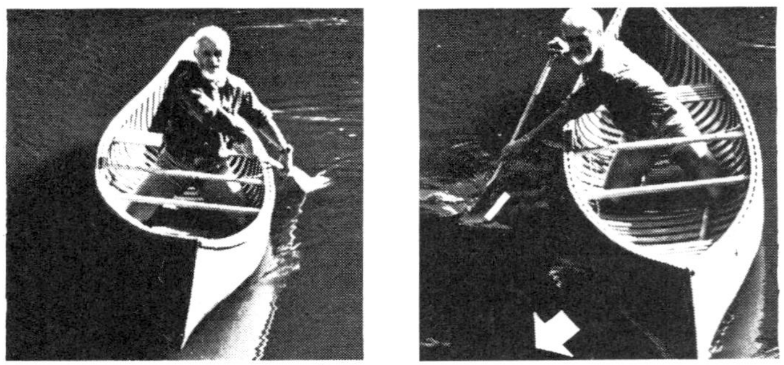

Übergreifen unter Fahrt

Der Ausleger

In den heftigen, oft gegenläufigen Strömungen und den schäumenden Wellen des Wildwassers kann man den Canadier in einem erstaunlichen Maße stabilisieren, indem man sein Gewicht auf das flach aufgelegte Paddelblatt legt. Indem man sich auf der Paddelseite gut abstützt und das Boot aufkantet, ist auch nach der entgegengesetzten Seite ein Kentern kaum möglich. Nach der anderen, der „Arbeitsseite“ hin, sind Fahrer und Boot gut gesichert, soweit man sich ordentlich aufstützt und das Paddel flach aufs Wasser drückt. Das Blatt wird dabei zum Ausleger. Der Canadier gewinnt ein Mehrfaches an Stabilität. Alles hängt davon ab, ob das Blatt im richtigen Winkel aufliegt. Wer das Paddel jedoch senkrecht dreht und es tief eintauchen läßt, wird ihm schneller unfreiwillig folgen, als er es für möglich gehalten hätte.

Die „hohe“ Paddelstütze (Ausleger)

Im unbewegten Wasser wird der hohe Ausleger seitlich in einem 90° -Winkel des Körpers zur Wasseroberfläche angesetzt. Mit der Schlagfläche des Paddels drückt man auf die Oberfläche und zieht dabei das Paddel langsam an das Boot heran. Der Anfänger ist überrascht, wie stabil es sich dabei verhält, aber die Stabilität ist nur durch die Bewegung gegeben. Wenn man sich einfach auf das Paddel lehnt, wird es unter dem Druck sinken. Es braucht Gegendruck, der durch das Wriggen oder Ziehen des Blattes ausgeübt wird. Je weiter man sich „auslegt“ und je mehr man das Gewicht auf das Blatt verlagert (das in ständiger Bewegung bleiben muß), umso stabiler wird der Canadier. Der „hohe“ Ausleger hat große Ähnlichkeit mit dem wriggenden Zugschlag.

Die hohe Paddelstütze unter Fahrt

Dieser Ausleger ist sehr stabil, weil durch die Bewegung das Paddelblatt Druck auf das Wasser ausübt. Man lege ein gutes Tempo vor und recke sich in einem hohen Ausleger weit hinaus. Dabei drückt das Paddelblatt auf das Wasser. Erst wenn die Geschwindigkeit nachläßt, beginnt man mit dem Wriggen. Dabei bewegt sich das Boot seitlich auf das Paddel zu. Wenn man diesen Effekt verstärken will, muß man das Paddel steiler einsetzen, bis es u.U. senkrecht im Wasser steht. Der hohe Ausleger ist praktisch identisch mit dem Preßschlag.

Die flache Paddelstütze

Um die Seitwärtsbewegung aufzufangen, muß das Paddel tief geführt werden – fast parallel zur Wasseroberfläche. Dabei drückt die passive Seite des Blattes auf das Wasser. Wenn's richtig gemacht wird, zeigt die Fläche der Hand am Griff nach oben. Mit dem Gewicht auf dem Paddel ist man ebenfalls in einer äußerst stabilen Position, in der sich das Boot kaum zur Seite hin bewegt. Sobald das Paddel abzusinken beginnt, heißt es wriggen. Dank dieses tiefangesetzten Auslegers hat schon mancher Paddler manch turbulente Schnelle unbeschadet überstanden.

Der tiefangesetzte Ausleger unter Fahrt

Man legt das Paddel raus aufs Wasser, wobei seine vordere Kante leicht nach oben gewinkelt werden muß, um ein Unterschneiden zu verhindern. Je mehr Gewicht auf dem Paddel liegt – umso stabiler wird der Canadier. Natürlich gibt es Variationsmöglichkeiten. Ein gutes Mittel, das Boot per Ausleger zu stabilisieren und die Fahrt ohne Drehbewegung zu verringern, ist der weit hinten am Heck angesetzte Ausleger. Dabei drückt man nach unten, statt das Paddelblatt zum Boot hinzuziehen, und stabilisiert, ohne gleichzeitig den Kurs zu ändern. Eine gute und einfache Möglichkeit, schwieriges Wasser zu durchschaukeln. Mit einiger Praxis lernt man diese Technik , ohne das Boot unfreiwillig zu drehen. Das Geheimnis hinter der Stabilität ist der Gleiteffekt des Paddels auf der Wasseroberfläche, der das Wriggen überflüssig macht.

Hangtechnik

Mitunter muß man im Wildwasser das Boot zur Paddelseite hin drehen und gleichzeitig einen weiten Ausleger fahren. Wieder sollte der Canadier gute Fahrt machen. Zuerst legt man sich raus und macht einen Bug-Konterschlag – mit allem Gewicht auf dem Paddel. Bei einem guten Vorwärtsschwung kann man sich zu einem soliden , hohen Ausleger weit raushängen. Der Bug wird zur Paddelseite regelrecht herumwirbeln. Das Boot dreht sich um das Paddel. Wir werden es später sehen – dieses Manöver ist eine hervorragende Möglichkeit, sich in ein Kehrwasser hinter einen Felsen zu retten. Das Körpergewicht „hängt" bei dieser „Hangtechnik" im wahren Sinne des Wortes am Paddel. Der erste Teil ist ein Bug-Konterschlag, der zweite ein extrem hochangesetzter Ausleger.
Naturgemäß spielt die Hangtechnik bei Kajaks und Wildwasserkanus eine bedeutendere Rolle als bei offenen Wander-Canadiern. Der Canadierfahrer darf im offenen Boot das Wasser nicht über den Süllrand rauschen lassen, während der Mann oder die Frau im Kajak, parallel über die Wasseroberfläche hinausgelehnt und das Boot auf der ganz hohen Kante, mit dem Paddel fleißig wriggt.
Was ich hier aufgezeigt habe, ist lediglich der Grundstock der Ausleger- und Hangtechnik. Es gibt unendlich viele Variationsmöglichkeiten. Sie auszuprobieren, überlasse ich Ihnen, liebe Leserin, lieber Leser – Ihrem Enthusiasmus und Ihrem Forscherdrang.

Rückwärtspaddeln

Wer auf einem unbekannten Fluß mit einem beladenen Wander-Canadier gemäßigtes Wildwasser fährt, macht zeitweise für jeden Vorwärtsschlag zwei, drei nach rückwärts. Diese „Orientierung nach hinten" ist u.U. wichtiger als die nach vorne.
Um einen Canadier im Rückwärtslauf kontrollieren zu können, kommt es erst einmal darauf an, auf geradem Kurs rückwärts zu paddeln, eine Kurve von der Paddelseite weg wie auch eine Kurve zur Paddelseite hin zu fahren und dementsprechend das Boot auch nach steuerbord und backbord versetzen zu können. Für die Rückwärtsfahrt gelten dabei dieselben Prinzipien wie bei der Vorwärtsbewegung.
Eins darf man dabei nicht vergessen: daß man sich lediglich in Bezug auf das strömende Wasser rückwärtsbewegt – doch nicht in Bezug zur Uferlinie und zu den Hindernissen im Wasser. Aber man verringert zumindest die Eigen-Geschwindigkeit, man bremst sie ab. Nur selten kann man in einer Schnelle im Rückwärtsgang wirklich Distanz nach hinten gewinnen. Wer es schafft, den Canadier nach rechts oder links zu versetzen und zugleich die Geschwindigkeit abzubremsen, vermag den entscheidenden Vorteil für sich zu verbuchen.

Umgekehrtes „J" oder Drehschlag

Zum Rückwärtsfahren in gerader Linie setzt man die der Schlagseite des Paddels entgegengesetzte Seite, die „passive", ca. 30 cm von der Heckbordwand entfernt an. Das Paddel wird dann in Richtung Bordwand und gleichzeitig nach vorn gezogen. Nahe am Ende des Schlages dreht sich das Blatt wieder nach außen und von der Bordwand weg. Man hebelt kräftig, daß das Boot auf Kurs bleibt.
In Stromschnellen kann man den Effekt verstärken, indem man sich halb umdreht und die Schlagseite des Blattes zu einem kräftigen Rückwärtszug benutzt. Sobald das Paddel in Hüfthöhe ist, dreht man die obere Hand, so daß der Schlag mit einer Dreh-, Steuer- oder „J"-Bewegung abgeschlossen werden kann. Man kann auch das Manöver ohne die Drehung der oberen Hand beenden – doch das ist ein wenig ungeschickt.

Drehung zur Paddelseite beim Rückwärtsfahren

Das Heck dreht sich zur Paddelseite, wenn man mit der passiven Seite des Blattes einen sehr kräftigen Schlag in Richtung hintere Bordwand führt und dann nach vorne zieht. Auch am Ende des Schlages dreht man das Paddel weiter zu einem ausgeprägten, umgekehrten „J". Der erste Teil des Schlages kann aber auch mit der Schlagseite erfolgen – dann muß man den Griff in der Hand drehen, um das umgekehrte „J" zu vollenden.

Drehung beim Rückwärtsfahren, zu der dem Paddel entgegengesetzen Seite

Auf einen kräftigen Hebelschlag mit der passiven Seite des Paddels am Heck erfolgt ein Außenbogen in Richtung Bug.

Seitliches Versetzen nach rückwärts

In einem 45° -Winkel von der rückwärtigen Bordwand wird kräftig gewriggt. Das Boot versetzt sich zur Paddelseite hin.

Zu der dem Paddel entgegengesetzten Seite hebelt man nahe am Körper und führt den Schlag weiter nach außen in Richtung Bug. Sollte sich der Canadier trotzdem drehen, gilt es, den Schlag näher an den Bug resp. das Heck zu führen und dadurch zu korrigieren. Das Ganze ist nicht einfach. Es gehört eine Menge Übung dazu, dieses Manöver zu beherrschen.

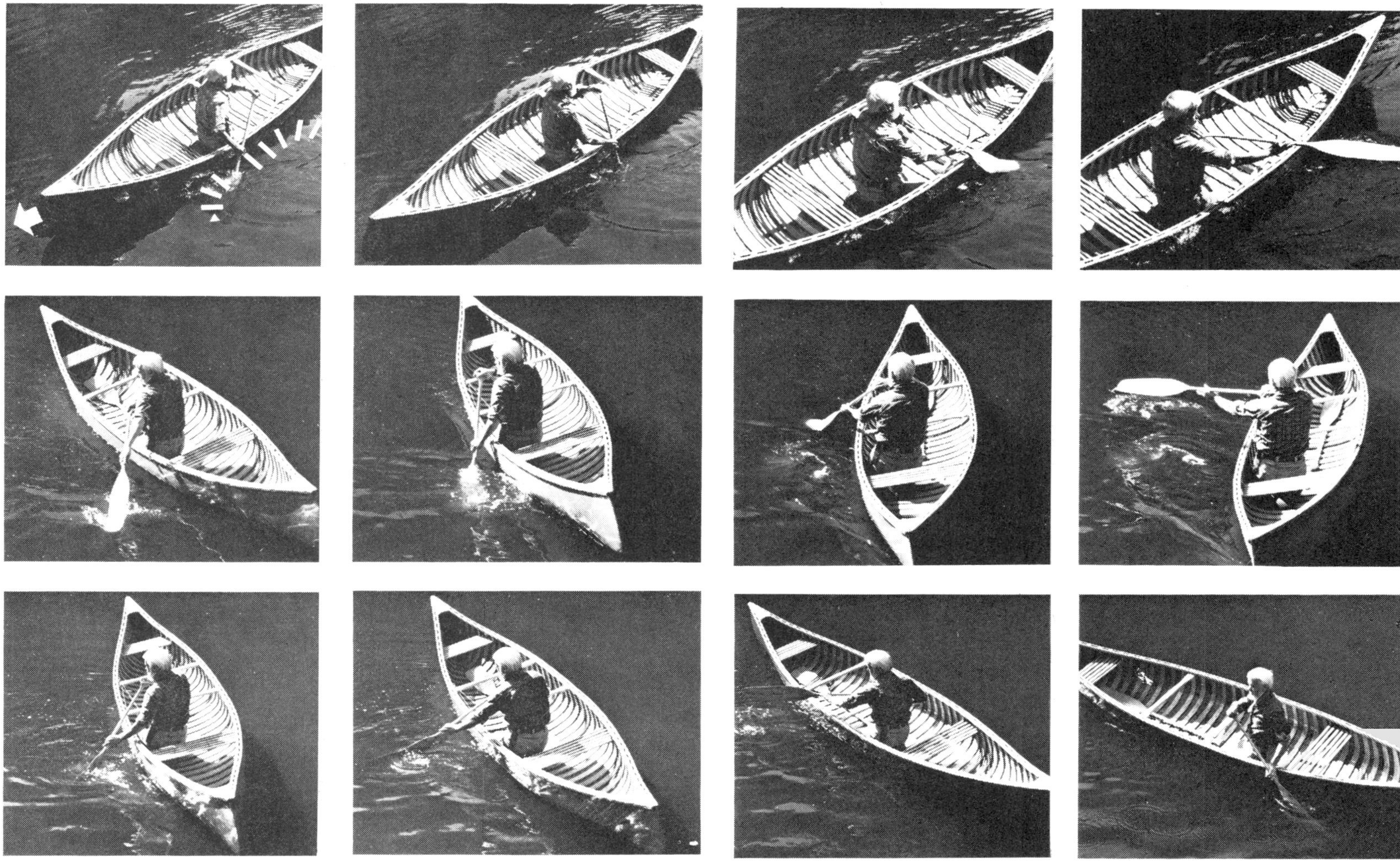

Der Zweier

Geradeausfahren

Wer allein im Canadier zurechtkommt, ist ganz automatisch auch ein guter Zweier-Fahrer. Das Alleinfahren hat ihm ein ausgeprägtes Gefühl für das Verhalten des Canadiers vermittelt, für seine Reaktionen auf Wind, Wellen und Strömungen. Auch Zweierfahren ist eine wunderschöne und herausfordernde Kunst. Wie bereits gesagt: Es ist ein Genuß, ein gut koordinierendes Team auf einem See und erst recht in schwerem Wildwasser zu beobachten.
Zwei Leute – ein Canadier – das ist für diese Boote ohnehin die gebräuchlichste Konstellation. Es geht leichter, und es geht schneller.
In Stromschnellen hat der Zweier Vorteile und, wie alles auf der Welt, auch Nachteile. Bei zwei Fahrern gibt es zwei potentielle Fehlerquellen. Unter Umständen reicht eine von beiden, um das Boot zum Kentern zu bringen. Andererseits kann sich auch ein Anfängerteam mit nichts mehr als einem weiten Ausleger nach jeder Seite durch eine gefährliche Situation hindurchmogeln. Schon das gleichzeitige Paddeln auf beiden Seiten verleiht dem Boot eine enorme zusätzliche Stabilität. Darüberhinaus bedingt die Position der Besatzung – vorn im Bug und noch weiter zurück im Heck – eine Gewichtsverteilung, die den Wandercanadier im schweren Wasser, in Wind- oder Wildwasserwellen tief einschneiden läßt.
Eine gute Persenning ist die beste Lösung dieses Problems, wenn auch keine hundertprozentige.
Zwei Fahrer können ihre gemeinsamen Anstrengungen und ihre Fahrtechnik an den sensibelsten Punkten, d.h. an Bug und Heck einsetzen. Wenn sie jedoch in Zentrum des Bootes auf ein Hindernis auflaufen, sieht es wegen der ungünstigen Gewichtsverlagerung trübe aus.
Die Argumente für und wider ließen sich ins Unendliche fortsetzen. Vieles ist Ansichtssache. Ich für meinen Teil schätze das Solo- wie auch das Tandemfahren; letzteres, solange das Team gut zusammenarbeitet.
Solange man auf Zahmwasser mit nur wenigen Kurven fahren kann, steuert der Hintermann mit einem „J", einem „Kanadier" oder Drehschlag. Es ist seine Aufgabe, Kurs zu halten, ohne den Schlagrhythmus zu stören und ohne Antriebskraft und Geschwindigkeit zu verlieren. Der Vordermann liefert im Flachwasser in erster Linie Antriebskraft – es sei denn, es steht eine Drehung, Kehrtwendung oder ein Versetzen an. Seine große Stunde schlägt erst im Wildwasser. Erfolg oder Mißerfolg hängen hier genauso vom Vorder- wie vom Hintermann ab, und in manchen Situationen liegt das Schwergewicht sogar eher auf der vorderen Position.

Petawawa River

Petawawa River

Magpie River

Virginia Falls

Natch Rapids, Petawawa River

Natch Rapids, Petawawa River

Petawawa River

Little Thompson Rapids, Petawawa River

English River, Ontario

Magnetawan River, Ontario

Petawawa River, Ontario

Old Woman Bay, Lake Superior

Kurven mit größerem Radius unter Fahrt

Das Geheimrezept zur leichten, entspannten Langstreckentour liegt in der konstanten, rhythmischen Schlagtechnik. Wenn ein Bogen gefahren werden muß, ändert keiner der beiden Paddler die Geschwindigkeit oder läßt gar einen Schlag aus. Der Vordermann kann mit folgenden drei Schlägen Steuerhilfe geben:

Bug – „J“

Wenn es gilt, ohne Geschwindigkeitseinbuße von der Paddelseite des Bugs wegzudrehen, beschreibt der Hintermann ein kräftiges „J“, einen „Kanadier“ oder Drehschlag. Der Vordermann verkürzt den Schlag und läßt ihn direkt neben dem Körper in ein hebelndes „J“ auslaufen. Dadurch wird der Kurvenradius verkleinert, ohne daß Geschwindigkeit verlorengeht. Die Effizienz des Schlages steht in direktem Verhältnis zur Verkürzung des Treib-/Grundschlages und der Kraft des „J“-Hebels. Nochmals: der Hebel muß neben dem Körper angesetzt werden. Weiter hinten wird der Dreheffekt reduziert.

Bugbogen

Dabei wird der Treib-/Grundschlag ganz nahe innen an der Bootsspitze angesetzt und von dort im Bogen nach außen geführt. Um wirklich einen Effekt zu erzielen, muß der Schlag rasch und kurz gesetzt werden. Trotzdem erzielt er nicht die Wirkung des Bug-“J“.

Diagonaler Bugzug

Um das Boot zur Paddelseite des Vordermannes hin zu drehen, fährt der Hintermann einen Bogenschlag, während der Vordermann einen Diagonalzug ansetzt. Er beginnt in einem nach vorne gerichteten 45°-Winkel und zieht das Blatt direkt auf seinen Körper, womit er das Boot herumdrückt, ohne daß es langsamer wird. Die Kurve kann noch enger gefahren werden, wenn der Winkel auf 90° erweitert wird. Auch in diesem Fall zieht er das Blatt direkt zu sich heran.

Drehbewegungen im Zweier

Der Hauptunterschied zwischen Einer- und Zweier-Canadier ist die Verlagerung des Drehpunktes Es versteht sich von selbst, daß der Drehpunkt nicht unter *beiden* Fahrern liegen kann. Er liegt etwa in der Hälfte der Distanz zwischen beiden. Darüber muß man sich klar sein, wenn man mit dem Boot Drehungen, Kurven, Versetzungen ausführen will. Das Boot dreht sich um die eigenen Achse, wenn jeder der beiden Paddler die *gleichen* Hebelschläge auf seiner Seite ausführt und das Gewicht genau austrahiert ist.

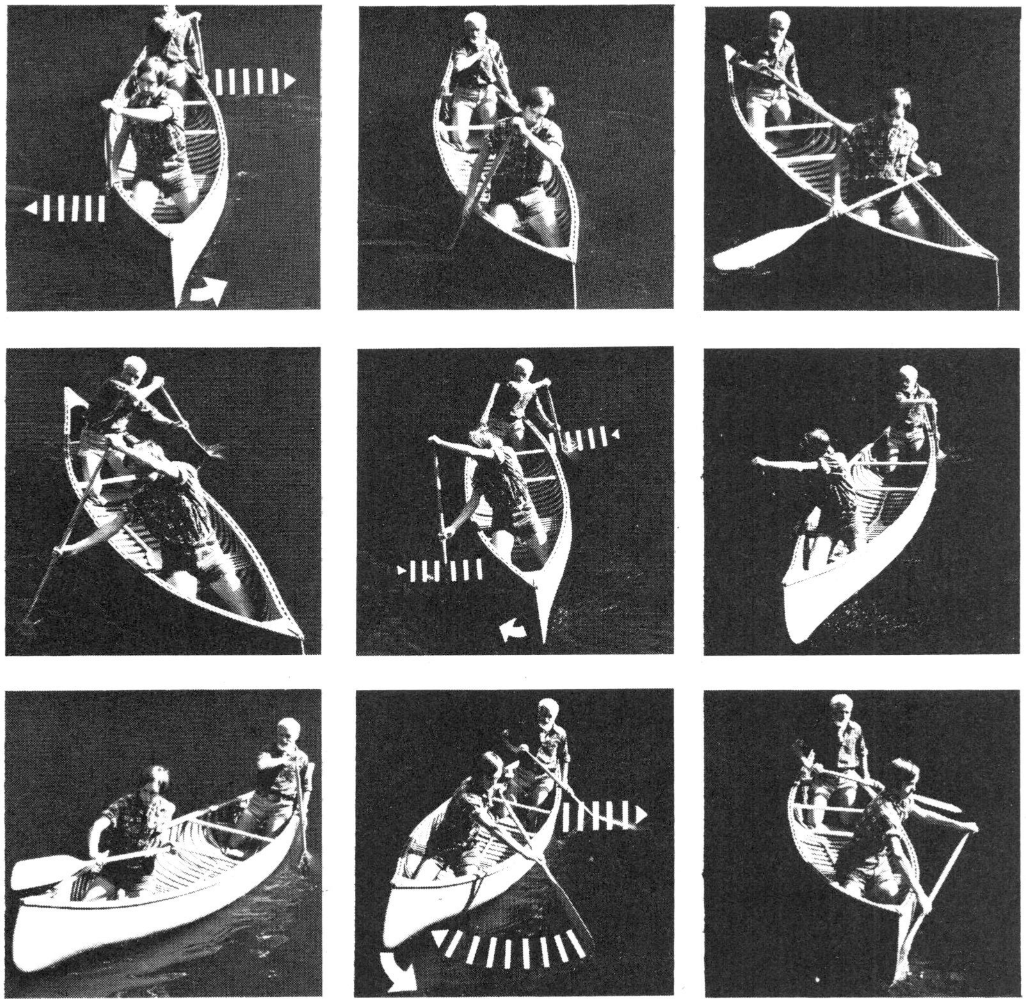

Hebel-Schlag

Um von der Paddelseite des Vordermannes wegzudrehen, führen beide Fahrer einen Hebelschlag aus. Beide sollten ihre Paddel ganz vorn am Bug bzw. hinten am Heck ansetzen. Je weiter die Paddel vom Drehpunkt entfernt sind, umso effektiver wirken sich die Schläge aus.

Zugdrehung

Für eine Drehung des Canadiers zur Paddelseite des Vordermannes setzen beide Fahrer einen Zug- bzw. Wriggschlag ein. Der Vorteil beim gleichzeitigen Wriggen und Ziehen liegt in dem stabilisierenden Ausleger-Effekt.

Zug-Drehung Übergreifen

Übergreifen steht für das Überwechseln des Bugpaddlers auf die „falsche“, die gegenüberliegende Seite – auf diejenige des Hintermannes. Der Vordermann zieht mit einem weit außen angesetzten Zugschlag den Bug herum, während der Hintermann das Heck wegdrückt. Das Paddel bleibt dabei an der Oberfläche, was im flachen Wasser einer Schnelle von Vorteil sein kann. Der Hebelschlag ist allerdings wirkungsvoller.

Drehungen unter Fahrt

Genau wie bei der Alleinfahrt sind Schläge mit Dreheffekt unter Fahrt besonders wirksam, da der Wasserdruck auf das Paddelblatt die Effizienz verbessert.

Der Hebeldreher unter Fahrt

Man sollte damit langsam beginnen und erst nach und nach die Geschwindigkeit erhöhen. Um eine Drehung von der Paddelseite des Vordermannes weg zu machen, blockieren beide Paddler die Fahrt. Dabei ist die passive Seite des Paddels nach vorne gerichtet. Es ist im Zweier besonders wichtig, daß der Vordermann den Preßschlag richtig fährt. Nach ihm werden die Paddel parallel zur Bordwand gestellt, nach hinten gezogen und dann unter langsamer Anwinklung- was Übung erfordert – nach vorne geschoben. Die Anwinklung muß langsam geschehen, um eine kontinuierliche Bewegung zu gewährleisten. Wenn die Fahrt nachläßt, beginnen beide mit ihren Hebelschlägen, bis die Drehung beendet ist. Wenn dabei das Boot außer Kontrolle gerät, hilft nur, die obere Hand loszulassen – sonst kann man durchaus über Bord gehen. Das kann natürlich auch in einer Schnelle passieren, wenn man bei diesem Manöver mit dem Blatt einen Fels unter der Wasseroberfläche erwischt.
Im Wildwasser wird die Hebeldrehung durch den Hintermann stabilisiert, indem dieser vom Grundschlag in einen Auslegerbogen mit flach ausgelegtem Paddel übergeht.

Der Zugdreher unter Fahrt

Die rasche Drehung zur Paddelseite des Vordermannes hin vollzieht sich, wenn dieser einen Konterschlag fährt. Die Schlagseite des Paddels zeigt in Fahrtrichtung. Dabei kann man sich regelrecht auf das Paddel „legen“. Der Gegendruck des Wassers zieht den Bug in die richtige Drehung. Wenn der Schwung nachläßt, setzt man eine Reihe von Zugschlägen ein oder wriggt, bis die Drehung beendet ist. Der Hintermann bringt ebenfalls einen Konterschlag an und unterstützt die Bewegung mit Zugschlägen oder mit Wriggen.

Übergreifen unter Fahrt

Genau wie beim Paddeln eines Einers kann der Vordermann einen Übergreifer statt des Blockierers plus Druckschlag anbringen. Dieser Vorgang hat zwar nicht dieselbe Wirkung, ist aber viel leichter. Außerdem bleibt das Paddel, wie wir bereits vorher gesehen haben, näher der Oberfläche. Es gibt Kanuten, die diesen Schlag überhaupt nicht mögen. Sie sehen wenig Sinn darin, denn es dauert eine

Drehen durch Hebeln unter Fahrt

Drehen durch Ziehen unter Fahrt

Drehen durch Übergreifen unter Fahrt

Weile, bis das Paddel auf der „falschen“ Seite ist. Sie argumentieren, man gäbe den Vorteil der Stabilisierung *beider* Seiten auf. Damit haben sie recht – doch ist das Übergreifen vor allem im flachen Wasser recht handlich. Er darf jedoch nicht unnötig und übertrieben häufig gefahren werden. Der Hebel ist besser, wenn er in die Situation paßt und gut gefahren wird. Aber man wird ihn nie ordentlich beherrschen, wenn man immer nur mit dem leichten Übergreifer arbeitet.

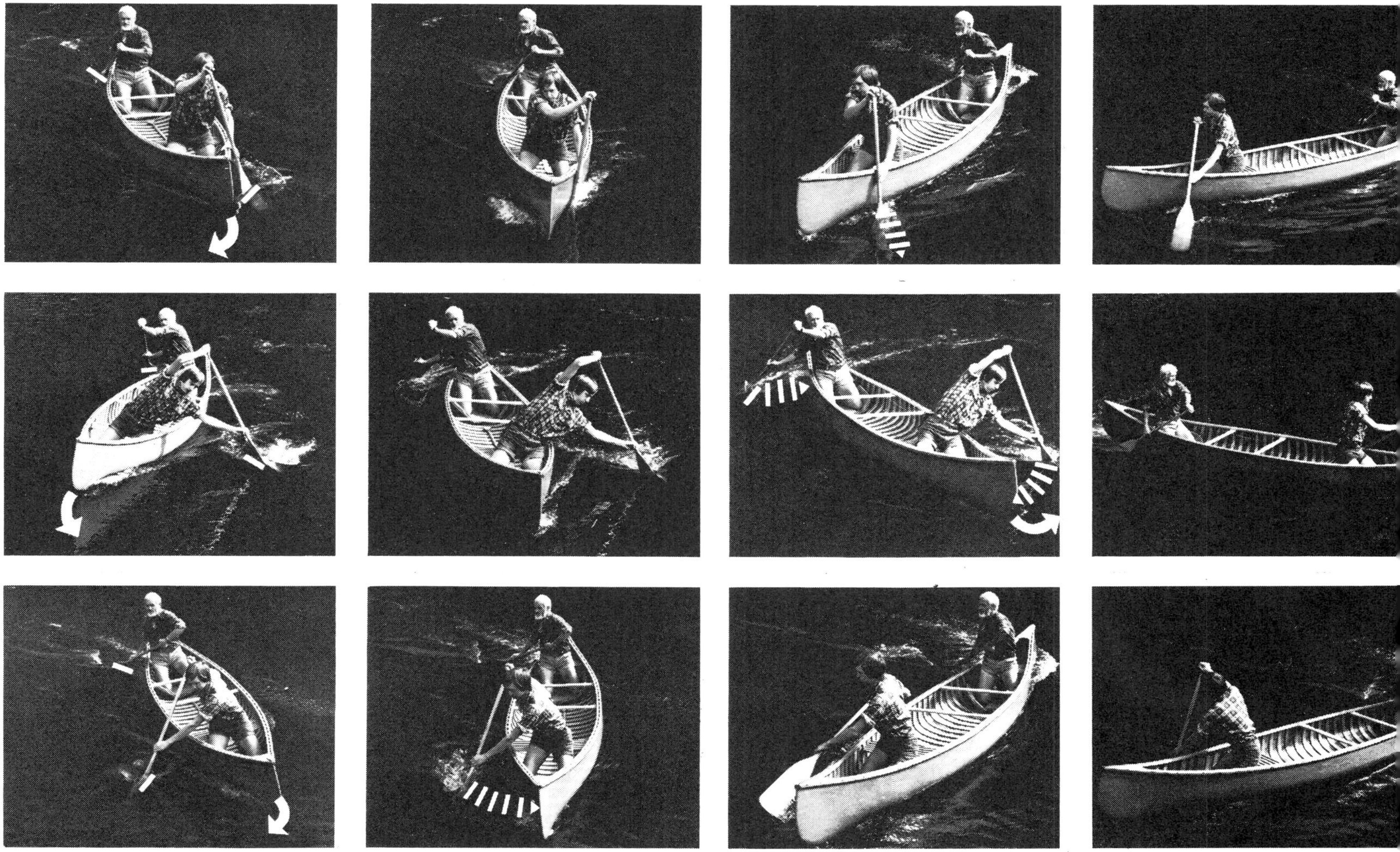

Das seitliche Versetzen

Es kommt bei kompetentem Wildwasser-Fahren häufiger vor als das Kurshalten mit Steuerschlägen. Vor allem verringert es die Gefahr, breitseits vor einem Felsblock zu landen – der Alptraum eines jeden Kanufahrers. Um einen Canadier seitwärts zu versetzen, fahren Vorder- und Hintermann gegenläufige Schläge.

Das Versetzen auf die dem Paddel des Vordermannes entgegengesetzte Seite

Dabei zieht (oder wriggt) der Hintermann mit seinem Paddel, während sein Partner drückt und hebelt.

Das Versetzen mittels Übergreifen

Dabei ist es – wie bei den anderen Manövern im Zweier – wichtig, daß beide Fahrer mit demselben Kraftaufwand arbeiten. Sonst dreht sich das Boot – eine Situation, die vor allem der stärkere Paddler, bei „gemischtem Doppel" meist der Mann, unter allen Umständen vermeiden sollte.

Das Versetzen auf die Paddelseite des Vordermannes

Hierbei wird das Ganze umgekehrt: Der Hintermann drückt/hebelt; der Partner zieht(wriggt).

Das seitliche Versetzen unter Fahrt

Beide Paddler halten das Paddel in Preß – oder Konterschlag -Position, um den Druck des Blattes gegen das Wasser zu nutzen. Wenn die Fahrt nachläßt, erfolgt die übliche Serie von Druck-/Hebelbewegungen, Zügen oder Übergreifen.

Das Versetzen unter Fahrt zu der dem Paddel des Vordermannes gegenüberliegenden Seite

Der Vordermann bringt einen Preßschlag an, der Hintermann einen Konterschlag. Wenn die Fahrt nachläßt, beginnt der Vordermann zu hebeln, während der Hintermann von dem Konterschlag in einen Zug oder in ein Wriggen übergeht.

Seitliches Versetzen mit Übergreif-Zug

Ein Schlag für gefährliche Situationen! Manche Paddler halten den Übergreif-Konter, bis das Boot langsamer wird und setzen dann eine Serie von Übergreifern an. Das ist nicht ungefährlich, während sich das Paddel in der Luft befindet!

Seitliches Versetzen nach der Paddelseite des Vordermannes

Der Vordermann fährt einen Konter (Schlagseite am Bug). Der Paddelschaft sollte zur größeren Effektivität senkrecht im Wasser stehen. Wenn die Fahrt nachläßt, folgen Diagonalzüge oder ein Wrigger. Der Hintermann geht von einem Preßschlag in einige Hebel über.

Die Ausleger

Sie werden im Zweier-Canadier nicht anders als beim Einer gefahren. Wenn die Paddel backbord und steuerbord flach aufgelegt sind, ist das eine außerordentlich stabile Situation, einer der ganz großen Vorzüge des Zweiers.

Hoch angesetzter Ausleger

Dieser Ausleger hat die Tendenz, den Canadier zur Paddelseite des Vordermannes zu drehen. Das Gegenmittel besteht darin, den hinteren Ausleger weitmöglichst am Heck anzusetzen. Dadurch geht auch Fahrt verloren, und die Anwinklung des Paddels spielt ebenfalls eine Rolle. Das Drehmoment ist allerdings selten von entscheidender Bedeutung, da hohe Ausleger meist ganz kurzfristige Aktionen sind, z.B. wenn man durch einen hohen Brecher hindurchrauscht oder einen tückischen Wirbel quert. Unter Fahrt hat der hochangesetzte Ausleger einen ausgesprochenen Bremseffekt.

Tief angesetzter Ausleger

Der Canadier ist nicht nur noch seitenstabiler als zuvor, sondern neigt auch kaum zu Drehungen, da der Zugeffekt weitgehend entfällt. Wichtig ist, die Paddel rauszulegen, bevor die Schwierigkeiten auf dem Fluß beginnen. Je mehr Gewicht auf dem Paddel liegt, umso besser. Doch müssen wir uns daran erinnern, daß das Paddel unter Druck sinkt – sofern das Boot keine höhere Eigengeschwindigkeit hat als das Wasser. Das Mittel dagegen ist das Wriggen.

Ausleger mit auf der Paddelseite gestrecktem Bein

Erst kürzlich habe ich bei Wildwasser-Fahrern diese recht eigenartige Haltung entdeckt. In dieser Position fahren Könner ungeheuer stabile Ausleger in schweren, turbulenten Schnellen. Zuerst war ich recht skeptisch, doch eine Reihe von Kehrwasserschleifen haben mich überzeugt.

Brian Creer von Sport Canoe, British-Columbia, vermittelte mir diese Erfahrung. Überhaupt: Sobald Brian seine Position im Heck meines Bootes eingenommen hatte, war ich überzeugt, daß er die meiste Zeit seines Daseins in einem Canadier zubrachte.
Trotzdem war ich perplex, als er das Bein auf der Paddelseite streckte, das andere anwinkelte und unter dem Achtersitz verkeilte. Ich fragte über die Schulter: „Willst du wirklich auf diese Art und Weise...“ Er lachte und rief nur: „Paß auf!“ Wir legten ab und schossen auf ein sich rasend drehendes Kehrwasser zu, mit einem wilden, häßlichen Steingarten kurz dahinter. Brian rief mir zu, den Wirbel mit einem Bughebel anzufahren und nicht mit dem vorsichtigeren Übergreifen. Ich fühlte förmlich, wie das Desaster heranraste., während ich das Paddel mit aller Kraft ins Wasser rammte und wir herumgerissen wurden.
Zu meiner Überraschung beschrieb das Boot jedoch einen geschlossenen Kreis um mein Paddel herum, und dabei hatte ich ein Gefühl der Sicherheit wie selten zuvor. Brian erklärte mir, daß er mit dem unter dem Sitz verklemmten Fuß nicht aus dem Boot geschleudert werden und daß der Canadier nicht nach der Paddelseite kentern könne – aufgrund des Auslegers. Bei dem hing er weit draußen wirklich horizontal über der Wasserfläche. Also konnte das Fahrzeug auch nicht nach meiner Seite kentern – eher wäre ich über Bord geschleudert worden. Darüberhinaus hatte er die Zuladung so im Boot verteilt, daß sein gestrecktes Bein an ihr einen guten Halt wie an einem Widerlager fand.
Ich habe festgestellt, daß sein Sitz niedriger angebracht ist als meiner, so daß sein Fuß sich, mit den Zehen auf dem Kanuboden und der Ferse unterm Sitz, richtig verkeilen kann. Der große Vorteil dieser Position besteht in der extremen Auslage – dem Aushänger über dem Paddel. Mein Skeptizismus war verschwunden – ich war überzeugt worden.

Rückwärtspaddeln

Die Kontrolle von Richtung und Position des Canadiers während des Rückwärtspaddelns im Wildwasser gehört nach meiner Ansicht zu den großen, bedauernswerten Defiziten in der Kunst des Kanufahrens. Einfaches Rückwärtspaddeln allein genügt nicht, weil dadurch die Richtung nicht kontrolliert wird. Beide Fahrer sind für die Stellung und das Einhalten des richtigen Winkels verantwortlich, jedoch hat der Vordermann beim Rückwärtspaddeln gegen den Strom die größeren Steuermöglichkeiten. Die Rollen werden dabei vertauscht: Der Vordermann übernimmt im Bug die Aufgaben, die vordem der Hintermann zu lösen hatte. Trotzdem bleibt auch hinten noch genug zu tun. Manches Problem kommt deshalb auf, weil der Canadier meist hinten tiefer liegt als vorne – was manche Reaktionen des Bootes negativ beeinflußt. Da heißt es also, den Trimm zu korrigieren. Davon wird noch ausführlich die Rede sein.
Die Kraft in den rückwärts ausgeführten Hebel- oder Bogenschlägen des Vordermannes bestimmt die Richtung, während die Heckposition mit Rückwärtszügen und -hebeln seine Aktionen unterstützt. Die Rückwärtsschläge im Zweier sind im Prinzip die gleichen wie beim Einer.

Rückwärtspaddeln in gerader Linie

Um ohne Ausscheren rückwärtszufahren, schlägt der Vordermann ein umgekehrtes „J" am Ende des Rückwärtsschlages. Wenn nötig, unterstützt der Hintermann zu Beginn des Manövers mit einem Hebelschlag oder Zugschlag. Wenn beide Paddler ausschließlich gerade Rückwärtsschläge fahren, schert der Canadier nach der Seite des Vordermannes aus.

Rückwärtskurven

a) nach der Seite des Heckpaddels

Dabei schlägt der Vordermann einen Rückwärtsbogen oder Diagonalzug. Der Hintermann hilft, wenn nötig, mit einem Rückwärtszug.

b) nach der dem Heckpaddel entgegengesetzten Seite

Dabei setzen beide Paddler den Rückwärtshebel ein. Der Hintermann kann aber auch einen Rückwärts-Bogenschlag fahren.

Rückwärtspaddeln – geradeaus

Rückwärtskurven nach der Seite des Heckpaddels

Rückwärtskurven zu der dem Paddel gegenüberliegenden Seite

Seitwärtiges Versetzen rückwärts

Es ist beim Wildwasserfahren eines der häufigsten und wichtigsten Manöver, viel häufiger als das rückwärtige Versetzen unter Fahrt.

a) Versetzen zur Seite des Hintermannes

Der Vordermann hebelt einen Rückwärtsschlag. Sein Partner fährt einen Rückwärtszug.

b) nach der dem Heckpaddel entgegengesetzten Seite

Dabei zieht der Vordermann rückwärts, während sein Partner einen Rückwärts-Hebelschlag fährt.

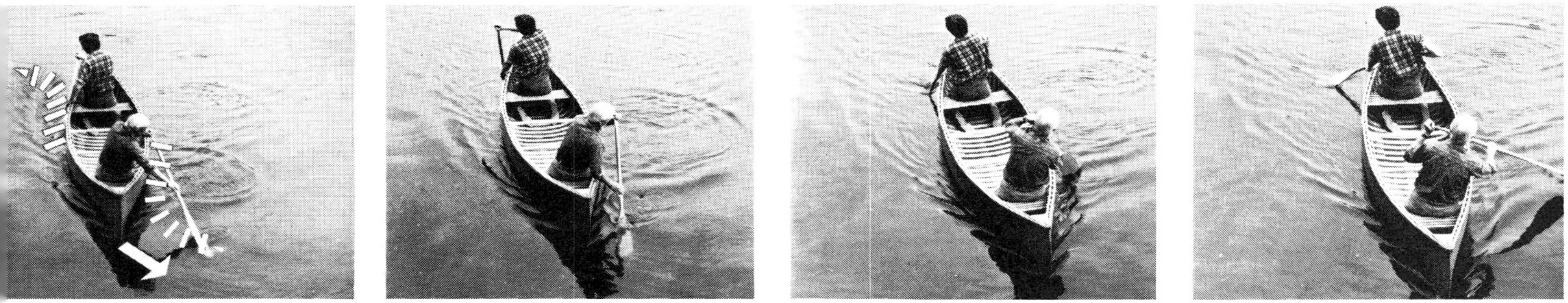

Der Trimm

Beim Rückwärtsfahren im Wildwasser darf das Achterschiff nicht tiefer als der Bug im Wasser liegen. Ist dies der Fall, kann das Heck leicht unterschneiden, was alle möglichen Konsequenzen nach sich ziehen kann. Fraglich ist überhaupt, ob ein Canadier auch im Vorwärtslauf wirklich leichter zu fahren ist, wenn der Bug ein bißchen höher aus dem Wasser ragt. Doch auch wenn zuviel Gewicht nach vorne verlegt wird, treten Probleme auf. Dann heißt es, sich bei der Normalfahrt weit nach hinten zu orientieren. Das alles ist recht unpraktisch.

Wenn das Heck viel zu tief im Wasser liegt, dann braucht man drei Schläge mehr und hat immer noch nicht den richtigen Rhythmus. Wenn die Seilfähre rückwärts nicht klappt, dann ist in erster Linie der falsche Trimm daran schuld, d.h. die Hecklastigkeit.

Zwei Gründe sind für die Unsitte dieser Hecklastigkeit verantwortlich: Erstens ist das normale Design eines Canadiers nicht im Hinblick auf die Seilfähre rückwärts angelegt (die später erklärt wird). Da der Hintersitz näher zum Heck als der Vordersitz zum Bug liegt, muß das Boot auch bei gleichem Gewicht beider Partner zwangsläufig hecklastig laufen. Zweitens placiert sich fast immer der schwerere und stärkere Fahrer hinten. Bei einem Mann-Frau-Team ist „sie“ fast immer der Vorder“mann“. Eine Lösung des Problems besteht darin, daß der Hinter“mann“ (hier darf ich es wohl so stehen lassen), nach vorne rutscht, bevor der Rückwärtsgang eingelegt wird.
Nicht nur in Stromschnellen wird das Rückwärtsfahren zu einem Problem, wenn das Heck tief liegt – auch im Flachwasser!

Ein Versuch verdeutlicht das rasch: In scharfer Strömung multipliziert sich das Phänomen, weil das Wasser mit vielfacher Gewalt auf das Heck drückt und zudem noch eine größere Angriffsfläche findet. Wenn der Bug herumschwingt, bleiben dem Hintermann kaum Gegenmaßnahmen. Hier muß vor allem die Vorderfrau (um bei der klassischen Konstellation zu bleiben) den Kurs entsprechend korrigieren. Echte Kooperation zwischen beiden Partnern ist nur möglich bei richtig ausgewogenem Trimm.
Trotzdem muß ich in der Folge immer wieder auf dieses Thema zurückkommen. Wenn es einen wichtigen Grund

gibt, weshalb ich der Fülle der Kanu-Sachbücher ein weiteres hinzufüge, so ist es dieseTatsache. Die übrigen Kanu-Autoren messen der Entlastung des Bootshecks merkwürdigerweise keine Bedeutung zu. Dabei spielt dieses wichtige Prinzip nicht nur in das Rückwärtsfahren mit hinein, sondern auch in Seilfähren, Staken, Auf- und Abwärts-Treideln des Bootes per Hand – vor allem aber in das Landen oberhalb gefährlicher Katarakte und Fälle.

Im Canadier aufrecht stehen

Ein Prinzip lautet: „In einem Canadier darf man sich nie aufrecht hinstellen.“ Das war und ist – so scheint es – ein ehernes Gesetz, ein angeblich intelligent klingender Befehl, nach dem nichts mehr schiefgehen kann. Und doch : Nichts ist weiter von Wirklichkeit und Wahrheit entfernt!
Sich aufrecht stellen zu können, ist ein besonders wichtiger Vorteil, den der Canadier- gegenüber dem Kajakfahrer hat. Das Mehr an Übersicht, das man dabei gewinnt, ist beträchtlich. Ein weiteres Plus ist, daß – wichtig in seichten Flußabschnitten! -die Reflektion der Wasseroberfläche nachläßt. Navigieren in einfachen, flachen Schnellen wird mit dieser Methode leichter; Fahrrinnen werden eher sichtbar. Der Effekt wird durch die Benutzung einer (in Europa ungebräuchlichen) Stakstange noch erhöht. Man muß einmal gesehen haben, wie rasch und geschickt sich Indianer auf diese Art und Weise stromauf arbeiten, um die Verbindung von Stehen und Staken richtig einzuschätzen. Es gibt Regionen und Situationen, wo das Kanufahren eher aus Staken als aus Paddeln besteht.

Hinzu kommt, daß die Beine auch während der Fahrt entspannt und gestreckt werden können. Experten im Aufrechtstehen gehen sogar in ihrem Canadier auf und ab, ohne in Gefahr zu laufen, dabei ein unfreiwilliges Bad zu nehmen. Die gefahrlose Möglichkeit, im Boot zu stehen, kommt natürlich erst mit weit fortgeschrittener Erfahrung, und ich möchte rasch hinzufügen, daß selbst dann noch übers Wann und Wo nüchtern nachgedacht werden muß. Es versteht sich von selbst, daß man sich nicht auf einem See, meilenweit vom Ufer entfernt, und erst recht nicht oberhalb eines wirklich gefährlichen Kataraktes aufrechtstellt. In wellenbewegtem Wasser ist die Aktion ebenso tabu wie bei starkem Wind. Zusätzlich muß der Partner die Stabilität durch einen flachen Ausleger sichern.

Wildwasser und Stromschnellen

Die neuesten Wildwassertechniken im Canadier

„Nur der Esel begibt sich auf Glatteis“ – ist ein gutes, altes Sprichwort, und es trifft im landläufigen Sinne auch für den Wander-Canadier im Wildwasser zu. Aber ebenso wie das glatte Eis kann Wildwasser ungeahnten und aufregenden Spaß vermitteln – auch für die Besatzung eines Wander-Canadiers. Wer's nicht probiert, verpaßt eine ganze Menge.
Stromschnellen und Fälle (oder in Europa auch Wehre), die einen sonst hindernislosen Flußablauf unterbrechen, teilen die Kanufahrer in zwei Lager: Die einen lieben, die anderen hassen sie. Für die Flußreisenden vergangener Jahrhunderte war ein Katarakt, ein Fall eine Barriere, und die Überwindung dieses Widerstandes gelang nur mit zusätzlicher Mühe und Arbeit. Dabei bestand nicht nur Gefahr für Leib, Leben und Boot, sondern auch für die kostbare Ladung (wobei letzteres oft genug das ausschlagebende Moment war).
Heute ist das alles anders. Wir fahren besser und leichter konstruierte Boote, die im Vergleich zu damals kaum beladen sind. Vor allem aber gehen wir das Risiko freiwillig und nicht aus schierer Notwendigkeit ein. Bessere Materialien und eine immer ausgefeiltere Paddeltechnik lassen heutzutage Kanufahrer Katarakte „nur so zum Spaß“ hinunterrauschen, die in der Vergangenheit keiner im Traum jemals für fahrbar erachtet hätte. Doch die Stromschnellen und die Risiken sind dieselben geblieben – auch wenn sich die Gefahrenwerte verschoben haben.
Wildwasser nur als Spielwiese anzusehen, geht am Kern vorbei. Fälle und Katarakte haben in Kanada z.B. Entwicklung und Erschließung unterbrochen oder gar verhindert, als die Besiedlung den Flußläufen folgte. Ein Grund aber auch, daß sich hinter ihnen und um sie herum ein Stück Urnatur zu bewahren vermochte. Oft ist der Fall, der Flußkatarakt in den Wildnisgebieten Kanadas die hohe Barriere, die scharfe Grenze, die Lärm und Hektik, Menschengewimmel und gestörte Umwelt trennt von Einsamkeit und Ruhe, von intakter Natur und tiefem Frieden. Aber diese Trennungslinie markiert auch den Raum, in dem jeder für sein Tun und Lassen selbst verantwortlich ist.
Fälle und Katarakte sind Schloß und Riegel vor einer Welt voller Geheimnisse. Geheimnisse, die sich nur denen erschließen, die Mühe und Last auf sich nehmen, um zu ihnen vorzudringen. Wer jedoch mit der Wildnis vertraut ist, der weiß: Je höher die Fährnisse, umso tiefer gelingt das Ein-

tauchen in die echten und existenziellen Dinge des Lebens. Dieser Vorgang führt nicht zu einem leichteren, aber dafür einfacheren Dasein. Die ungetrübte Freude des kindlichen Schauens, Hinhörens und Nachdenkens wird einem wieder zuteil.

In den alten Zeiten fuhren Trapper oder Prospektoren hie und da schon mal eine Stromschnelle, doch meist stand bei ihnen zuviel auf dem Spiel, um aus purem Spaß an der Freud' im Wildwasser herumzutoben. Sie hatten nicht die Möglichkeit, in einen Laden zu gehen, um ein neues Boot, eine zweite Ausrüstung zu kaufen. Sie konnten nicht einmal zu Hause abwarten, bis sie genug Geld zusammen hatten, um sich neu auszustatten. Ihr Boot war ihr Arbeitsgerät; ihre im Boot mitgeführten Fallen, Zelte, Erzproben, Pickel, Schaufeln,Felle waren ihr ganzes Vermögen. Von alldem war ihre wirtschaftliche und oft genug ihre physische Existenz abhängig. Bei Freizeit-Kanuten steht all das nicht so sehr auf dem Spiel, und sie waren es, die die Technik des Wildwasserfahrens zu einer vorher nie für möglich gehaltenen Perfektion und Effizienz entwickelten. Sie „spielen" heute in Katarakten, von denen man noch vor ein paar Jahren glaubte, nur potentielle Selbstmörder würden sich an sie herantrauen. Der sich in den letzten Jahren entwickelnde Wildwasser-Rennsport ist zum guten Teil für dieses Phänomen verantwortlich.

Doch diese Sportler benutzen andere Boote. Vor allen Dingen Kajaks, aber auch speziell eingedeckte Slalom- und Abfahrts-Canadier. Für uns, die wir offene oder durch Persennige abgedeckte Wanderboote fahren, ist es wichtig, mit sowenig Wasser wie möglich im Fahrzeug anzukommen. Es spielt für uns keine Rolle, wie lange es dauert – bis wir eine Schnelle befahren haben. Der vielleicht größte Unterschied zum Renn- und Slalomsport besteht darin, daß unser Wander-Canadier die Wellen möglichst abreiten sollte, statt durch sie hindurch zu „powern".

Wir Wanderfahrer schätzen durchaus einen schnellen, turbulenten Fluß. Doch in erster Linie wollen wir so trocken wie möglich unten ankommen. Für uns hat der Oldtimer-Ratschlag immer noch Gültigkeit:
„Merke dir fürs Leben, mein Sohn – hüte dich vor zweierlei: vor einem mageren Koch und einem nassen Kanufahrer – und vor einem,der gar noch Vergnügen an der Nässe findet!"

Was ist eine Stromschnelle?

Der beste Zugang zum Verständnis einer Stromschnelle, zu ihrem Wesen und Verhalten ist der Vergleich mit einem Wildtier. Ein Wildwasser-Abschnitt kann zahm sein wie ein Lamm und wild wie ein angreifendes Panzernashorn, kann harmlos-spielerisch sie ein Kätzchen oder aggressiv wie ein reißender Tiger agieren.
Schon oft bin ich auf einem unbekannten, friedlich-plätschernden Fluß in das Kehrwasser einer Kurve gepaddelt – um dann festzustellen, daß direkt hinter der Kehre der sichere Tod lauert. Ich bin schon in Stromschnellen und Wildwasserpassagen geraten, denen ich den Aufenthalt in einem Käfig voller bengalischer Tiger vorgezogen hätte.
Die meisten neueren Bücher über das Wildwasser-Fahren sprechen sehr gescheit von kinetischer Energie, hydraulischen Vorgängen, divergierenden Strömungsphänomenen etc. ... Ich habe dagegen auf die wissenschaftliche Terminologie zugunsten der Verständlichkeit verzichtet. Das heißt nicht, daß die Wissenschaft des fließenden Wassers kein faszinierendes Studienobjekt abgäbe – wenn man sich einge-

hend damit beschäftigt. Aber ich habe statt dessen versucht, die wesentlichen Merkmale und den Umgang mit Wildwasser und Stromschnellen durch die Abbildungen zu verdeutlichen. Es müßte m. E. für Leser und Leserin, für Fahrer und Fahrerin möglich sein, die Theorie der bildlichen Darstellung vor Ort in die Praxis umzusetzen.
Es ist leicht, von flußab bzw. flußauf gerichteten Stromzungen zu schreiben. Doch wenn man dann davor steht und versucht, die Vorgänge in der Schnelle zu analysieren – dann merkt man als Betrachter sofort, daß mitunter zwischen der einfachen Klarheit der graphischen Darstellung und der komplexen Praxis ein tiefgreifender Unterschied besteht. Oft geht eines in das andere über – um beim Beispiel der Stromzunge zu bleiben, ohne daß klare Trennungslinien vorhanden sind. Und nicht nur das – es spielen noch andere, durch die Struktur des Flußbettes bedingte, hydraulische Vorgänge mit hinein und tragen ihren Teil zur Verwirrung bei.
Trotzdem will ich mich bemühen, der Leserin, dem Leser zu erklären, was im rasch fließenden Wildwasser unter der Wasseroberfläche vor sich geht, wie man die Gefahren einer Stromschnelle meiden und die Schwachpunkte ausnutzen kann – und ich habe versucht zu beschreiben, wie man sicherer durchkommt.
Der wichtigste Aspekt ist, die Schwierigkeiten bereits vom Ufer, bei der Besichtigung richtig einzuschätzen, sich nicht erst aus der ungemütlichen Froschperspektive, während man neben einem kieloben treibenden Boot um sein Leben schwimmt, die entsprechenden Gedanken zu machen.

Flußmorphologie

Hier und jetzt muß ich gestehen, daß ich mit diesem Begriff „Morphologie" erstmal wenig anzufangen wußte. Daß er mir sogar recht schlimm in den Ohren klang. Dabei bedeutet es nichts anderes als das Tun und Treiben eines Flusses und steht dafür, wie das Wasser bergab und seewärts fließt. Der Begriff ist also für den Kanu-, vor allem aber für den Wildwasserfahrer, von einiger Bedeutung.
Werfen wir einen Blick auf die Abbildungen. Die Frage ist: Wo sind die Felsbrocken? Wo liegen sie gefährlich nahe an der Oberfläche, und wo sind die Fahrrinnen? Ein erfahrener Kanute weiß genau, was unter der Wasseroberfläche los ist, und mit welchen Strömungen er sich herumzuschlagen hat. Er ist sich bereits darüber im klaren, bevor er losfährt. Er gewinnt sein Wissen aus der Kenntnis, daß jede Welle, jede Turbulenz, jede Störung in der Wasseroberfläche ihre Ursache im Profil des Flußbettes hat. Wenn er gelernt hat, was die Schwälle, die stromauf bzw. stromab gerichteten Stromzungen, die Kehren, Brecher und Walzen verursacht, kann er daraus die Formation des Flußbettes ableiten. Daraus wiederum resultiert das Wissen um die Hindernisse, die meist Felsblöcke sind. Wie gefährlich nahe sie sich an der Oberfläche befinden – ob sie zu einem Problem werden können oder nicht. Doch was noch wichtiger ist: Er weiß mit fast hundertprozentiger Sicherheit, wo sie nicht sind – wo glatte Fahrt möglich ist. Und das ist das A und O.
Nochmals: Es ist von allergrößter Wichtigkeit, eine kritische Schnelle und ihre Befahrbarkeit bereits vom Ufer aus zu analysieren. Schnelles Wasser muß man aber auch vom Boot aus werten und zwar weit genug im voraus, um – wenn nötig – rechtzeitig das rettende Ufer zu erreichen. Leichte, übersichtliche Schnellen kann man durchaus fahren, ohne vorher aussteigen zu müssen. Hier verläßt man sich in erster Linie auf den Stromzug, und der hat glücklicherweise die Tendenz, den tiefen Rinnen zu folgen. Dabei gilt es in erster Linie, den Canadier in der Flußrichtung zu halten. Doch schon in einer Schnelle mit gemäßigten Schwierigkeiten müssen die Fahrer die Route selbst wählen und ihre Boote entsprechend manövrieren. Sie müssen sie dorthin paddeln, wo sie – die Besatzung – hin will. Wer dem nicht gerecht wird, kann nicht von kontrolliertem Wildwasser-Fahren sprechen. Dieses Lernniveau nicht zu erreichen und sich trotzdem ins Wildwasser zu trauen, ist nicht nur lebensgefährlich, sondern macht nicht einmal Spaß. Es ist keine rühmliche Tat, sich auf gut Glück einem Wildwasser-Abschnitt anzuvertrauen – selbst wenn man sich durchmogelt.

Die verschiedenen Wasserstände und ihre Bedeutung für den Wildwasser-Fahrer

Die Fließgeschwindigkeit des Wassers variiert sowohl mit der Breite als auch mit der Tiefe, ebenso wie innerhalb des Flußbettes. Der Kanute muß wissen, wie diese unterschiedlichen Fließgeschwindigkeiten das Verhalten seines Bootes beeinflussen. Er muß lernen, sich mit der Vielfältigkeit, dem Leben des fließenden Wassers auseinanderzusetzen und sie zu seinem Vorteil zu nutzen. Das Boot kann sich zum Beispiel beim gemächlichen Stromabtreiben unvermittelt drehen – und das womöglich im unglücklichsten Augenblick. Vielleicht sogar oberhalb eines donnernden Kataraktes. Mit dem Verständnis der Fließgeschwindigkeiten und einer guten Bootsbeherrschung liegt das rettende Ufer nie unerreichbar weit weg.

Nehmen wir an, die Uferlinien sind gerade, das Bett ist frei von nennenswerten Hindernissen. Hier ist die Fließgeschwindigkeit am Grund und an den Ufern aufgrund der Reibung am geringsten. In der Strommitte dagegen fließt das Wasser am schnellsten (Diagramm 1 und 2). Nehmen wir weiter an, der Kanute paddelt aus Sicherheitsgründen in Ufernähe. Plötzlich kommt der Bug dem Land – aus irgendeinem Grund – ganz nahe. Im gleichen Augenblick wird das Heck – es steht näher an der Flußmitte – vom schnelleren Wasser herumgezogen, und der Canadier treibt breitseits stromab. Jetzt fehlt nur noch ein plötzlich auftauchendes Hindernis, das das Fahrzeug mittschiffs packt, und die Kenterung ist perfekt. Wenn nicht, wird das Heck immer schneller, und man treibt schließlich rückwärts weiter.

Die unterschiedlichen Fließgeschwindigkeiten in der Kurve

Hier strömt das meiste und somit auch tiefste Wasser aufgrund der Zentrifugalkraft nach außen. (Diagramm 3). An der Innenkurve wird es dagegen viel langsamer – vergleichbar mit Radnabe und Achse. Es entwickelt sich eine separate Strömung durch die Bewegung des Oberflächenwassers zur Außenkurve hin, mit nach unten saugender Tendenz. Diese Unterströmung kann auf großen Flüssen gefährlich werden. Die Außenkurve ist dabei immer tief, die Innenkurve immer flach.

Spiralströmungen in Ufernähe

Wer hat sich nicht schon darüber gewundert, warum das Hölzchen auf gerader Strecke – immer in der Bachmitte, von den Ufern entfernt schwimmt? Kürzlich fand ich in Norman Strungs Buch „Whitewater" eine ausgezeichnete Erklärung: Weil das Wasser zum Ufer hin immer flacher wird, bewirkt die Reibung eine Spiralströmung. Man muß sich eine korkenzieherartige Wasserbewegung vorstellen, die nahe am Ufer aufkommt, sich von ihm an der Oberfläche wegdreht und am Rand des Hauptzuges, nahe der Mitte, wieder nach unten abtaucht, um über den Flußgrund wieder ans Ufer zurückzukehren (Diagramm 5 und 6).

Dieses Phänomen könnte zu einem Problem werden, wenn man sich und sein Boot nach einer Kenterung ans Ufer retten will. Da es sich jedoch um eine relativ schwache Kraftentfaltung handelt, braucht man meist nur ein wenig härter schlagen zuhalten, um die Wirkung dieser Spirale zu überwinden. Aber es ist nicht unwichtig, darum zu wissen.

Spiralströmung in einer rechtwinkligen Kurve

Hier können diese komplizierten Wasserbewegungen durchaus gefährlich werden. Während das Wasser wuchtig auf den Prallhang zufließt, werden die Spiralströmungen an der Außenseite durch die Gewalt des Hauptstromes abgewürgt (Diagramm 7). Dafür verstärken sie sich auf der Innenseite, weil das Wasser von dem Innenufer hinabspiralt in die Tiefe nahe dem Hauptstrom. Wenn man nun versucht, sich an der ungefährlicheren Innenkurve entlangzudrücken, muß man sich mit jener Spiralbewegung auseinandersetzen, die die Tendenz hat, einen in Richtung Flußmitte zu schieben. Man läuft Gefahr, auf die Prallwand zu donnern – wo eine Kenterung oder gar ein seitliches „Festkleben" des Bootes die wahrscheinliche Folge ist. In extrem schnellem, tiefen Wasser kann diese Strömung einen Schwimmer sogar hinunterziehen. Der Trick besteht darin, zu erkennen, mit welcher Stromgewalt man zurechtkommt und mit welcher nicht. Die Strömungen *hinter* einer solchen Ecke – und das kommt noch hinzu – sind orientierungslos und verwirrend. Doch bei weiterem geraden Verlauf findet der Fluß zu „Normalität" zurück.

Bei Niedrigwasser taucht unterhalb von schweren, turbulenten Schnellen noch ein anderes Problem auf: bei extremem Hochwasser werden Felsblöcke vom Flußgrund weggerissen, weitergerollt und weiter unten, wo sich die Kraft des Stromes auffächert, abgelegt. Ein solcher „Steingarten" kann von Ufer zu Ufer reichen. Die Fahrrinne ist – wenn überhaupt – schwer zu finden. In der Regel heißt es aussteigen, das Boot in die Hand nehmen und ein Stück Flußwandern im wahren Sinne des Wortes zu praktizieren.

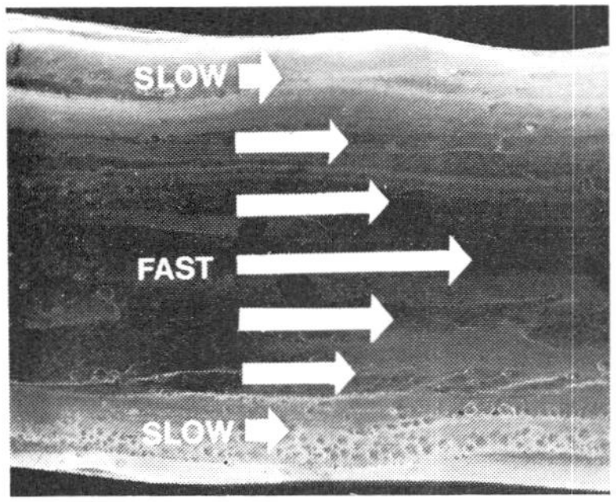
SLOW
FAST
SLOW

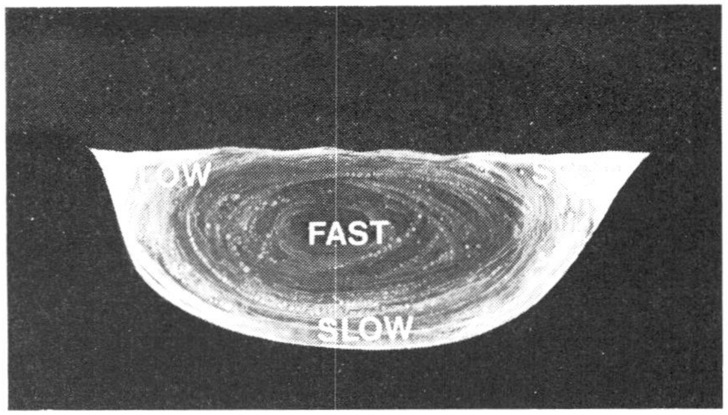
FAST
SLOW

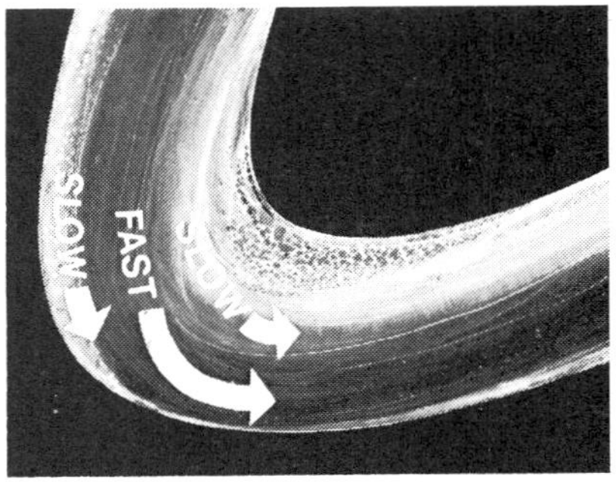
SLOW
FAST
SLOW

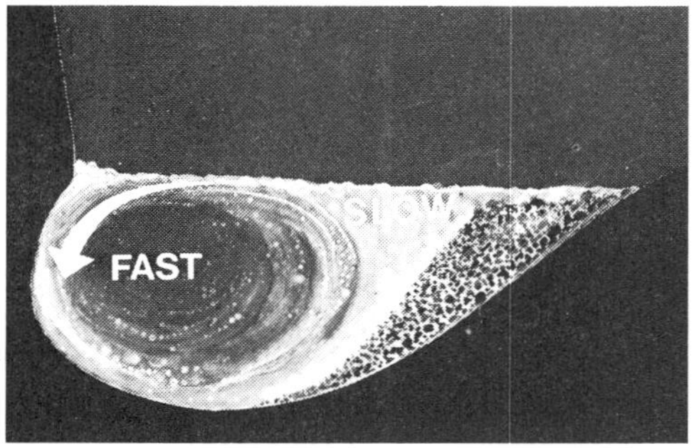
SLOW
FAST

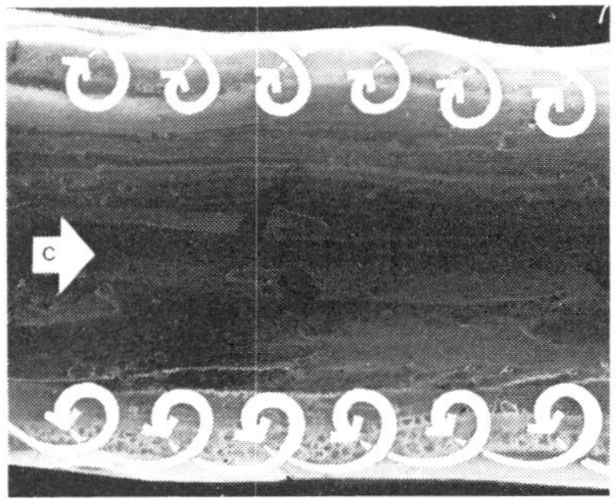
C

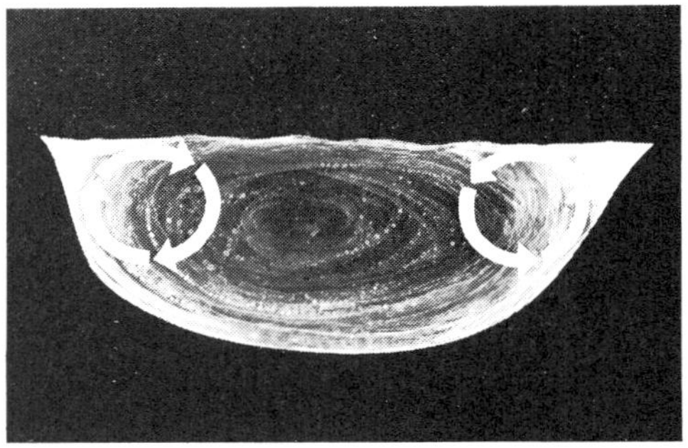

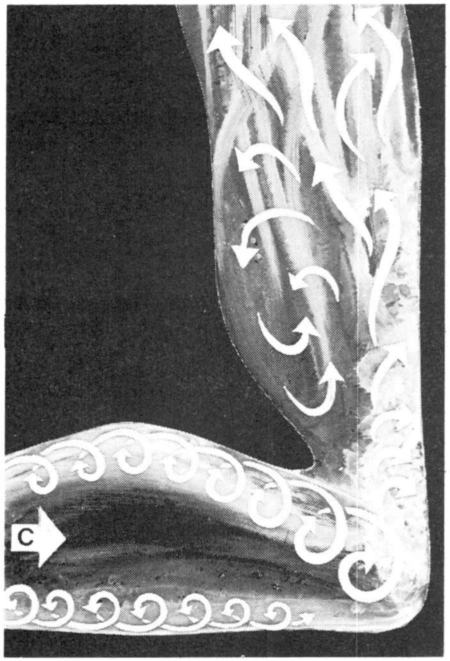
C

Wie „liest“ man eine Stromschnelle?

Felsen im Strom bewirken Turbulenzen. Es ist wichtig, zu wissen, wo der unsichtbare Klotz liegt, der die sonst glatte Wasseroberfläche in weiße Gischt verwandelt. Durch ein häßliches, weißes „Loch“ macht er sich bemerkbar – doch er liegt nicht direkt darunter, sondern davor. Um zu erkennen, *wie* weit, muß man sich mit dem unsichtbaren Flußgrund und mit der Stromgeschwindigkeit beschäftigen. Es geht um die Fahrrinne, und es geht darum, den Canadier rasch und genau dort hineinzubringen – und das ist die ganze Kunst des Wildwasser-Fahrens.
Im tiefen, absolut ruhigen Wasser gibt die Oberfläche keinen Hinweis auf die Bodenstruktur. Auch ein nur Zentimeter unter der Wasseroberfläche liegende Fels verrät nichts von seiner Anwesenheit. Selbst bei klarem Wasser machen es Reflektionen oft unmöglich, vom Boot aus unter die Oberfläche zu blicken. Das Resultat: Man läuft auf. Auf dem stillen See ist das allenfalls ein Kratzer am Boot, aber selten eine Katastrophe. Schon im schwach strömenden Wasser macht sich der Fels knapp stromab durch ein Abreißen der glatten Oberfläche und durch kleine Plätscherwellen bemerkbar. Das Gekräusel ist überhaupt kein Problem, doch der Stein davor kann es durchaus werden. Ist das Wasser tiefer und der Strom schneller, dann sind die Wellen höher. Unter Umständen kann man immer noch darüber hinwegfahren (soweit der Brocken tief genug liegt) – ein Ausweichen ist jedoch ratsamer.

Eine Steigerung in der Wucht der Strömung bedeutet auch eine Steigerung in der Höhe und Kraft der Wellen hinter dem Felsblock. Hier heißt es, sich unbedingt vorbeizudrükken. Noch kritischer wird die Sache, wenn eine noch größere, schnellere Wassermenge auf einen noch dickeren, im Flußgrund verankerten Felsblock trifft, und das bei entsprechendem Gefälle. Es entsteht eine brechende Widerwelle. Ein breitseits in sie hineingeratenes Boot kentert zwangsläufig. Aber der Strom nimmt einen weiter mit.
Anders ist das mit der Walze. Sie entsteht hinter dem abrupten Abbruch eines Hindernisses quer zur Flußrichtung. Meist ist das kein einzelner Block, sondern ein ganzer Felsriegel – oder ein Wehr. Hinter der glatten Strömung entsteht ein tiefes, mit viel luftdurchsetztem Schaum gefülltes Loch; Wasser, das sich plötzlich stromauf bewegt, und das Boot oder Schwimmer durchaus festhalten kann. Das feuch-

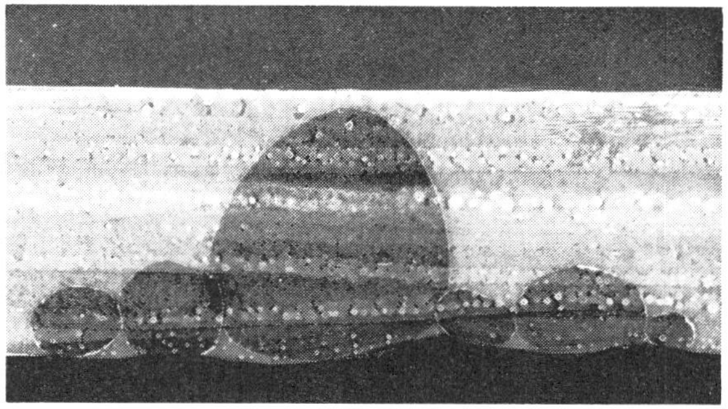

Fels in unbewegtem Wasser

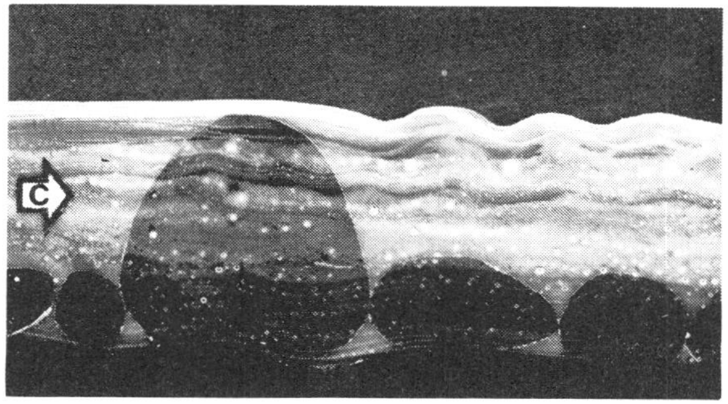

Fels in schwachbewegtem Wasser

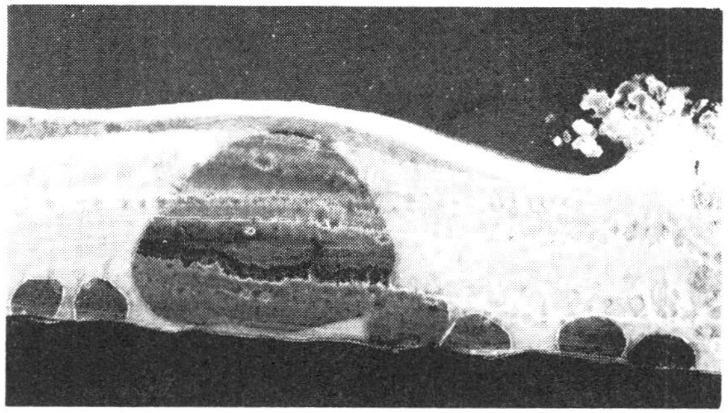

Fels in schnellbewegtem Wasser

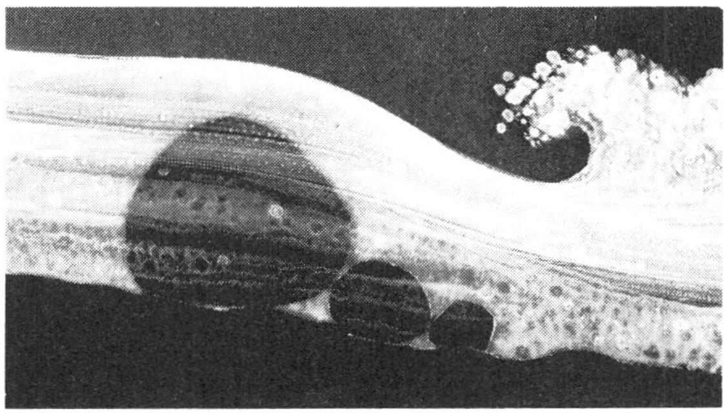

Fels in hartreißendem Stromzug

te Element, hier luftig und schaumdurchsetzt, hat wenig Tragkraft und viel Turbulenz – es bietet dem Paddel wenig Halt, und eine Kenterung ist nicht die Regel, aber leicht möglich. Wenn nichts anderes mehr geht, ist die beste Möglichkeit, mit Schwung durchzufahren.

Dem Halte-Effekt einer Walze zu entkommen, gelingt dem Schwimmer mitunter nur, indem er sich seiner Weste entledigt, tief taucht und sich von der entgegengesetzten Unterströmung (deshalb der Begriff „Walze“) stromab tragen läßt. Leicht gesagt, aber sehr schwer getan! Besser ist der Versuch, zur Seite hin die Walze zu verlassen. Je breiter die Walze ist, desto größeren Respekt erfordert sie! Aus ihr wieder herauszukommen, erfordert Kaltblütigkeit, Geistesgegenwart und Training. Das Problem vergrößert sich noch durch die Schwierigkeit, einem in einer Walze kämpfenden Schwimmer Hilfestellung zu leisten. Schnellen mit unvermeidbaren, durchgehenden, breiten Walzen müssen für Wander-Canadier als unfahrbar angesehen werden. Diagonal-Widerwellen oder -Brecher, die nur von einem das Flußbett teilweise blockierenden Riegel ausgehen, sind ein anderes Problem, dem mitunter kaum auszuweichen ist. Darüberhinaus gibt es Verengungen des Flußbettes in Verbindung mit einem in diese Vereinigung hineinreichenden Felsriegel oder einer Schwelle, plus einem abrupten Abbruch. Das Wasser konzentriert sich dabei auf eine einzige Stromzunge mit immer höher anwachsenden Diagonalbrechern zu beiden Seiten und der Walze am Ende.
Vor allem beim Frühjahrshochwasser bleibt einem oft nur die Wahl zwischen einer Walze und einem Diagonalbrecher. Das beste Gegenmittel für einen offenen Canadier ist das Umtragen, oder ein Boot mit einer guten Persenning! Weitere Ausleger sind angebracht; viel Schwung reißt einen durch den Rücklauf hindurch.

Doch nicht alles an den Felsblöcken ist schlecht. Sie haben auch ihre guten Seiten. Das ist die Hinterfront der größeren Blöcke, die knapp über die Wasseroberfläche hinausragen oder knapp unter ihr stehen. Hier ist (relative) Ruhe und die Möglichkeit zum Atemschöpfen. Da das Wasser nicht durch ein Felshindernis hindurch kann, muß es drumherum – oder darüberhinweg. So entsteht – soweit der Block dicht genug an der Oberfläche liegt (besser: er ragt darüberhinaus) – eine kleine Oase der Ruhe im sonst turbulenten Wildwasser. Dort hineinzugelangen, erfordert Bootsbeherrschung und geschicktes, entschlossenes Manövrieren. In Kehrwassern dieser Art kann man regelrechte Schleifen fahren und entscheidenden Überblick gewinnen.

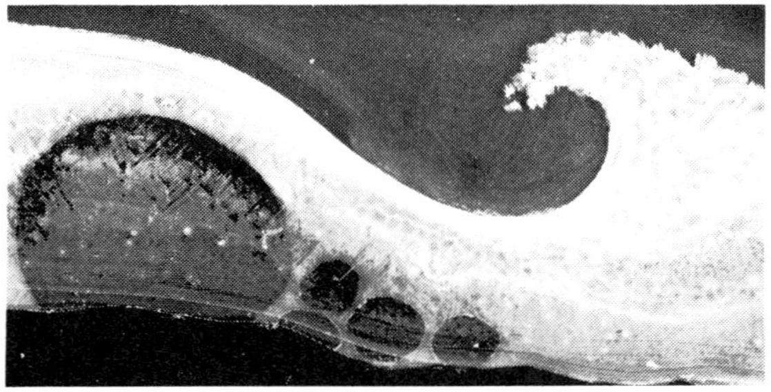

Fels in reißendem Wasser

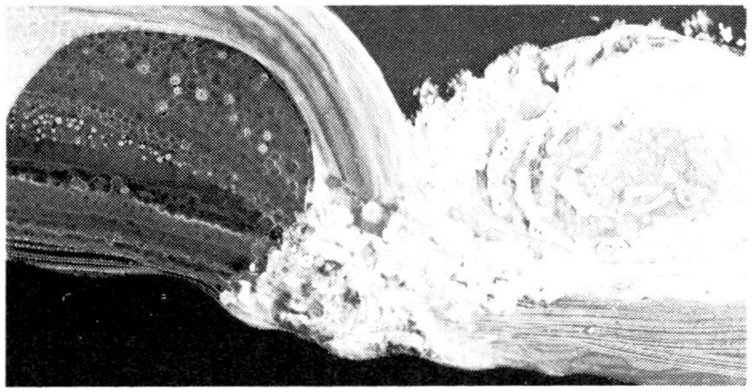

Walze

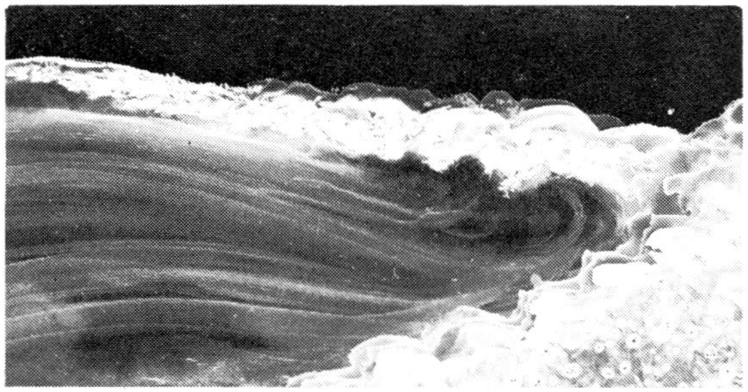

Diagonalschwall

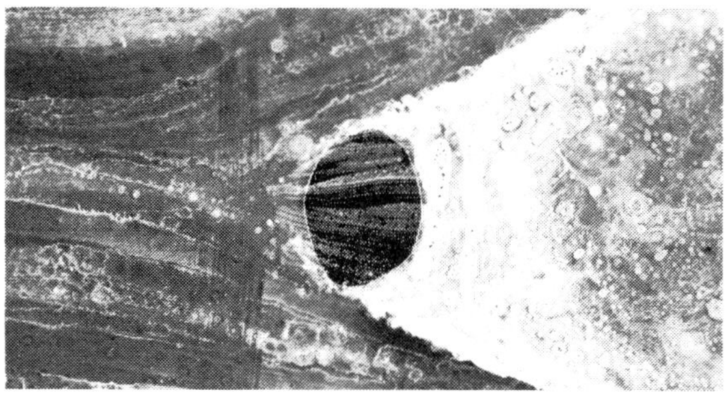

Kehrströmungen

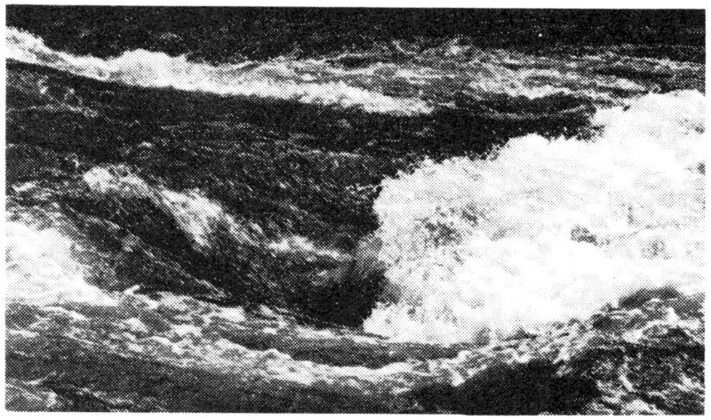

Die Stromzungen

Sie rangieren in der Wertschätzung der Kanuten noch vor den Kehrwassern hinter den Felsen. Die Oberfläche des Wassers beschreibt ein dunkles, glattes, abwärts gerichtetes V. Es zeigt die tiefste, hindernisfreie Rinne an. Sind die „V's" gut ausgebildet und leicht erkennbar, reihen sie sich zudem ununterbrochen aneinander, dann steht der Fahrbarkeit des Flußabschnitts nichts im Wege. Ein stromauf gerichtetes V dagegen zeigt ein Kehrwasser und einen Felsen am engsten Punkt an.

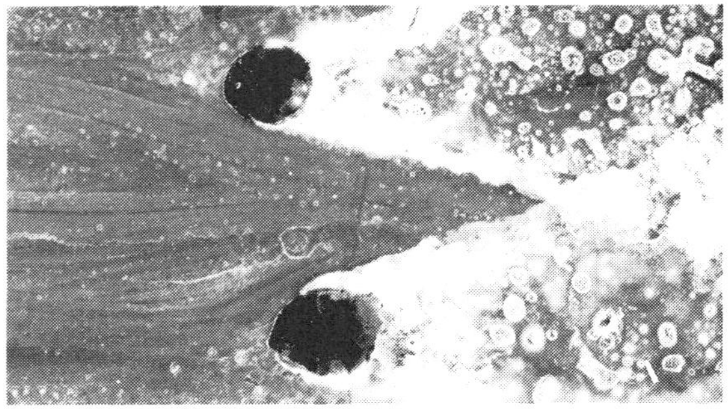

Stromzunge

Schwälle

Sie treten meist am unteren Ende der Stromzungen auf. Diese freundlichen Tiefwasserwellen entstehen, wenn das schnellere Wasser der Stromzunge auf das langsamere, tiefe Wasser dahinter auftrifft. Sie stehen meist hintereinander aufgereiht wie Soldaten im Glied, und machen das Wildwasserfahren zu einem schieren Vergnügen – soweit man mit Persenning fährt. Erst die Erfahrung lehrt, ob es sich um einen harmlosen Schwall oder einen von einem Unterwasserhindernis verursachten Brecher handelt...
Aber aufgepaßt: Es gibt Stromzungen mit Schwällen, die durch Felsen garniert sind – und diese Burschen sind gar nicht so leicht auszumachen. Ein Indiz ist jede Unregelmäßigkeit – ein anderes, wenn ein einzelner Schwall stark bricht. Glücklicherweise ist meist Platz genug vorhanden, sich an dem unklaren Punkt vorbeidrücken.
Ein Block direkt in der Stromzunge zeigt sich dagegen mehr als auffällig. Je schneller das Wasser, umso eher spritzt es beim Aufprall auf das Hindernis in alle Richtungen.
Liegt er tief, entsteht ein Wasserbuckel. Der Unterschied zu sonstigen Felsen im Strom ist, daß sich direkt vor dem Block Turbulenzen zeigen. Größte Umsicht ist geboten, denn die Stromgeschwindigkeit in einer Stromzunge ist meist beträchtlich, und ein Zusammenstoß mit dem Felsen kann fatale Folgen für das Boot haben. Mancher Fels hat lediglich eine schöne Schwallstrecke verursacht – aber ein Block mitten in der Stromzunge kann zu einem üblen Knochenbrecher werden.

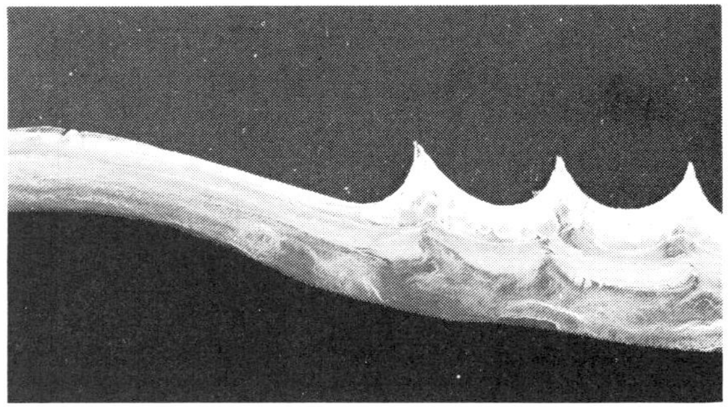

Schwälle am Ende der Stromzunge

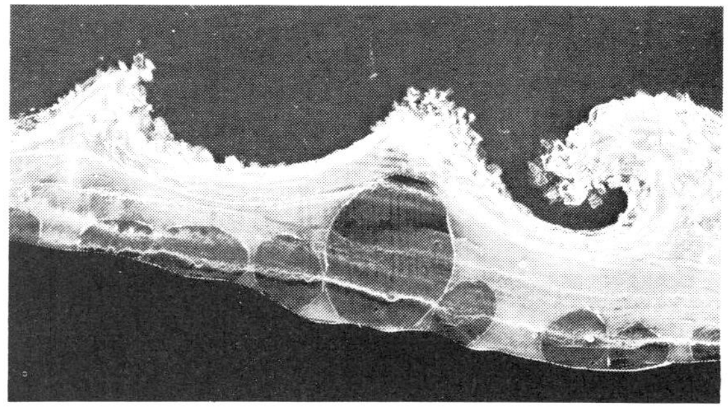

Schwall mit Unterwasser-Fels

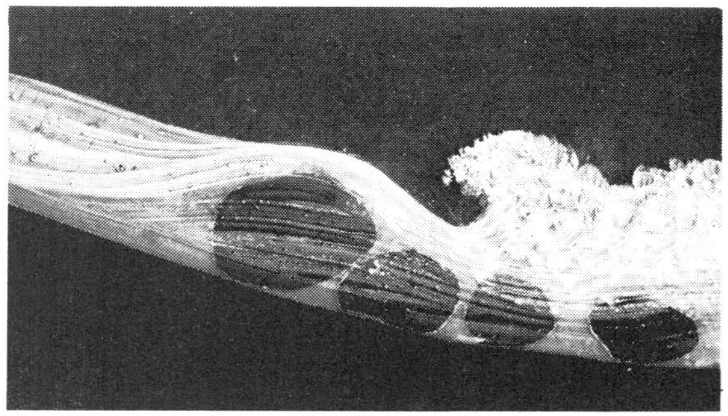

Fels in einer Stromzunge

R

R

Freie Stromverengungen mit Schwällen dahinter

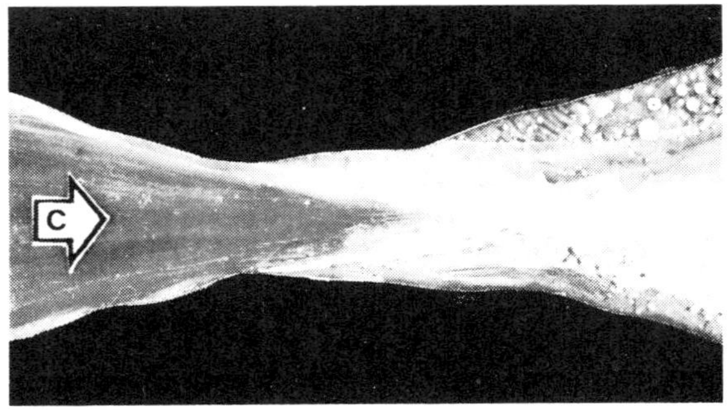

sind die leichtesten. Das Wasser wird schneller, während es sich durch die Öffnungen preßt. Die Schwälle entstehen durch das Auftreffen auf langsameres Wasser.

Schnelle Strömung mit einzelnen Felsen

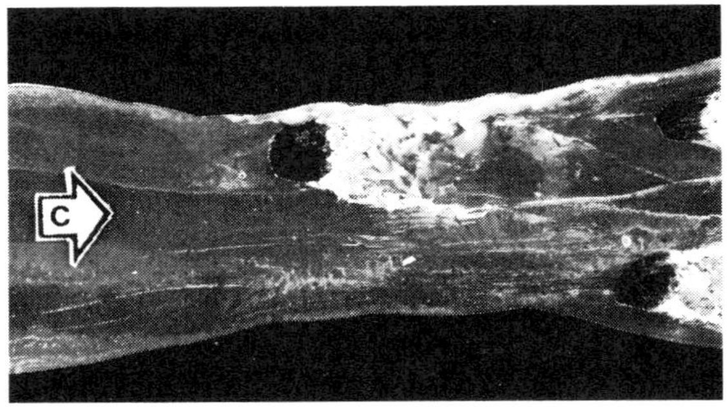

Die stromauf gerichteten, weißen V's zeigen die Hindernisse deutlich an. Es ist leicht, an ihnen vorbeizukommen.

Schnelle Strömung mit vielen Blöcken – aber mit deutlich ausgeprägten Zungen

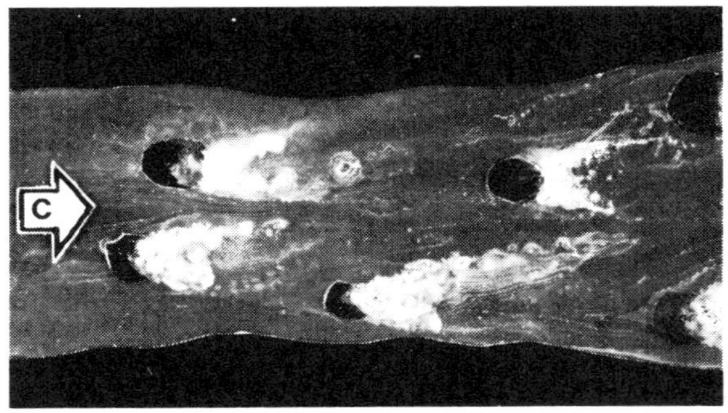

Trotz der vielen aufwärtszeigenden V's sind die Zungen deutlich ausgeprägt und so ausgerichtet, daß man ihnen gut folgen kann. Die Schwälle hinter den Zungen sind moderat hoch und nicht in der Lage, einen offenen Canadier vollzuschlagen.

Schnelle Strömung mit stark versetzten Zungen

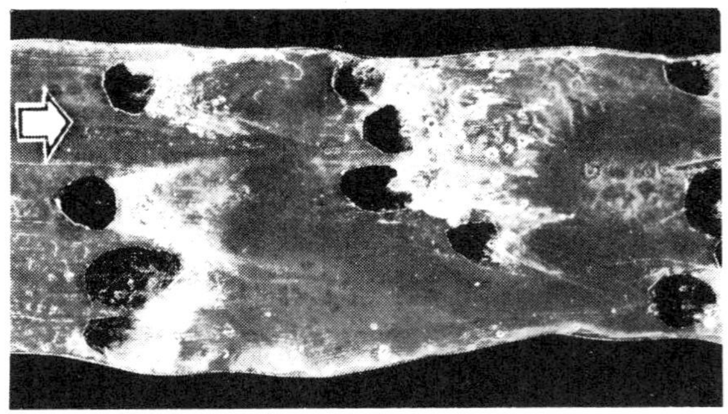

Hier wird es notwendig, die Seilfähre rückwärts einzusetzen und in einzelne Kehrwasser einzufahren. Es gibt weder Walzen noch Gefällstufen – Fahrfehler können korrigiert werden. Beim Auflaufen kann man u. U. auf den Felsen springen und den Canadier wieder freidrücken.

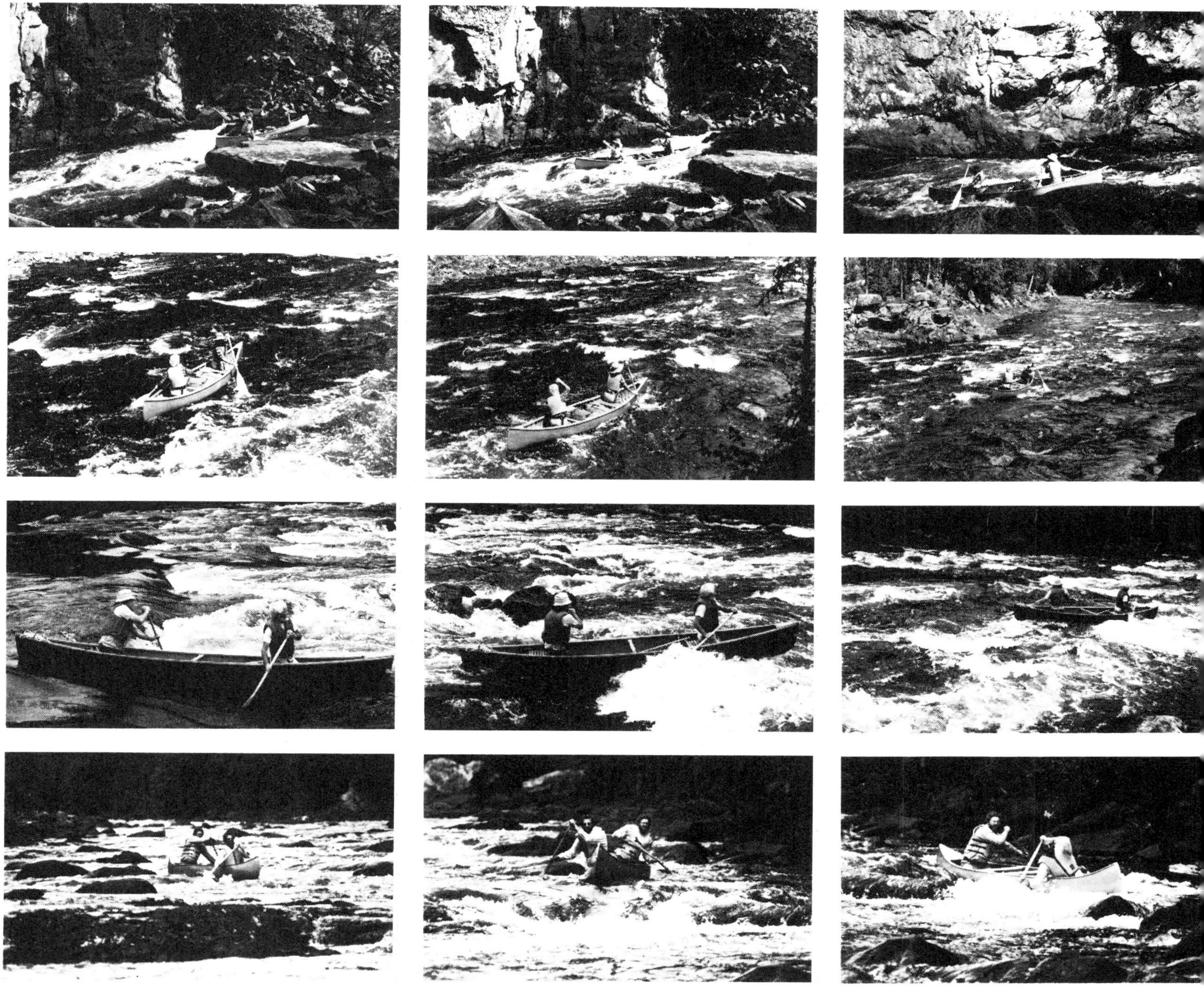

Schnellen mit versetzten Stromzungen, Steilabfällen und Walzen

Bei der Frage, ob eine Schnelle oder ein Wildwasser-Abschnitt für ein Wanderboot überhaupt fahrbar ist oder nicht, gibt es eine ganze Anzahl von beachtenswerten Kriterien. Zum Beispiel: Kommt man unter dem Einsatz des vorhandenen Könnens an den Gefahrenpunkten vorbei? Besitzen die Abfälle oder Felsriegel eine klare Stromzunge? Das Wichtigste: Wie lang ist die Schnelle? Was sind die Konsequenzen einer Kenterung? Könnte eine Kenterung eine lange und gefährliche Schwimmtour durch Walzen und über Steilabfälle nach sich ziehen?
Eine lange Schnelle mit ganz am Anfang liegenden Schwierigkeiten ist gefährlicher als eine andere, bei der die Probleme erst am Ende, also kurz vor dem ruhigen Wasser auftauchen. Warum das so ist, liegt auf der Hand. Ein weiterer Gesichtspunkt ist der Abstand zur nächsten Problemstrecke. Ist sie ausreichend lang, um ein gekentertes Boot samt Besatzung zu bergen? Bevor sie in das nächste Wildwasser-Furioso gespült werden? Es reicht nicht, eine Schnelle als solche zu inspizieren – wichtig ist auch, was danach kommt.

Felsriegel (Schwellen) bei Niedrigwasser

Sie reichen mitunter von Ufer zu Ufer. Sie können zur existentiellen Gefahr werden aufgrund des Steilabfalls und der Walze dahinter. Das Problem ist größer als das „Loch" hinter einem Felsblock, da Riegel oder Schwellen breiter sind – und u. U. kein Weg an ihnen vorbeiführt. Als Grundregel gilt: Ununterbrochene Riegel/Schwellen mit Steilabfall sind für Wander-Canadier nicht fahrbar. Selbst ein Steilabfall von nicht mehr als 30 oder 60 cm Höhe kann ein Boot in der Walze dahinter festhalten. Um zu sehen, was das Wasser mit einem Boot anstellen würde, braucht man nur ein Stück Holz hineinzuwerfen. Eine gute Persenning, viel Schwung und genügend Wasser unterm Kiel mögen das Problem lösen, soweit genug Wasser da ist. Im Zweifelsfalle sollte einer aussteigen und der andere sich und Schwerpunkt in die Mitte rücken. Vorsicht dagegen bei knappem Wasserstand! Dann ist vor allem der Zweier aufgrund seiner ungünstigen Schwerpunkt-Verteilung besonders gefährdet, aufzulaufen und zu kentern.

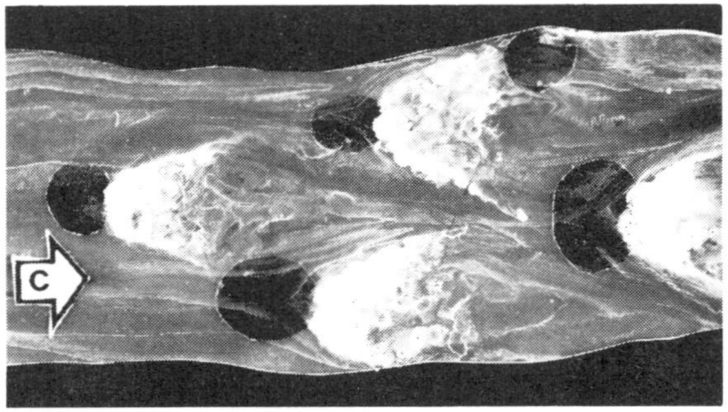

Versetzte Stromzungen, Abfälle, Walzen

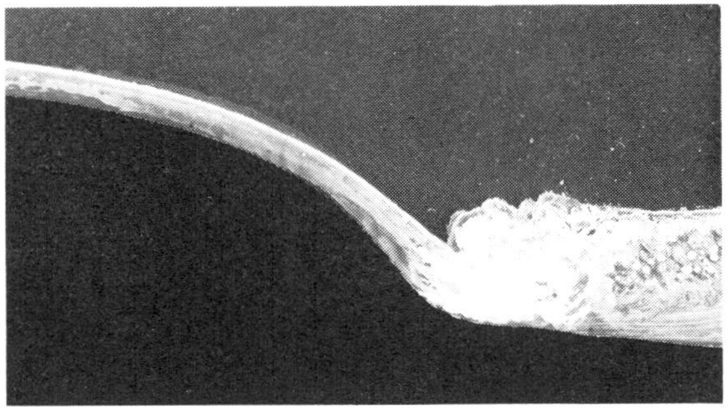
Abfall bei Niederwasser

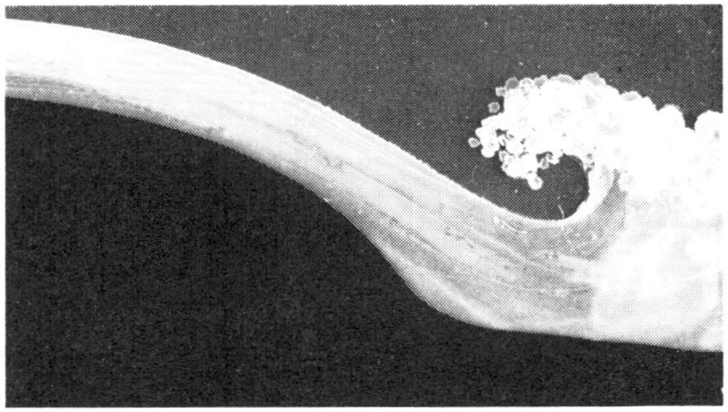
Abfall bei Hochwasser

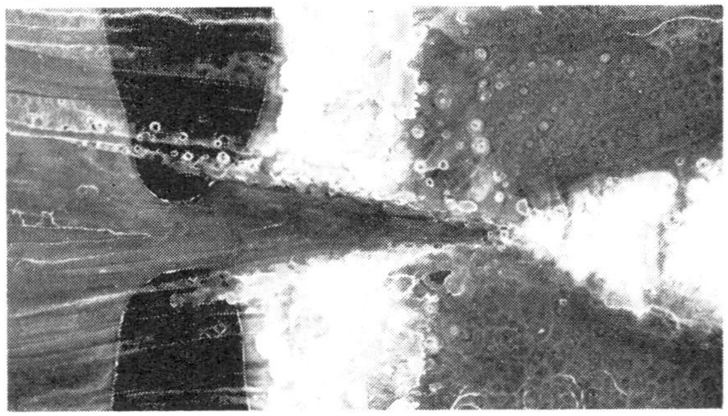
Abfall mit Stromzunge

Felsriegel (Schwellen) bei hohem Wasserstand

Unter diesen Bedingungen kann das Hindernis durchaus „ersoffen" sein – doch die Gefahr liegt nur ein Stückchen weiter stromab. Sie gilt vor allem für den offenen Canadier. Kurz hinter der einstigen Walze steht jetzt ein schwerer Brecher, der ihn vollschlägt. Vor allem, wenn das Boot mit hoher Fahrt durchgeprügelt wird. Eine Möglichkeit ist, den offenen Canadier abbremsen, bis ganz nahe an die Welle heran- und hereinzubringen und dann reinzuschlagen, was das Zeug hält, um den Halte-Effekt des Brechers zu überwinden (ein Prinzip, das auch bei hohen Windwellen auf einem offenen See angewandt wird). Ratsamer ist jedoch, die wildwassertaugliche Persenning zu schließen und „durchzupowern".

Felsriegel/Schwellen mit einer Lücke (Stromzunge)

Hierbei sieht es wieder positiver aus. Das größte Problem liegt in der Ortung der Lücke aus der Stromauf-Perspektive. Hoch angesetzte Ausleger sind angebracht, wenn der Canadier durch die Schwälle dahinter sticht.
Beim Betrachten der Bilder wird auffallen, daß sich die Paddel immer im Wasser befinden. Entweder werden sie als Ausleger benutzt, oder sie sind in einer Position, in der sie in Bruchteilen von Sekunden „auszufahren" sind. Ein wild in der Luft herumfuchtelndes Paddel hat im Wildwasser nichts zu suchen.

Von Menschenwerk geschaffene Hindernisse

Hier ist besondere Vorsicht vonnöten! Nicht nur bei eingebauten Hindernissen, sondern auch bei allen möglichen sonstigen Eingriffen des Menschen in ein Flußbett. Sprengungen werfen scharfkantige Brocken in die Strömung. Alte Floßgassen und Wehre sind oft mit vorstehenden Moniereisen und riesigen Nägeln gespickt. Künstliche Ausläufe (Tosbecken) können tödliche Walzen hervorrufen. Die Gefahren geraten leicht zu nicht mehr kalkulierbaren Größenordnungen.

Wehre

müssen wie alle Kunstbauten auch im Zahmwasser mit äußerster Vorsicht behandelt werden. Das Problem ist nicht so sehr ihre Höhe als die Walze oder der Rücksog dahinter. Schon bei einem knappen Meter Fallhöhe kann bei einem Steilwehr der Rücksog das Boot festhalten. Obwohl andererseits in einem langen Boot der Vordermann evtl. noch eine Chance hat, sich herauszuarbeiten. Eine Kenterung bedeutet höchste Lebensgefahr. Des Teufels sind die Tosbekken hinter sogenannten Kastenwehren; die meisten Schräg- und Stufenwehre sind dagegen eher harmlos. Eine große Anzahl von Kanu-Unfällen ereignet sich hinter Wehren!
Beim Zweier-Canadier kommt zusätzlich die problematische Schwerpunktverteilung hinzu: Wenn das Boot auf der Wehrkrone hängenbleibt, dann Gute Nacht!
Wehre mit Rutschen oder Floßgassen sind dagegen fast immer strammes, aber relativ ungefährliches Wildwasser. Im Zweifelsfalle sollte man gerade bei Wehren daran denken: Es gibt junge, draufgängerische – es gibt alte, vorsichtige Kanuten; es gibt aber wenig alte, draufgängerische Kanuten.

Gefahren des Tempofahrens im Wildwasser

Als ich vor vielen Jahren mit dem Wildwasserfahren anfing, fand ich niemanden, der mir das entsprechende Know How beibringen konnte. Ich fand keine guten Lehrbücher – mit Ausnahme von ein paar Anmerkungen über die Techniken der alten Pelzhändler in ihren Birkenrindenkanus. Instinktiv entwickelte ich meine eigene Methode des Rückwärtspaddelns – und verschaffte mir so die Atempausen, die zur Korrektur des Kurses erforderlich waren. Ich kam ganz gut zurecht, bis ich auf einige Anmerkungen mit dem Hinweis stieß, man müsse auch im Wildwasser unbedingt schneller als die Strömung paddeln, um die Steuerfähigkeit des Fahrzeuges aufrechtzuerhalten. Wer nicht schneller ist als das Wasser, so hieß es da, ist nicht in der Lage, mit seinem Boot den Felsblöcken auszuweichen. In meinem Bestreben, Stromschnellen wie die Indianer und Voyageurs zu fahren, also „richtig" und mit Schwung hinabzurauschen, wollte ich es auf einen Versuch ankommen lassen.

Meine Wahl fiel auf ein besonders schwieriges Stück Wildwasser – irgendwo im Mittelabschnitt des Whiteshell River in Manitoba. Viermal zuvor war ich mit meiner handgestrickten Methode unbeschadet hinuntergekommen. Es gibt da einen speziellen blöden Felsblock mitten im Haupt-Stromzug. Man muß sich gleich von Anfang an nach links halten, um daran vorbeizukommen.

Ich richtete also meinen Canadier weit oben aus und hieb mit Macht hinein. Als ich den Einlauf erreicht hatte, betrug meine Geschwindigkeit wahrscheinlich 8 km/h. Ich sauste in die Stromzunge hinein. Mit der etwa gleichen Wassergeschwindigkeit machte ich alsbald 16 km/h – also das doppelte über Grund. Der bewußte Fels in Nullkommanichts direkt vor mir, und noch bevor ich überhaupt einen Bogenschlag anbringen konnte, um ihn in voller Fahrt auszumanövrieren, donnerte ich mit dem Bug mittendrauf. Der Canadier legte sich sofort breitseits vor den Klotz und knickte in der Mitte ein. Ich fiel raus und wurde stromab mitgerissen. Irgendein glücklicher Umstand ließ den Canadier aber wieder freikommen, und er folgte mir die Schnelle hinunter. Das Boot schien mich einholen zu wollen, obwohl es unterwegs, breitseits treiben und, mit seiner 5 m-Länge über Stock und Stein polterte.

Zu meiner großen Überraschung stieß ich nirgends an. Wie durch ein Wunder wurde ich über Steine und Blöcke hinweggetrieben. Doch wehe, wenn ich mich umblickte. Hier tauchte ein Stück Süllrand auf und da eine Ducht. Manchmal hörte ich, wie das Holz an den Felsen splitterte und krachte. Doch das größte Teil des Wracks erreichte mich nicht. Es blieb nicht ganz hängen, doch jeder Fels oder Stein in seinem Weg hielt es ein bißchen auf. Am Auslauf der Schnelle sammelte ich schließlich die Trümmer ein. An zwei Stellen war das Boot über dreiviertel der Länge eingerissen. Die Duchten waren weg und die Süllränder ebenso. Es war ein Lehrstück über die ungeheure Kraft fließenden Wassers.

Im nachhinein wurde mir klar, daß ich niemals meinem Ende näher gewesen war als in jener Situation. Ich verstaute die Überreste am Ufer und marschierte 16 km zur nächsten Straße.

Soviel zum Thema „Tempobolzen im Wildwasser"! Danach fuhr ich die Schnellen wieder langsam und vorsichtig, entwickelte meine Fähigkeit, mit dem Canadier nach Wunsch zu traversieren, ihn auch im schärfsten Strom rückwärts zu paddeln. Bis Bücher auf den Markt kamen, die die Befahrung von Stromschnellen „im Rückwärtsgang" beschrieben und empfahlen, sollten noch Jahre vergehen. Ich hatte genau das getan, was als „Seilfähre rückwärts" beschrieben wurde. Wildwasser „hinunterzupowern" kann eine aufregende Sache mit allerhand Thrill sein, doch ist es dem Leistungssport vorbehalten. Die Seilfähre rückwärts mit einem schwerbeladenen Wander-Canadier ist dagegen eines der wichtigsten Manöver überhaupt.

Die Wildwasser-Grade

Für die Flüsse in dichter besiedelten Regionen oder auf populären Routen ist ähnlich dem Bergsteigen ein System von Schwierigkeitsgraden ausgearbeitet und angenommen worden. Trotzdem muß man beachten, daß ein solches System allenfalls Anhaltspunkte geben kann. Wild- und Zahmwasser-Flüsse ändern ihre Schwierigkeitsgrade mit den Wasserständen. Es gibt bei normalem Wasserstand problematische Stromschnellen, die bei Hochwasser vollkommen verschwinden. In anderen Fällen werden bei Niedrigwasser einfach zu fahrende Wildwasser-Abschnitte im Hochwasser zu Todesfallen. Auf dem Petawawa River im Algonquin Park ist bei Hochwasser ein Mann in einem Flußabschnitt ertrunken, der bei Niedrigwasser oder Normalwasserstand kaum ein paar Wellenrippen zeigt. Grundsätzlich gilt jedoch: Mit einsetzendem Hochwasser wächst die Wucht der Strömung und mit dieser die Gefahr.
Bei der Planung ist die angeführte Gradeinteilung eine gute Hilfe. Doch sollte man immer daran denken, daß die Klassifizierung bei Normalwasserstand und -fließbedingungen erfolgt ist. Bei niedrigem und höherem Wasserstand muß man die Schwierigkeit selbst einschätzen. Ein idealer Flußführer müßte die Klassifizierung des Wildwassers bei allen Wasserständen anführen.

Voraussetzungen für Wildwasserfahrten nach DKV/ICF

Zu WWI:

unschwierig
Subjektive Fähigkeiten: Beherrschung von Grundschlag vorwärts und rückwärts, Konterschlag, Paddelstütze, Seilfähre vorwärts, Bogenschlag. Ein- und Ausschlingen. Bei längeren Strecken gut entwickelte Kraftausdauer.
Ausrüstung: alle Bootsarten, -typen und -klassen, feste Spritzdecke mit Schlaufen, Bootsleine bzw. Fangschlaufen am Boot, Auftriebskörper im Bug und Heck, evtl. Kälteschutz oder Kopfschutz je nach Wasser- und Witterungsverhältnissen.

Zu WW II:

mäßig schwierig
Subjektive Fähigkeiten: siehe oben, zusätzlich Beherrschen von Seilfähre rückwärts, Paddelhang, von Ziehschlägen unter erschwerten Bedingungen wie starker Strömung und wenig Platz, Beherrschen der Kenterrolle in Übungssituationen. Nur für sportlich Trainierte, die bereits Wildwasser I gefahren sind, evtl. mit Führer.
Ausrüstung: nur vom Hersteller als WW-tauglich bezeichnete Boote, Kälteschutz, Rettungsweste und Kopfschutz, Rettungsleine und -sack.
Sicherung: Kenntnis im Umgang mit Rettungsleine bzw. -sack, Pegelvergleich.

Zu WW III:

schwierig
Subjektive Fähigkeiten: siehe oben, gutes Beherrschen der Ziehschläge, insbesondere des S-Schlages, der Fahrtaktiken wie Ein- und Ausschlingen, Beherrschen der Bogenschlag- oder Paddelstützrolle im WW, zumindest auf einer Seite. Länger WW-Erfahrung und sportliches Training sind notwendig.
Ausrüstung: siehe oben, nur bestes Bootsmaterial, WW-Spezialboote mit großem Auftrieb und verstärktem Heck, Bug und Oberschiff, Rettungsgeräte siehe oben, jedoch für jeden Fahrer, Karabiner und Reepschnur für Brustgeschirr. Kenntnis in Seil- und Knotenkunde.
Sicherung: siehe oben, Vertrautsein im Umgang mit Seil, mit der Kombination „Mann – Seil- Boot“ und mit der „Bootskette“. Fahrten nur in Gruppen.

Zu WW IV:

sehr schwierig
Subjektive Fähigkeiten: siehe oben, sicheres Beherrschen aller Schlagkombinationen und Fahrtaktiken der Bogenschlagrolle. Sehr gut trainierter physischer Konditionszustand.
Gute Vorbereitung durch: Ortsbesichtigung, geologische Karten, Wetterlage und eigene Erkundung sowie Kontrolle der Vorbereitungsunterlagen vor Ort.

Sicherung: sicherer Umgang mit allen Rettungsgeräten, Fahrten nur in festen Mannschaften.

Zu WW V: äußerst schwierig

Subjektive Fähigkeiten: siehe oben
Sicherung: siehe oben. Nur für Experten in Mannschaften.

Zu WW VI: Grenze der Befahrbarkeit

WW I – leicht

WW II – mittel

WW III – schwer

WW IV – sehr schwer

WW V – außerordentlich schwer

WW VI – extrem schwer

Offizielle DKV/ICF-Tabelle

	I unschwierig	II mäßig schwierig	III schwierig	IV sehr schwierig	V äußerst schwierig	VI Grenze der Befahrbarkeit
Sicht	freie Fahrt	freie Durchfahrten	übersichtliche Durchfahrten	Durchfahrten nicht ohne weiteres erkennbar, Erkundung meist notwendig	Erkundung unerläßlich	im allgemeinen unmöglich
Wasser	regelmäßiger Stromzug regelmäßige Wellen kleine Schwälle	unregelmäßiger Stromzug unregelmäßige Wellen mittlere Schwälle schwache Walzen, Wirbel und Preßwasser	hohe, unregelmäßige Wellen größere Schwälle Walzen, Wirbel Preßwasser	kräftige Walzen, Wirbel, Preßwasser	extreme Walzen, Wirbel, Preßwasser	Bei bestimmten Wasserständen eventuell befahrbar **Hohes Risiko**
Flußbett	einfache Hindernisse	einfache Hindernisse im Stromzug kleinere Stufen	einzelne Blöcke und andere Hindernisse im Stromzug Stufen im Stromzug	Blöcke versetzt im Stromzug höhere Stufen mit Rücklauf	enge Verblockungen hohe Gefällstufen mit schwierigen Ein- oder Ausfahrten	
Beispiele Gewässer bei Pegel in	**Ammer** Rottenbuch — Peißenberg 90 cm Weilheim **Isar** Bad Tölz – Wolfratshausen, 65 cm Bad Tölz	**Ammerschlucht** Kammerl – Rottenbuch, 90 cm Weilheim **Obere Isar** Hinterauthal, 180 cm Scharnitz	**Ammer nur** Scheibum und Naturwehr, 90 cm Weilheim **Inn** Imster Schlucht, 200 cm Haiming	**Loisach** Dom und Treppenhaus, 120 cm Gschwandsteg **Ötztaler Ache** Waldschlucht, 120 cm Tumpen	**Inn** Brail-Schlucht, 110 cm Taraso **Sanna** Scharfes Eck, 160 cm Landeck	**Enns** (Gesäuse-eingang, NW) **Ruetzbach-katarakt** (Pegel Medraz 120) **Ötz** (Langenfeld – Umhausen, Pegel Tumpen 120)

Wildwassermanöver

Bis zu diesem Punkt kann man sich all das, was in diesem Buch aufgezeichnet ist, im Selbstunterricht aneignen. Trotzdem wird ein guter Trainer oder das Lernen in der Gruppe die Kenntnisse schneller vermitteln und den Lernprozeß interessanter gestalten. Bis hierhin ist die Strafe für den unaufmerksamen Schüler nichts weiter als ein plötzliches Bad im kalten Wasser.
Im Wildwasser ist jedoch die Strafe, die einem Irrtum oder Fehler folgt, mitunter viel schwerer. Es ist durchaus möglich, sich die Kenntnisse und Fähigkeiten selbst beizubringen- so wie ich es getan habe. Doch sind Sicherheit und Spaß größer, wenn Unterweisung und Übung mit einigen Gleichgesinnten unter der Leitung eines guten Lehrgangsleiters erfolgen. Mit den ersten Paddelschlägen gehen todsicher Fehler einher. Entsprechende Hilfestellung ist das beste Mittel zu überleben und sei es, um es nur von neuem zu versuchen. Wildwasser-Kurse können alle Tricks und Einzelheiten besser weitergeben, als es dieses Buch zu vermitteln

vermag. Doch die Details kommen erst nach einem Grund-Kanu-Kursus an die Oberfläche des Bewußtseins. Und wenn es mal in der Praxis nicht klappt, bringt vielleicht ein genaueres Studium des speziellen Kapitels die Lösung. Persönliche Instruktion *und* dieses Buch sollen sich gegenseitig ergänzen.

Auch wer kein Interesse am Wildwasserfahren hat, sollte weiterlesen. Auch im Zahmwasser bringt die theoretische Vervollkommnung der Technik größeren Genuß und ein entscheidendes Mehr an Sicherheit. Ich selbst kenne viele gute Kanuten, die kein Wildwasser fahren. Auch für sie gibt es – sogar in Kanada – genug urige Flüsse.
Und auch ohne den Thrill der Stromschnellen vervollständigt manches der beschriebenen Manöver die Trickkiste des Zahmwasser- oder Wander-Kanuten. Für den künftigen Wildwasser- Enthusiasten bedeuten sie den Ersatz von Glück und Zufall durch Wissen und Können, und damit nicht nur mehr Sicherheit, sondern auch mehr Freude an der Sache selbst.

Kehrwasserschleifen

Sehnsüchtiger als je ein Romeo nach seiner Julia Ausschau halten konnte, hat schon mancher Wildwasserfahrer nach dem passenden Kehrwasser gesucht. Und wenn er es endlich gefunden hat, muß er ja auch noch in aufrechter Position hineinkommen, was aufgrund des oftmals vertrackten Strömungsmusters so einfach nicht ist. Aber er muß es lernen, denn das ist neben dem Ausleger die wichtigste aller Techniken im rasch bewegten Wasser. Sie spielt auch beim An- und Ablegen eine bedeutsame Rolle.

In Nordamerika kamen und kommen immer wieder Leute ums Leben, die wider Willen in eine schwere Stromschnelle gezogen wurden und werden. Mehr Opfer, als unter echten Wildwasser-Fahrern zu beklagen sind. Jedes vom Ufer ins bewegte Wasser hinausragende Hindernis bewirkt einen Kehrwasser-Effekt. Im normalen Flußlauf ist das ein Felsblock mit der Oberfläche oberhalb oder knapp unterhalb des Wasserspiegels. Stromab (hinter) diesem Block befindet sich jeweils ein Kehrwasser – eine Zuflucht in Zeiten der Bedrängnis. Aus der Blickrichtung des stromab treibenden Bootes erscheint eine gerade Linie mit Kräuselungen dahinter. Sollte hinter der Linie eine sich brechende Welle stehen, vergiß es, lieber Kanute, und suche weiter!

Einschwenken in ein Kehrwasser zur Seite des Vordermannes

Wenn das Kehrwasser gut aussieht, richte man den Kurs so ein, daß der Bug knapp an dem Hindernis vorbeiflutscht (Abb 1). Der Vordermann fährt einen hohen, weiten Ausleger mit einem Konterschlag schon in dem ruhigen Wasser hinter dem Block (Abb 2).

Während der Bug die Scherlinie (die Grenze zwischen abwärts fließendem und stehendem Wasser) überschreitet, entsteht eine scharfe Tendenz des Canadiers, stromab zu kentern. Man muß sich wie auf einem Fahrrad über den Lenker über das Paddel hängen. Der Vordermann muß wirklich hoch raus und sich mit vollem Gewicht reinhängen (Abb 3). Der Hintermann fährt mit dem Paddel einen weiten Bogenschlag. Währenddessen wechselt der Vordermann vom Ausleger in einen Grund-/Treibschlag. Der Canadier liegt jetzt hinter dem Felsen (Abb 4), wo man – wenn die Gegenströmung zu stark ist – ist das Boot mit leichten Rückwärtsschlägen u. U. wieder abbremsen muß, um es auf der Stelle zu halten. Wenn die Einfahrt ins Kehrwasser nicht gelingt, treibt man rückwärts – also sollte wenigstens am Anfang des Paddlerdaseins – ausreichend Raum zum manövrieren geachtet werden. Achtung! Die Gefahr des Kenterns in der gegenläufigen Strömung ist besonders groß.

Ausfahrt aus dem Kehrwasser

Dabei gilt es, das Boot zu drehen, damit seine Nase wieder stromab zeigt und die Reise fortgesetzt werden kann. Man sticht dabei mittels einiger Grund-/Treibschläge und Ziehschläge (Bug) mit der Bootsnase in die Hauptströmung (Abb 1). Im gleichen Augenblick lehnt sich der Vordermann mit einem hohen Ausleger, in einer sehr soliden Paddelstütze, weit nach außen (Abb 2). In seiner Haltung kann auch eine scharfe Hauptströmung das Boot nicht neigen und es, über das Dollbord rauschend, zum Kentern bringen.

Der Hintermann fährt dabei einen Grund-/Treibschlag, der in einen Bogen übergeht und gleichzeitig ein Gegengewicht darstellt (Abb 3). Dabei braucht man das Boot kaum zu drehen. Mit dem Bug im schnellen und dem Heck im ruhigen oder gar gegenläufigen Wasser erfolgt die Kehre automatisch (Abb 4).

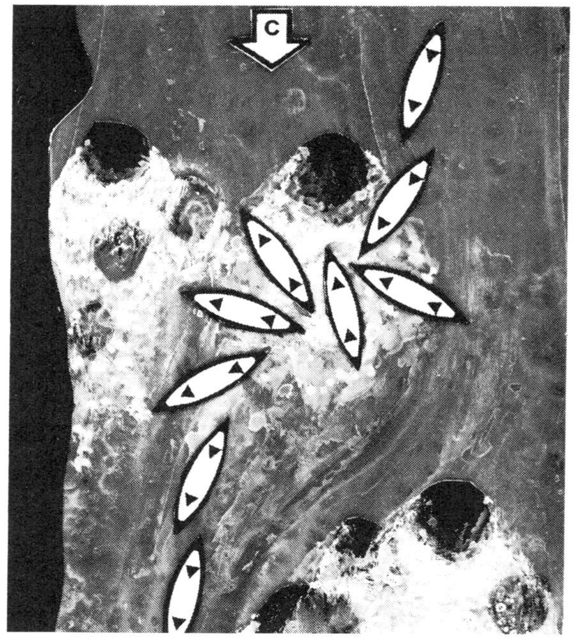

Einfahrt in ein Kehrwasser

Ausfahrt aus einem Kehrwasser heraus

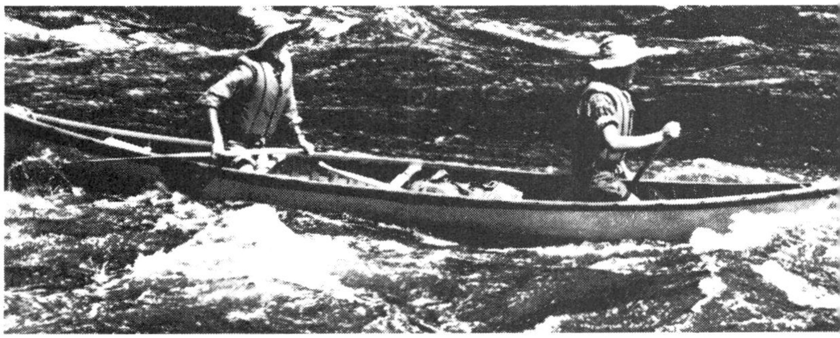

Einschwenken ins Kehrwasser zu der dem Paddel des Vordermannes gegenüberliegenden Seite

Es ist ein recht wirksames Manöver, aber es bedarf eines größeren Könnens als der zuvor beschriebene Vorgang. Der Canadier muß kräftig und schnell an das Kehrwasser herangefahren werden. Knapp neben und unterhalb vom Hindernis fährt der Vordermann einen harten Preßschlag und lehnt sich zu der Drehung hinaus. Jetzt kommt es ganz auf den Hintermann an, ob er seinen Partner über Bord verliert – oder nicht. In einem Preßschlag steckt nämlich kein Stützeffekt. Der Hintermann muß mit aller Kraft einen mächtigen Rückwärtsbogen schlagen und dabei sein ganzes Gewicht auf das Paddel legen. Das Paddel drückt jetzt und stützt ab. Wenn der Bogenschlag abgeschlossen ist, ist das Paddel des Vordermannes zu einem Vorwärts- Treibschlag bereit, und das Boot kommt hinter dem Felsen zur Ruhe.
Gut ausgeführt und ge-timt, gehört das Einschwenken nach der dem Vordermann entgegengesetzten Seite zur Hohen Schule des Wildwasser-Fahrens – ist aber auch eines der schwierigsten Manöver. Da hilft kein vorsichtiges Zögern und im Wasser-Herumstochern. Man muß entschlossen und schnell draufzufahren und wuchtig blockieren. Nur die Geschwindigkeit erlaubt dem Hintermann, seinen Körper als Gegengewicht während des Rückwärtsbogens einzusetzen. Beim bloßen Treiben wird das Kanu nicht auf den Druck reagieren, und der Hintermann kann keinen Stromauf-Ausleger fahren. Die Strömung würde sein Paddel unters Boot drücken; eine Kenterung wäre die unvermeidliche Folge.
Wer die Wahl hat: Das Einschwenken zur Paddelseite des Vordermannes hin ist die vorsichtigere Methode, doch das Anfahren von der gegenüberliegenden Seite ist eine verblüffende Erfahrung. Man sollte es nur dort üben, wo eine Kenterung keine bösen Folgen hat. Der kompetente Wildwasser-Fahrer sollte beide Möglichkeiten im Repertoire haben, um nicht im Strom die Pferde – sprich die Seiten – wechseln zu müssen.

Ausscheren aus dem Kehrwasser auf der dem Paddel des Vordermannes gegenüberliegenden Seite

Zu Beginn setzt man einige Treibschläge. Wenn der Bug die Scherlinie zum Hauptstrom überquert, lehnt sich der Vordermann stromab und fährt einen Preßschlag. Zuvor geht der Hintermann in eine extrem weit nach hinten ausgelegte, flache Paddelstütze über. Dabei bewegt er das Paddel flach auf dem Wasser im Bogen nach vorne. Am Ende dieses weiten Rückwärts-Bogenschlages ist er zu einem harten Treibschlag bereit, und das Heck verläßt das Kehrwasser. Es ist ein schwieriges, aber elegantes Manöver.
Außerdem macht's Spaß. Bei dieser Methode der Kehrwasserschleifen braucht man keine Seiten zu wechseln. Wichtig ist das Timing. Der Hintermann muß seinen Ausleger ansetzen, bevor der Vordermann preßt. Ansonsten heiß es schwimmen. Beim Üben darf deshalb die möglicherweise stromab liegende Gefahr nicht außer acht gelassen werden. Wenn's kritisch ist, sollte man lieber die Bug-Zug-Methode (auf der Paddelseite des Vordermannes) anwenden. Doch sonst steht der alternativen Hebel-Technik nichts im Wege.

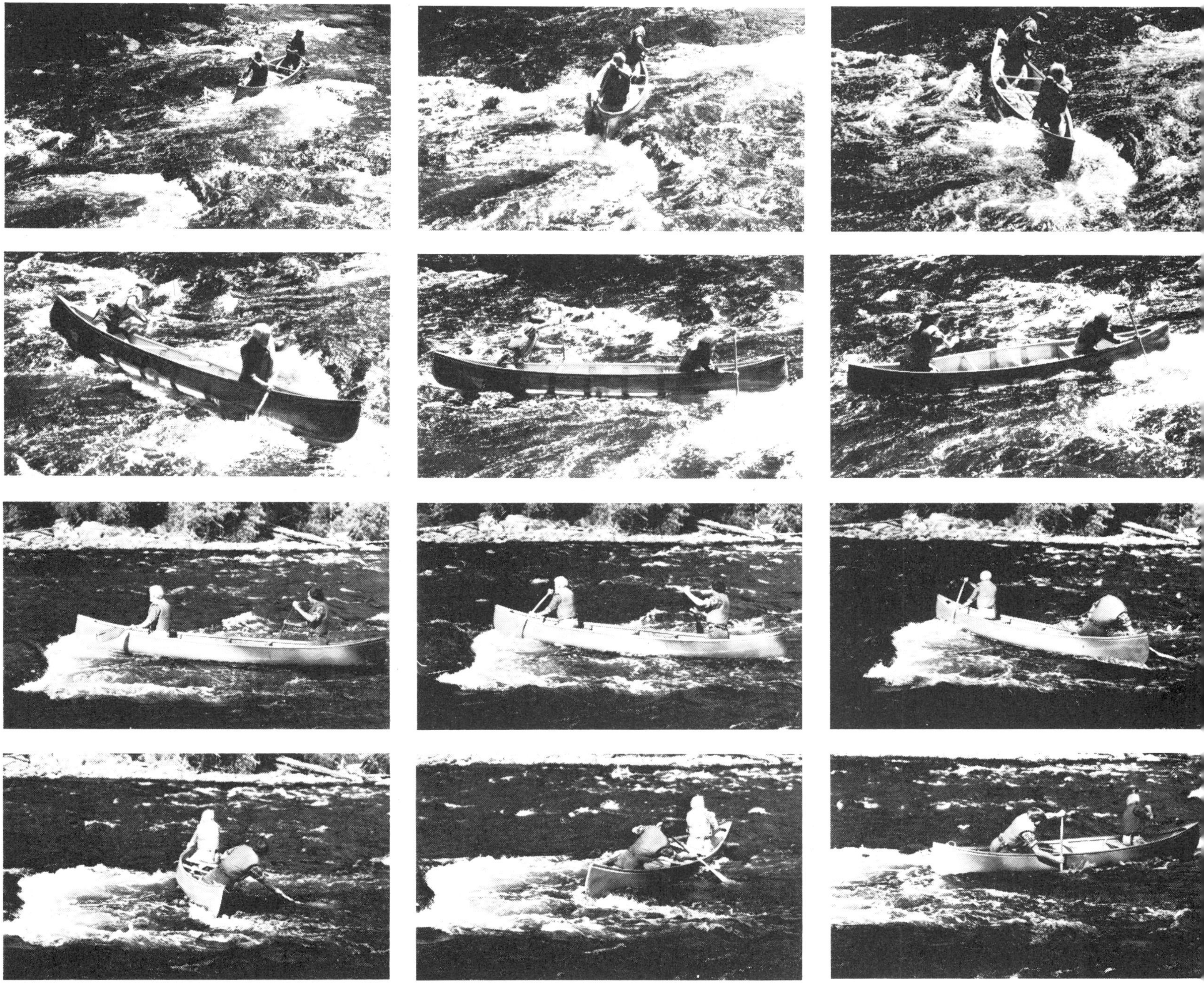

Was beim Ausscheren aus einem Kehrwasser schiefgehen kann

Wenn man von hinten zu sehr schiebt und der Canadier zu heftig in den Hauptstrom getrieben wird – also bevor die Drehung vollendet ist – geht die Fahrt breitseits stromab weiter. Selbst für die Dauer einiger Augenblicke ist das eine gefährliche Position. Wenn andererseits zu wenig Kraft hinter den Schlägen des Hintermannes steckt, dann kommt man zwar gut herum – wird aber vom Kehrwasser weiterhin festgehalten. Doch das ist weniger bedenklich. Beim Ausfahren aus dem Kehrwasser ist weniger oft mehr und sicherer.

Wie man Kehrwasser *nicht* anfahren und verlassen sollte

In der nachstehend beschriebenen Situation zeigt sich sowohl die Bedeutung des Timings wie auch die Nutzung der Strömungskräfte – oder deren vollständiges Außerachtlassen. Die Trainer (mit viel Enthusiasmus und bescheidener Technik) wollten vorführen, wie man in der flußaufwärts gerichteten Position ein Kehrwasser verläßt. Sie hieben unheimlich wacker rein. Prompt waren sie mit dem Boot schon vollständig aus dem Kehrwasser heraus – bevor sie die Wende einleiteten. Die Eigengeschwindigkeit plus die Kraft der Strömung trieb sie in dem Seilfähreneffekt quer über den Fluß, während sie die Wende immer noch mit aller Macht versuchten. Mit schierer Gewalt brachte der Vordermann das Boot knapp vor dem Ufer herum. Das zweite Boot mit den Schülern, die ihrem Beispiel folgten und ebenso hart paddelten, bekam die Kurve nicht und endete mit dem Bug an einem Uferfelsen, der endlich die Reise stoppte. Der Strom zog das Achterschiff herum, und sie blickten verdutzt über die Bootsnase stromauf. Sie waren genau da, wo sie begonnen hatten – nur auf der anderen Flußseite, nachdem sie eine unfreiwillige Vorwärts-Seilfähre gefahren hatten.
Die Trainer gaben dem Vordermann die Schuld, er hätte nicht kräftig genug geschaufelt. Die anderen Boote machten es nicht besser. Je härter sie reinschlugen, umso mächtiger donnerten sie an das jenseitige Ufer. Hätten sie doch abgewartet, bis die Hauptströmung den Bug ganz wie von selbst stromab gedreht hätte.
Unfreiwillig jedoch haben mir diese Lehrer und Schüler eine gute Überleitung zum nächsten Kapitel verschafft. Denn das geht um die

Seilfähren

Vor allem die Seilfähre rückwärts gibt dem Kanuten die Möglichkeit in die Hand, von der einen auf die andere Flußseite zu traversieren, ohne die verwundbare Breitseite seines Kanus Felsblöcken oder hohen Wellen aussetzen zu müssen. Ein ausbalancierter Trimm mit absolut identischer Wasserlinie an Bug und Heck ist die *unabdingbare Voraussetzung*. Wenn's Probleme gibt, so in neun von zehn Fällen, weil das Heck zu tief im Wasser liegt. Vor allem Anfänger haben hier ihre Probleme. Ich muß wieder auf die Trainer des Vorkapitels zurückkommen. Diesmal sah ich ihnen zu, wie sie versuchten, ihren Schülern die Seilfähr-Technik beizubringen. Wie üblich saßen die stärksten und schwersten Paddler – die jungen Männer – hinten. Die Vorwärts-(Stromauf-)Fähren funktionierten. Sie hatten das ja schon, unfreiwillig zwar, zuvor geübt. Doch die wichtigere Seilfähre rückwärts wurde zum Desaster. Ein Boot nach dem anderen verließ das Kehrwasser, und trotz aller Anstrengungen der Hintermänner schwangen die Achterschiffe herum . Einige schafften es irgendwie, den Fluß breitseits zu queren. Die Trainer brüllten ihre Anweisungen, die darin bestanden, noch kräftiger reinzuhauen und den Stromauf-Winkel zu halten. Doch es half nichts – sie hatten keine Ahnung von dem Problem. Als sie es selber vorführen wollten, schafften sie es mit Mühe und auch nur im nicht einmal halbwegs richtigen Winkel. Von wirklicher Kontrolle war nicht die Spur zu erkennen.

Dabei muß der Wildwasser-Fahrer die Fähre rückwärts so schnell oder so langsam einrichten können, wie es der Situation angepaßt ist. Wenn nötig, müssen Stops eingelegt werden, und u.U. muß man zum Ausgangspunkt zurück. Die Trainer und ihre Schüler wurden vom Stromzug auf die andere Flußseite getrieben – sie wären nie mehr zurückgekommen. Bei ihnen war der Einsatz roher Gewalt zum Ausgleichen der Fehler erforderlich, und so ist es bei den meisten Wildwasser-Manövern. Da, wo es nur noch mit schierer Kraftanwendung klappt, hapert es mit der Technik. Dabei gilt es eher, die Kraft der Strömung zu nutzen als die eigene. Muskelkraft ist der Macht des Wassers ohnehin nicht gewachsen.

Das Boot muß sich in einer Seilfähre langsamer bewegen als der Strom. Oft geht es darum, sich eine Atempause, einen Überblick zu verschaffen. Kräftiges Rückwärtspaddeln wird hier mit einem Zieher, dort einem Drücker oder Hebel kombiniert. Richtig ausgeführt und in mäßig schnellem Wasser verliert das Boot in bezug auf seinen Ausgangspunkt kaum an Boden.

Angenommen, wir haben soeben das Kehrwasser verlassen, haben das rechte Ufer angesteuert, sind gelandet, haben uns die Schnelle angeschaut und festgestellt, daß die Fahrrinne auf der anderen Seite am linken Ufer liegt. Also fahren wir eine

Vorwärtsfähre

Beide Paddler in Bug und Heck fahren erstmal im spitzen Winkel mit ein paar Grundschlägen vom Ufer weg, bis sie die Hauptströmung erreicht haben. Jetzt kommt es darauf an, diesen Winkel aufrechtzuerhalten, ohne daß das Boot quer- oder gar in die Uferzone zurückgetrieben wird – oder aber direkt in der Achse der Strömung steht.

Das richtige Timing ist das A und O, ebenso der akkurate Winkel. Ein guter Vordermann hat's im Gefühl, korrigiert mit schwachen Hebel- oder Zugschlägen und koordiniert seine Technik dabei genau mit dem Hintermann. Dabei darf keine Fahrt – d.h. gegen den Strom kein Boden – verloren gehen, sonst landet man im Steingarten unterhalb. Wenn das Manöver mißlingt und das Boot sich stromab dreht, muß man rückwärts paddelnd versuchen, die Uferzone wieder zu erreichen – hoffentlich vor dem angenommenen Steingarten.

Nehmen wir an, wir kommen diesmal gut in die Hauptströmung hinaus. Der Winkel zum entfernten linken Ufer stimmt – je schärfer die Strömung, umso enger der Winkel – und die Kraft des Flusses versetzt uns bei scharfem Vorwärtspaddeln zum jenseitigen Ufer hin.

Der Hintermann korrigiert jetzt den Winkel, wobei ihn der Vordermann mit ausgewogenen Ziehern oder schwachen Hebeln unterstützt. Auf der gegenüberliegenden Seite finden wir (siehe Diagramm) ein schönes Kehrwasser hinter dem Block A. Der Vordermann zieht das Boot hinein. Die Bootsnase ist nach wie vor stromauf gerichtet. Ein rascher Blick läßt erkennen, daß es mit der Fahrrinne doch nicht soweit her ist. Also wird entschieden, die Schnelle doch halbrechts zu fahren. Ein Einfahren in den Hauptstrom würde uns herumdrehen, doch wir drehen im Kehrwasser den Canadier stromab und fahren zur Übung eine Rückwärtsfähre bis zur Einfahrt halbrechts in der Schnelle.

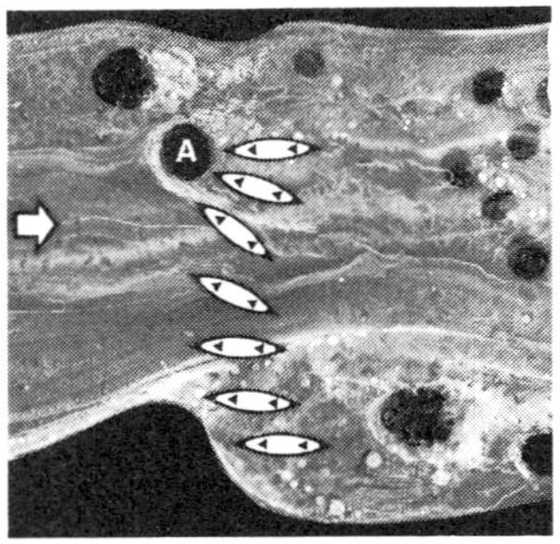

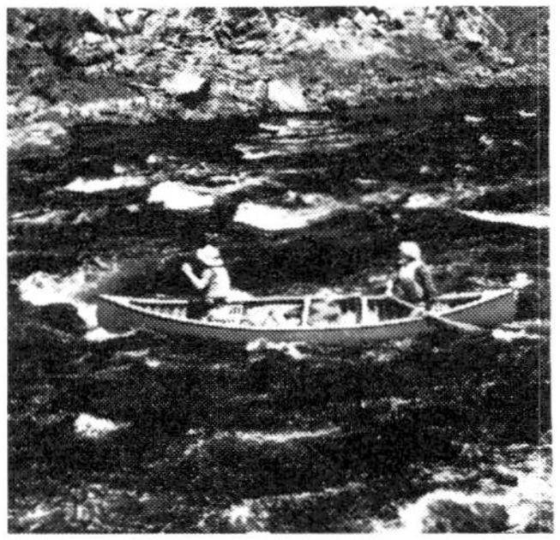

Das Drehen im Kehrwasser

Dazu zieht man den Bug durch Übergreifen ein bißchen hinaus in den Hauptstrom. Ein Hebel auf der Paddelseite hätte es auch getan. Der Hintermann hält sich mit einem Rückwärtszieher im Kehrwasser. Der Strom zieht den Bug herum, und das Boot dümpelt imnmer noch hinter dem Block A. Viele Vorderleute trauen dem Bughebel nicht so recht und übergreifen. Dadurch landen beide Paddel auf derselben Seite und machen einen stabilisierenden Ausleger nach der anderen unmöglich.
Bevor die Seilfähre rückwärts gefahren wird, ist der Trimm (nochmals) zu beachten. Selbst wenn beide Fahrer gleiches Gewicht haben, liegt das Heck tiefer im Wasser- einfach, weil der Hintermann weiter hinten kniet. Liegt das Heck tiefer im Wasser, agiert es wie ein Bugruder, das sofort vom Strom gepackt und flußabwärts gedreht wird. Ein Gegenmittel ist, daß der Hintermann weiter nach vorne rutscht und die Gewichtsverteilung wieder ins Lot bringt. Oder die Zuladung wird nach vorne geschoben. Selbst mit allen Wassern gewaschene Kanuten tun gut daran, den richtigen Trimm streng zu beachten!
Der Hintermann benutzt einen Rückwärtshebel, um das Heck in einem spitzen Winkel in den Strom zu bringen. Der Vordermann folgt mit einem raschen Diagonal-Rückwärtszug. Das Heck des Canadiers ist gegen das rechte Ufer gewinkelt – in die gewünschte Richtung also. Da das Boot sich aufwärts gegen den Strom bewegt, obliegt dem Vordermann die Aufgabe des Steuerns mit einem umgekehrten „J“ oder einem Rückwärts-Bogenschlag, je nach Situation. Gibt es am Heck Probleme mit dem Winkel zum Strom, muß der Vordermann auf Zuruf einen Zieher oder Hebel anbringen. Es ist leichter, den stromab zeigenden Bug als Steuer zu benutzen als das stromauf zeigende Heck. Sobald der Canadier die Ausgangsposition erreicht hat, wird er ausgerichtet und setzt die Weiterfahrt fort.

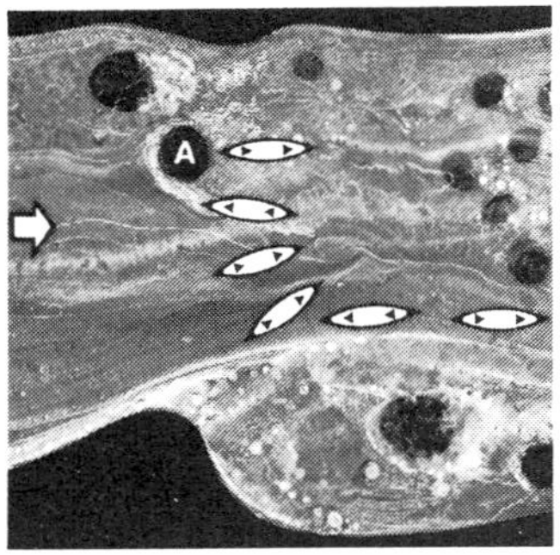

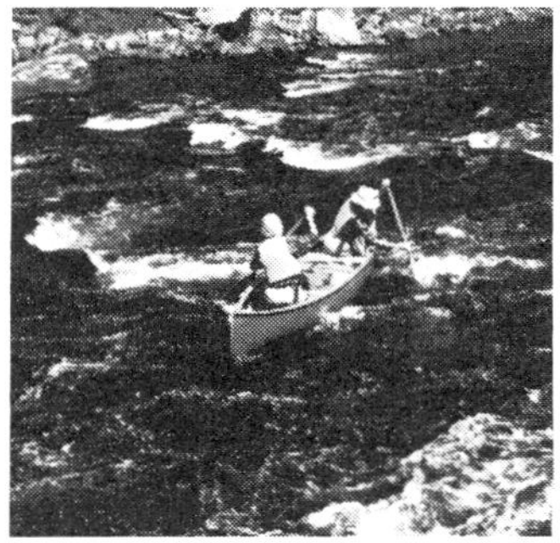

Geschwindigkeitsänderungen

Bei der Seilfähre rückwärts bewegt man sich langsamer als der Strom. Sollte man sich zwischendurch entscheiden (müssen), ein Kehrwasser oder das Ufer anzulaufen, muß man plötzlich Fahrt aufnehmen, um schneller als die Strömung zu werden (damit der Bug besser in das Kehrwasser eintaucht). Andernfalls rauscht man daran vorbei oder erwischt es erst zu weit stromab. Erhöhte Geschwindigkeit macht einen flachen oder hohen Ausleger zur Stabilisierung des Bootes erst möglich. Vor allem im schnellen Zahmwasser oder leichtem Wildwasser sollte man Kehrwasserschleifen und Seilfähren immer wieder üben. Das ist zweckmäßiger, als plötzlich vor der Alternative zu stehen: aufgeben, tragen oder die Theorie sofort und an Ort und Stelle in die Praxis umsetzen zu müssen.

Ein Beispiel für die Seilfähre rückwärts

Die hier beschriebene Stromschnelle gehört zum University River, einem von Norden her in den Lake Superior einmündenden Fluß. Ohne Seilfähre rückwärts wäre im Wander-Canadier hier nichts zu machen. Der Einlauf ist eine Engstelle (Pos. A); dahinter steht eine Reihe hoher Schwälle (Pos. B). Ihnen folgen auf der rechten Seite (stromab gesehen) zwei Abschnitte mit schweren Brechern, hervorgerufen von Unterwasser-Felsblöcken (Pos. C und D). Dem folgt ein tückischer Steingarten bis über die Flußmitte hinaus (Pos. E); die schmale Fahrrinne liegt links (Pos. F). Der Canadier passiert die Engstelle und die Schwälle dahinter problemlos. Durch hartes Rückwärtspaddeln bei einer gleichzeitigen Seilfähre nach links bleibt das Boot halbwegs von den Brechern auf der rechten Seite verschont. Unter weiterer Anwendung der Seilfähre rückwärts hilft die Seitenhydraulik, das Boot nach links zu versetzen und an den schweren Brechern vorbeizukommen. Immer noch die Seilfähre rückwärts fahrend (wobei sich das Boot in der scharfen Strömung kontinuierlich flußabwärts bewegt), fädeln wir uns genau und problemlos in den Durchschlupf durch den Steingarten ein.

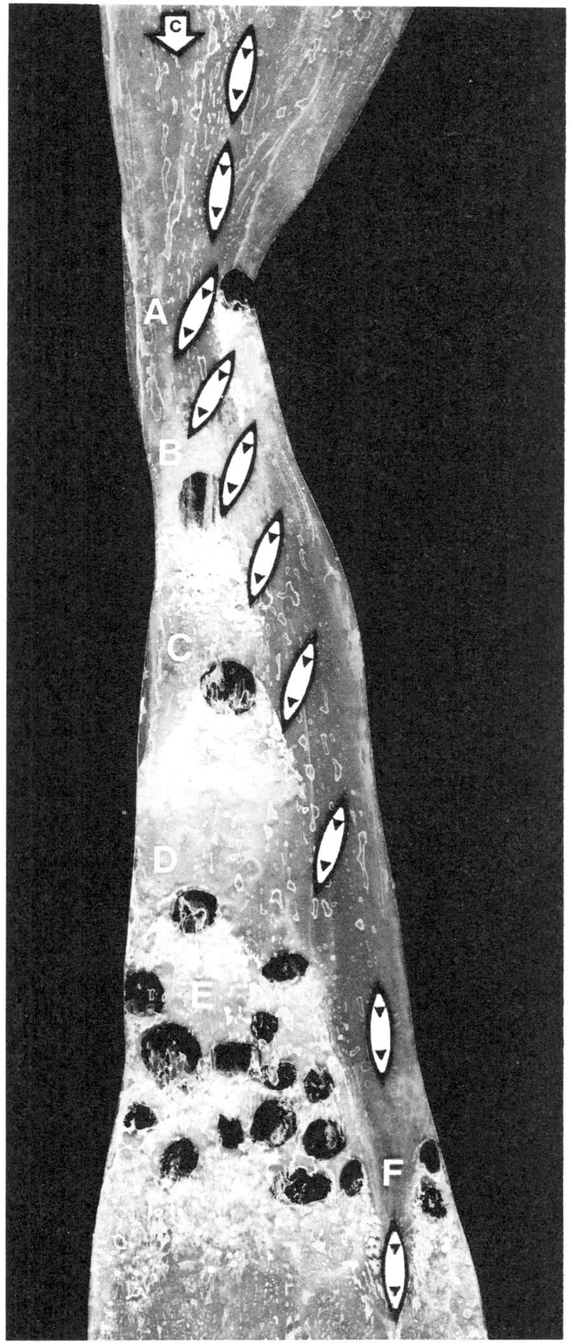

Seilfähre rückwärts zu Ein- und Ausfahrt des Kehrwassers

In flachen, verblockten Schnellen ist diese Methode u.U. allen anderen vorzuziehen. Die Nase des Canadiers zeigt ständig stromab, und in keinem Falle kommt er breitseits. In sehr schnellem, tiefen Wildwasser ist dieses Manöver jedoch nicht wirksam genug, um ein schwierig anzulaufendes Kehrwasser zu erwischen. Angenommen, der Vordermann paddelt links, das Kehrwasser ist rechts. Obwohl wir das Boot nach rechts dirigieren wollen, fährt der Vordermann einen Rückwärtszug, um den Bug links ausschwenken zu lassen. Auf diese Weise kommt das Heck ebenfalls mittels eines Rückwärtszuges näher an den Felsen und an das Kehrwasser heran. Durch das so angewinkelte Heck und mittels kräftiger Rückwärtsschläge wird die Fahrt gebremst. Die Strömung versetzt uns im Seilfähreneffekt in Richtung Kehrwasser. Knapp neben dem Block legen wir uns nochmals ins Zeug, und das Heck überschreitet die Scherlinie.
Dem folgt der Bug. Ganz so einfach, wie es sich anhört, ist es jedoch nicht. Den Ausschlag gibt die Geschwindigkeit des Hauptstroms und die Kraft der Rückwärtsschläge.
Die Ausfahrt gelingt mit einem Hebel am Heck, der dieses in den Hauptstrom bringt. Der Vordermann muß sich aber beeilen, den Bug mittels eines Zuges ebenfalls dort hineinzubekommen – sonst dreht sich der Canadier sofort. Wenn der Bug zuerst in den Hauptstrom geschoben wird, drückt ihn dieser zwangsläufig zurück ins Kehrwasser. Das Boot wird so weit wie nötig in den Strom hineinversetzt, und die Reise geht weiter.

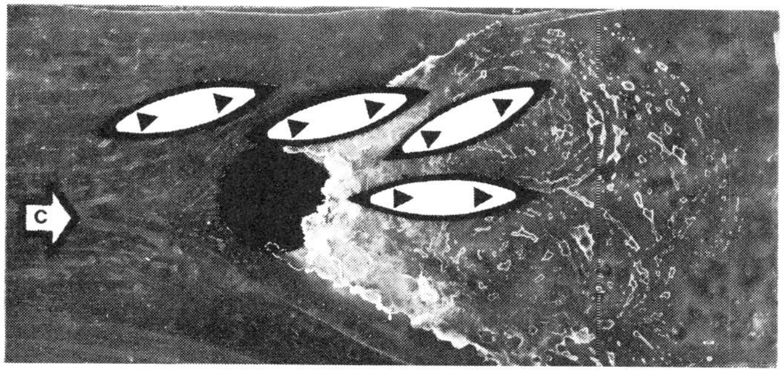

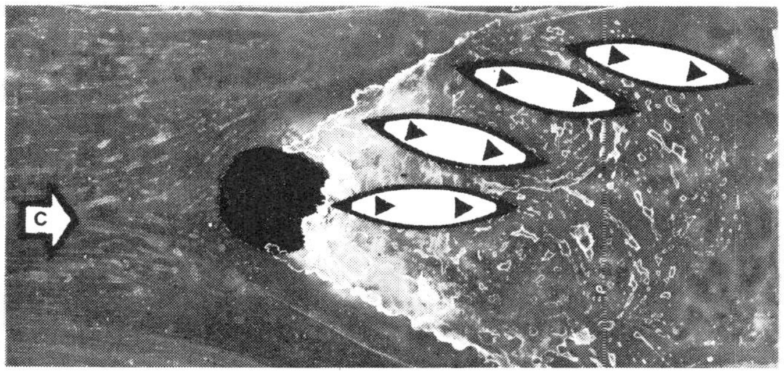

Schräg zur Strömung fahren

Nach all dem bis jetzt Gelesenen und Geschehenen ist es an der Zeit, von dem Grundsatz abzulassen, nach dem die Bootsnase – außer bei Seilfähre oder Anfahren eines Kehrwassers – immer in Stromrichtung ausgerichtet sein muß. Ich habe mich jahrelang daran gehalten, bis ich gesehen habe, wie die Wildwasser-Experten im Stromzug ihre Boote angewinkelt fahren. Diese Methode erlaubt dem Hintermann, an seinem Partner vorbeizuspähen – und die nötigen Maßnahmen eher einleiten zu können. Diese Methode gilt vor allem, wenn ein erfahrener Steuermann mit einem Anfänger paddelt – ebenso für das Führungsboot, wenn in der Gruppe gefahren wird. Ich war sofort davon überzeugt, nachdem ich es einmal ausprobiert hatte und ebenfalls mit unerfahrenen Leuten im Bug unterwegs war. Inzwischen ist mir diese Methode so in Fleisch und Blut übergegangen, daß ich sie auch mit einem guten Partner im Bug anwende. Ein Beispiel: Man fährt einen anspruchsvollen Wildwasser-Abschnitt mit einer komplizierten Fahrrinne. Der Kollege oder die Kollegin im Bug hat keine Erfahrung im „Lesen" von Wildwasser. Einen Überblick über das Vorausliegende zu gewinnen, ist aber recht schwierig. Also heißt es, um sich bessere Sichtmöglichkeiten zu verschaffen, das Boot anzuwinkeln.

Zuerst hebelt man das Heck nach links (siehe Diagramm) und informiert die Frau oder den Mann im Bug über das, was man vorhat. Rechts voraus tauchen Felsblöcke auf, doch weiter links scheint sich eine gute Fahrrinne aufzutun. Also fährt man eine Seilfähre rückwärts. Das geht automatisch durch das Rückwärtspaddeln – das Boot steht bereits schräg zur Strömung. Der Canadier befindet sich jetzt in der Fahrrinne. Man läßt ihn weitertreiben – doch immer noch schräg zur Strömung. Dann taucht eine üble, verblockte Ecke auf – diesmal links. Aber rechts scheint alles klar zu sein. Dummerweise verstellt der Partner den Blick nach vorne. Also heißt es, den Winkel des Bootes ändern. Der Hintermann zieht einen Schlag, der Vordermann hebelt oder drückt. Der Bug dreht sich nach links. Der Rücken des Partners und das Sichthindernis wandert mit ihm aus, und es wird klar: Rechts geht's weiter. Also legen sich beide mit scharfen Rückwärtsschlägen ins Zeug. Wieder kommt die automatische Seilfährenposition. Der Canadier gleitet nach rechts in die Fahrrinne hinein.

Mit diesem System kann man im schnellen Wasser eine ganze Menge bewerkstelligen, und das auch mit einem Novizen oder einer Novizin im Bug. Und wenn zusätzlich ein einladendes Kehrwasser kreist, dann reichen ein paar schnelle Schläge, eine Anweisung an den Partner nach vorne; ein Konterschlag vorne, ein ordentlicher Ausleger hinten, und man hat Zeit, das nächste Manöver zu überdenken und zu besprechen.

Eine andere Methode, den Canadier quer zum Strom auf die gegenüberliegende Seite zu bringen, ist die S-Fähre. Es ist zwar ein ausgesprochenes Rennsport-Manöver, doch es gibt Augenblicke…

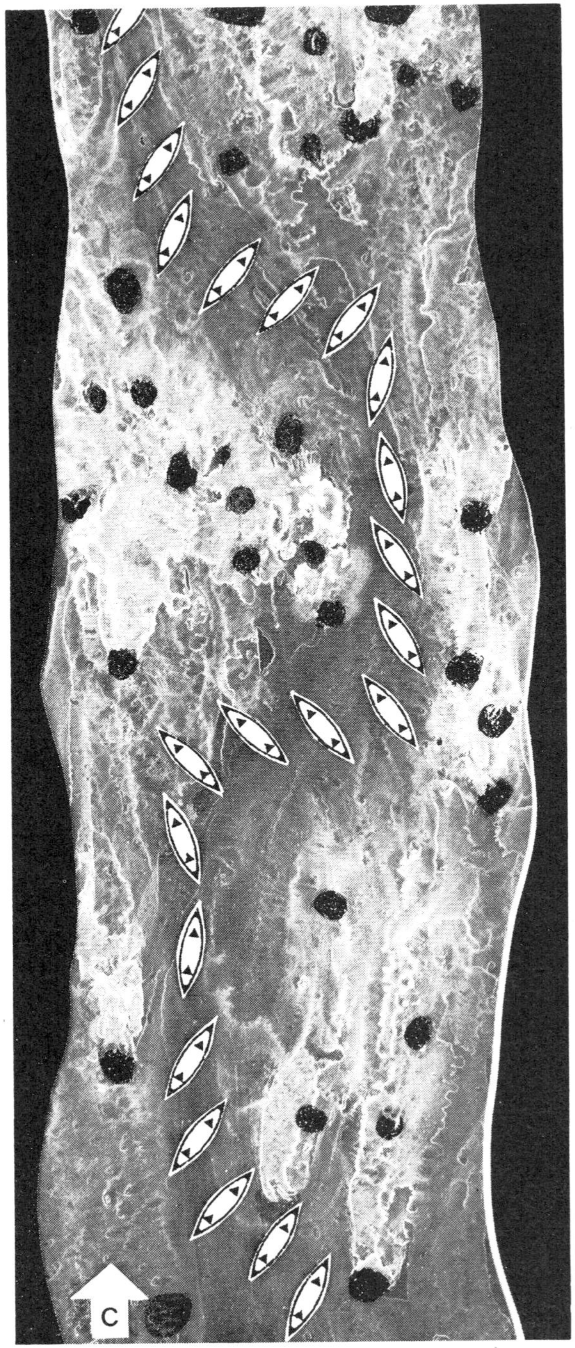

Angenommen, man befindet sich im Kehrwasser A, die Bootsnase stromauf gerichtet. Aber man will in das Kehrwasser B. Dazwischen liegt sehr schnelles, aber hindernisfreies Wasser. Also „powert“ man aus dem Kehrwasser A schräg stromauf. Der Bug wird von der Strömung abgedrängt.
Man paddelt weiter mit allem, was man im Leib hat – inzwischen breitseits zur Strömung. Wenn der Bug das Kehrwasser B erreicht hat, wird das Heck automatisch herumgedrückt, und die Bootsnase zeigt wieder stromauf. Der Kurs beschreibt dabei ein flaches S (siehe Diagramm). Die Gefahr liegt in der Breitseits-Position. Also ist es wichtig, daß keine Felsblöcke Unheil heraufbeschwören können. Sowohl die Strom- wie auch die Eigengeschwindigkeit müssen richtig eingeschätzt werden. Normalerweise ist eine Vorwärtsfähre sicherer.

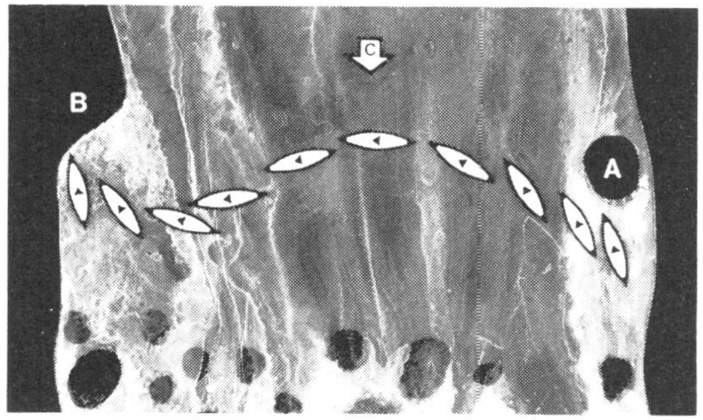

Wildwassermanöver als Solofahrer

In mancherlei Hinsicht ist man allein im Boot besser dran als zu zweit. Man braucht nicht auf den Partner zu achten; man kontrolliert das Boot allein und macht seine Fehler allein. Ein weiterer Vorteil, vor allem im offenen Canadier, ist der Tiefgang. Das Boot hat mehr Freibord. Ich jedenfalls fahre lieber gefährliches Wildwasser allein als mit einem Partner, von dem ich nicht so recht weiß, wie er reagieren wird. Wenn ich dagegen von der Kompetenz der Vordermannes überzeugt bin, agiere ich lieber zu zweit. Zwei Fahrer besitzen die doppelte Kraft, die zweifachen Kontrollmöglichkeiten und können auf beiden Seiten einen Ausleger fahren.
Wer allein fährt, begeht dagegen keine Sünde, wenn er die Paddelseite wechselt und nicht nur Überkreuzschläge, sondern auch Hebel an der „anderen" Seite ansetzt. Leider gibt es dabei keinen Ersatz für einen kraftvollen Bogenschlag, der einen durch die Strömung in ein Kehrwasser hineinbringt.

Seilfähre rückwärts solo

Sie ist allein schwieriger als im Tandem zu fahren. Erst einmal muß man den Rückwärtszug wie auch den Hebel aus dem Effeff beherrschen. Die Situation: Man befindet sich in einem Kehrwasser am rechten Ufer mit stromab gerichteter Bootsnase. Rechts ist der weitere Weg durch Hindernisse blockiert. Am linken Ufer ist jedoch eine klar ausgeprägte Stromzunge zu sehen. Es gilt also, das Boot und sich selbst ans linke Ufer zu bringen, ohne dabei flußabwärts gespült werden. Die Lösung ist eine Seilfähre rückwärts. Die Wahl besteht zwischen einem Rückwärtszug links und einem Rückwärtshebel rechts. Angenommen, man wählt den Rückwärtszug links:
Zu Beginn rutscht man zur Mitte, damit das Heck höher im Wasser liegt. Es folgt der hinten angesetzte Rückwärtszug. Knapp nachdem das Heck aus dem Kehrwasserbereich herauskommt, folgt der Bug. Dabei muß das Timing genau stimmen. Wenn nicht, dann flutscht das Heck herum. Nun heißt es hart reinschlagen, um den Canadier im richtigen Winkel gegen den Strom zu halten – ihn nicht mit ihm abfallen zu lassen und ihn trotzdem seitwärts zu versetzen. Am Ende des Rückwärtszuges mag hin und wieder ein umgekehrtes „J" zur Korrektur beitragen. Der Strom tut das seinige hinzu. Wenn der Canadier sich in der richtigen Position oberhalb der Stromzunge am linken Ufer befindet, geht man in die Grundschläge über.
Dieses Manöver hat natürlich seine Tücken. Ein zu tief im Wasser liegendes Heck bedeutet, daß das Boot rückwärts in den Steingarten rechts gespült wird; ein falscher Winkel könnte es sogar breitseits dazu drehen. Man muß schon viel Übung haben und sich seiner Sache sicher sein, um den Vorgang reibungslos zu gestalten.

Solo-Einfahrt ins Kehrwasser

Angenommen, man fährt Wildwasser und paddelt auf der rechten Seite. Weiter angenommen, links taucht ein Fels auf und man nutzt sein Kehrwasser aus. Im gegebenen Augenblick wechselt das Paddel nach links, der Fahrer beschleunigt und peilt den Felsbrocken an. Jetzt kommt es darauf an, so nahe wie es geht, den Bug am Felsen vorbeizubringen, nach dem letzten Grund-/Treibschlag das Paddel parallel zur Bordwand rasch nach vorn zu ziehen und unverzüglich einen hoch angesetzten Ausleger zu fahren, während der Bug das Scherwasser quert. Das Boot versucht zwar, nach rechts weiterzutreiben – aber es kann nicht, da es nach der Innenseite der Drehung gekantet ist, und weil es vom Paddel mit dem ganzen Gewicht des Fahrers gebremst wird. Sobald der Bug sich im ruhigen Wasser befindet, wird das Heck automatisch herumgerissen, und das Boot dreht sich stromauf ins Kehrwasser. Ein aus dem Ausleger heraus folgender Grund-/Treibschlag schließt das Manöver ab, und man kann sich in Ruhe die nächsten Schritte überlegen.

Solo-Ausfahrt aus dem Kehrwasser

Das Paddel befindet sich immer noch auf der linken Seite, und man treibt das Boot stromauf in die Scherströmung, worauf sofort ein Stromab-Ausleger folgt. Man muß draußen sein, bevor die Hauptströmung am Bug angreift, sonst ist eine Stromaufkenterung unvermeidlich. Während der Strom den Bug herumzieht, hält man das Heck mittels eines Rückwärtsbogenschlages im Kehrwasser. Wenn das Kanu

quer zum Hauptstrom steht, dann ist das Paddel vorn am Bug, und der Treib-/Grundschlag kann angesetzt werden. In jeglicher Art Wildwasser ab Grad II sind Kehrwasserschleifen ein Muß.
Viele Kanuten wollen die Paddelseite nicht ändern. Sie laufen das Kehrwasser mittels eines harten Bogenschlages an und gehen mit dem Paddel über den Bug zum Übergreifen, wenn dieser ins Scherwasser einfährt. Mittels dieses Schlages kommen sie auch wieder heraus.

Einfahrt in ein Kehrwasser

Ausfahrt aus einem Kehrwasser

Seilfähre rückwärts

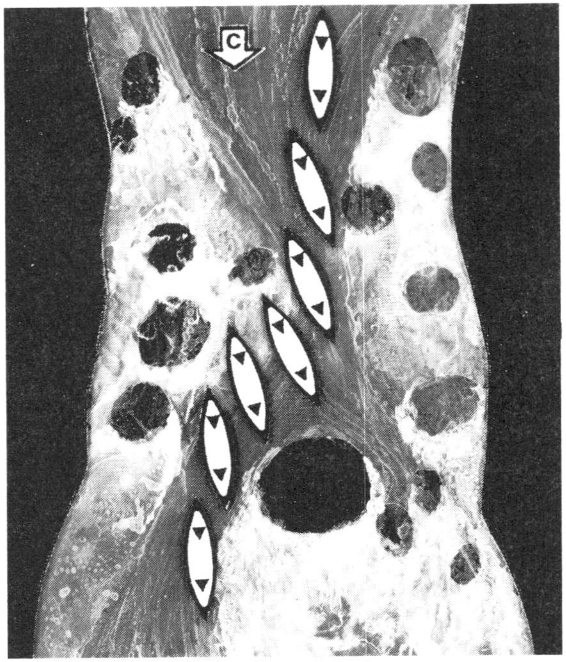

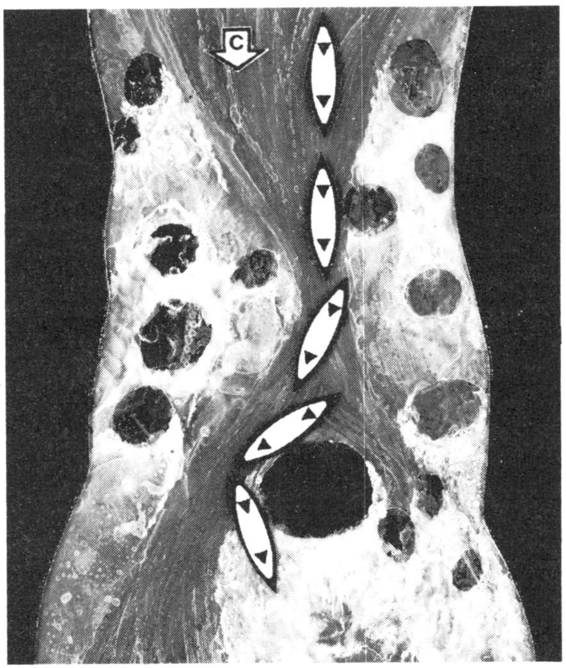

Was bei der Seilfähre rückwärts schiefgehen kann

Selbst auf die Gefahr hin, die geneigte Leserschaft zu langweilen: Meistens ist es ein zu tief im Wasser liegendes Heck, das die Probleme schafft. Was auch immer der Grund sein mag – einmal hat man's womöglich beachtet, beim zweitenmal schon wieder vergessen, und die Seilfähre klappt nicht.
Kürzlich standen wir am Rand einer Schnelle, garniert mit einem mächtigen Block mitten im Stromzug. Vom rechten Ufer mochte man meinen, die Strömung teilte sich in zwei Arme. Die rechte Rinne sah ganz passabel aus, die linke war schlecht einzusehen – aber wir mußten durch einen Engaß anfahren, der direkt auf den Felsklotz zulief. Uns war klar, daß nur eine mit aller Kraft gefahrene Seilfähre rückwärts helfen würde, die Rinne ohne Ankratzen des Felsens zu erreichen. Naturgemäß ließen wir die nicht einzusehende linke Möglichkeit außer acht, fuhren unsere Rückwärtsfähre und passierten problemlos den Koloß in der Flußmitte (Diagramm 1). Das zweite Boot – dessen Heck zu tief im Wasser lag – schaffte das jedoch nicht, und die beiden Insassen hieben herein, als ginge es um ihr Leben. Der Rückstau vor dem Fels rettete sie. Sie „powerten" nach rechts hinüber und fuhren einen Kreuzschlag – Zentimeter am Umschmiß vorbei (Diagramm 2). Sie meinten, der Hauptstrom habe sie gelinkt. Es dauerte, bis ich sie davon überzeugen konnte, daß der hecklastige Trimm ihres Bootes der Grund gewesen war, der beinahe zum Desaster geführt hatte.

Landung in vollem Stromzug – u.U. eine Sache auf Leben und Tod

Während der Arbeiten an der Lehrfilmserie „Path of the Paddle" erlebten wir eine haarsträubenden Situation auf dem aus dem Algonquin-Park kommende , hochwasserführenden Petawawa. Normalerweise sieht man nur hin und wieder auf diesem Fluß Kanufahrer, doch an jenem langen Wochenende paddelten erstaunlich viel dort herum. Sie paddelten in allen möglichen Arten von Kanus – darunter nicht wenige, denen ich mich nicht einmal im Hallenbad anvertraut hätte. Fürs Wildwasser jedenfalls waren viele der Fahrzeuge nicht im geringsten geeignet.
Wir hatten eben an einer mehr als turbulenten Schnelle un-

sere Kameras eingerichtet, als flußabwärts ein ganzer Schwarm von Booten auftauchte. Die „Kanuten" peilten einen Landeplatz oberhalb der Schnelle an. Doch als das erste Kanu herankam, sahen wir, daß es die Besatzung nicht schaffen würde. Das Folgende würde sehr interessant werden...

Wir sahen den Bug ans Ufer stoßen und das Heck im Stromzug herumwirbeln. Der Mann im Bug ließ das Paddel fahren und klammerte sich irgendwo fest, während sein Partner sich nur noch festhielt. Mit mehr Glück als Verstand bewerkstelligten sie dann doch noch die Landung. Das zweite Boot schoß heran und brachte die gleiche haarsträubende Landung ein paar Meter unterhalb mit noch mehr Glück zustande. Zwei weitere Boote erreichten – ich weiß nicht wie – weit oberhalb das Ufer, aber da war ja wenigstens Platz genug.

Das fünfte Boot schaffte es nicht. Auch sein Bug knallte in die Böschung. Der Mann im Heck verlor die Balance und brachte es zum Kentern. Er landete im eisigen Wasser, seine Frau ebenso. Wir rannten hin, doch sie wurden in die Hauptströmung hineingerissen, und ein gutes Dreiviertel der Stromschnelle hinunter. Dort trieben sie in einem Kehrwasser herum. Es war kein gefährlicher Saugwirbel, aber die Gegenströmung verhielt sich so, daß sie nicht herauskamen. Der Kälteschock machte sich bemerkbar. Mein Kameramann Ken Buck und ich leiteten die Rettung ein. Ich trug einen Neopren-Anzug und konnte mit einer Rettungsleine zu ihnen schwimmen, wonach Ken sie herauszog. Durch die Kälte und den Schock waren sie total erschöpft, doch erholten sich bald wieder.

Es war das erste von fünf weiteren Booten, denen wir an jenem Wochenende aus der Patsche halfen. Später hörten wir, daß eine ganze Anzahl weiterer „Kanuten" ganz knapp an der Katastrophe vorbeigeschrappt war...

Am darauffolgenden Tag hatte Ken das zweifelhafte Vergnügen, den oben erwähnten, unfreiwilligen Schwimmer samt Gattin ein zweites Mal zu retten, diesmal per Canadier. Danach hörten wir, daß sie noch ein drittes Mal gekentert waren, bis endlich eine Brücke in Sicht kam und sie entnervt aufgaben.

Wir fanden heraus, daß die meisten Boote gekentert waren, weil diese Leutchen nicht imstande waren, mit ihrem Boot im Stromzug anzulegen. Doch damit nicht genug: Es sollte zu einem Unfall von noch größerer Tragik kommen. Er er-

eignete sich am vorletzten Tag unserer Dreharbeiten.
Wir kampierten direkt unterhalb eines Wildwasser-Abschnittes, als ich mit einem Eimer Wasser vom Fluß heraufkam und zu Ken Buck sagte: „Ich hab da ein Stück orangefarbiges Zeug gesehen. Sieht nach einem Rucksack aus, der irgendeinem armen Teufel über Bord gegangen ist. Ich hol ihn raus, ehe er absinkt.“ Doch als ich näher herankam, setzte mein Herzschlag aus: Der vermeintliche Rucksack war eine Schwimmweste, und der weiße Fleck darin war das Gesicht eines Mannes. Für den Bruchteil einer Sekunde stand ich wie gelähmt. Dann rief ich Ken zu, er solle sofort mit einem zweiten Kanu kommen und den Jungs oben Bescheid geben, sie möchten ein Riesenfeuer machen und die Schlafsäcke ausrollen. Es kam noch ein anderer Kanute den Fluß herunter, der den Mann kurz nach mir erreichte. Zuerst versuchten wir, den Verunglückten aus dem eisigen Wasser in mein Boot zu ziehen. Doch bei diesem Manöver schlug es voll. Ken, der inzwischen ebenfalls eingetroffen war, begann noch im Wasser mit der Mund-zu-Mund-Beatmung. Wir zogen den Mann in das zweite Boot und paddelten mit ihm ans Ufer. Ken fuhr mit der Beatmung fort, während wir ihn zum Feuer trugen und in die Schlafsäcke wickelten. Trotz unserer stundenlangen Bemühungen und obwohl sein Partner bald ebenfalls auftauchte und trotz seines Schocks mithalf, blieb alle Mühe vergebens.
Später am Abend, als der Tote in einem Schlafsack etwas weiter weg unter einem Baum lag, erzählte uns sein Freund von ihren Versuchen, oberhalb der Schnellen anzulegen. Wie üblich knallte der Bug unkontrolliert ins Ufer. Der Vordermann sprang raus, aber sein Partner fiel über Bord und wurde in das Wildwasser hineingerissen. Das Resultat hätte nicht tragischer sein können...

Wildwasser-Fahren ist ein kalkuliertes Risiko. Ein gewisses Gefahrenmoment ist dabei nicht auszuschalten. Trotzdem sind wir – und viele, viele andere – von dieser Sportart fasziniert. Können und Kenntnis sind zwei Voraussetzungen, um die Risiken entscheiden zu verringern und auf ein annehmbares Maß hinuterzuschrauben. Boote mit entsprechendem Design, gute Schwimmwesten und ggfls. Neopren-Anzüge können die Unsicherheitsmarke noch weiter hinunterdrücken. Trotzdem ist es nicht möglich, das Risiko ganz auszuschalten. Und wäre das Gefahrenmoment vollständig zu eliminieren, wäre ich mir immer noch keinesfalls sicher, ob sich alle Kanuten damit einverstanden erklären würden...

Anlegen im Strom

In Nordamerika ereignen sich immer wieder Tragödien, bei denen Menschen auf einer Flußtour in Katarakten und Wasserfällen ertrinken, mit denen sie überhaupt nichts im Sinn hatten. Ein paar Kenntnisse mehr, ein wenig Übung, und das schlimme Schicksal wäre ihnen und ihren Angehörigen erspart geblieben. Als wir z.B. eine Reihe von den Wochenend-Kanuten befragten, warum sie sich ausgerechnet unter diesen gefährlichen Hochwasser-Bedingungen auf den Petawawa River gewagt hätten, antworteten die meisten: Sie hätten sich durchaus erkundigt, und man hätte ihnen gesagt, eine Befahrung würde schon in Ordnung gehen, soweit sie genügend Vorsicht walten ließen. Kein Ratschlag ist gleichzeitig so gut gemeint und so unnütz. Was sollen der erhobene Zeigefinger und eine solche Empfehlung, wenn man sein Boot nicht oberhalb einer gefährlichen Passage landen kann? Der Mann und die Frau, die dreimal aus dem Fluß gezogen wurde, wollten keine einzige Schnelle befahren und konnten sich nicht viel vorsichtiger verhalten. Ihnen fehlte das Können – und nicht die Obacht. Ratschläge, die sicher gut gemeint, aber sonst nichts sind, helfen überhaupt nicht weiter.

Auch aus diesem Grunde mache ich meine Filme und habe ich dieses Buch geschrieben: um allen Freizeitkanuten eine Meßplatte in die Hand zu geben, an der sie ihre Fähigkeiten ablesen können. Wenn eine Leserin, ein Leser herausfindet, daß er nicht dazu in der Lage ist, einen geraden Kurs zu steuern, auf der Stelle zu drehen, das Boot zu versetzen oder sicher anzulegen, dann ist sie oder er noch nicht soweit, einen Hochwasser führenden, mit Stromschnellen gespickten Fluß zu fahren. Wer keine Kehrwasserschleife schafft oder die Seilfähre nicht beherrscht, der sollte die Finger von allem lassen, was schwerer als Wildwasser I ist. Solange diese Grundkenntnisse nicht hundertprozentig sitzen, solange dürfen solche Leute keine Gruppen von Anfängern und erst recht nicht von Kindern führen – solange auch nur eine einzige Stromschnelle auf dem Kurs liegt.
In einem meiner Filme, „Wildwasser-Solo“, gibt es eine Szene, die in einem extrem wilden, gefährlichen Flußabschnitt spielt, in einer Kette von Schnellen mit einer ausgedehnten und mit vielen Blöcken „garnierten“ Anfahrt. Schon in dieser Anfahrt gewinnt der Fluß unheimlich an Rasanz; dann verengt er sich und rast in eine enge Kehre, wo er in einen weißschäumenden Kessel abfällt. Das Wasser in diesem Kessel ist so sehr mit Luft durchsetzt, daß ein offener Wander-Canadier sofort vollschlagen würde, selbst wenn er ihn aufrecht erreichte.
Als wir die Boote umtrugen, entspann sich zwischen meinem Kameramann Ken und einem scheinbar Unbeteiligten ein Gespräch. Der Fremde erzählte Ken, daß er kürzlich, als sie den Fluß hinunterpaddelten, es eben noch ganz knapp zum Ufer geschafft habe, bevor er durch die Schnelle gespült wurde. Doch er hatte vier Kanus mit Kindern als Besatzung geführt! Alle vier Kanus waren an der letzten Landemöglichkeit vorbeigeschossen, und alle vier waren gekentert. Wie auch immer – die Kinder hatten riesiges Glück und überlebten.
Was aber Ken am meisten aufbrachte, war die Tatsache, daß der Kerl das Ganze mit einem lächelnden Achselzucken abtat und womöglich noch stolz darauf war. Mir indessen lief es kalt über den Rücken, als Ken mir davon erzählte.

Falsches Anlanden

Angenommen, man nähert sich einer problematischen Schnelle und entschließt sich zum Anlegen. Dabei gelangt der Bug in das langsamere Wasser am Ufer, während das Heck in der schnelleren Strömung zur Flußmitte hin verbleibt. Es versetzt sich immer weiter dorthin – trotz aller Gegenmaßnahmen (Abb. 2). Der Vordermann springt raus und hält fest (Abb. 3). Dabei steigt das Vorderschiff auf, und das Heck sinkt tiefer ins Wasser. Der Bug wird zum Drehpunkt, während das Heck weiter herumgezogen wird. Das Ganze wird bei dieser Gewichtsverteilung zum Balance-Akt (Abb. 4). Wer dann auch noch am Süll rand Halt sucht, statt einenStromab-Ausleger zu machen, verschlimmert die Situation weiter (Abb. 5). Breitseits zu den Wellen ist das Boot sehr wackelig und eine Kenterung wahrscheinlicher als nicht.
Sollte eine schlimme Situation wie die hier beschriebene eintreten, hilft nur, schnell nach vorne zu rutschen und das Boot mit dem Ausleger stromab zu stabilisieren, bis der Canadier sicher am Ufer liegt (Abb. 6).

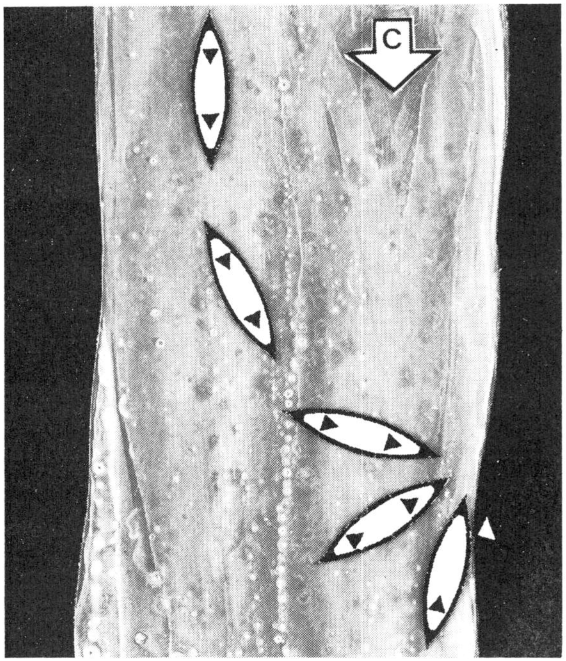

Richtiges Anlegen

Bei diesem Beispiel ist das linke Ufer zum Landen gewählt worden. Der Vordermann – statt wild in die angepeilte Richtung zu paddeln – drückt den Bug nach rechts. Aus dieser Position läßt sich leicht seine Seilfähre rückwärts fahren. Der Canadier nähert sich unter kräftigem Rückwärtspaddeln mit dem Heck zuerst dem Ufer. Er fährt dabei in die langsamere Uferströmung ein. Der Bug wird vom stärkeren Strom zur Flußmitte hin an Land geschoben, ohne daß der Vordermann etwas dazu tun muß. Dann sucht der Hintermann irgendwo festen Halt. Erst jetzt handelt der Vordermann und hält das Boot ebenfalls am Ufer. Dabei muß er darauf achten, den Bug nicht zu nahe heranzuziehen; sonst zieht der Hauptstrom das Heck wieder herum. Der Hintermann steigt rasch als erster aus und stabilisiert, damit auch der Partner das Boot verlassen kann. Doch das ist schon fast die Eleganz der Hohen Schule, was Landungen im Canadier angeht.

Normalerweise landet man mit der Nase stromauf, und wieder einmal gilt es, die Strömung zu nutzen. Das Manöver muß vorsichtig gefahren werden! Wenn der Bug die langsame Zone erreicht, wird das Heck automatisch herumgezogen. Wenn die Drehung beendet ist, drückt sich der Vordermann fest ans Ufer, steigt aus und hält fest – bis sein Partner ebenfalls das Boot verlassen hat. Umgekehrt klappt es aus einleuchtenden Gründen kaum.

Bei schwächerem Strom läßt man sich ganz einfach schon in der Flußmitte quer- und herumtreiben und paddelt im spitzen Winkel stromauf ans Ufer heran. Das ist die absolut sichere und normale Wanderpaddler-Technik. Doch immer ist es der Insasse in der Stromauf-Position, der zuerst aussteigt. Wenn dann noch etwas gesunder Menschenverstand hinzukommt und einem die Zusammenhänge des Strömungsverhaltens klar sind, dürfte kaum noch etwas schiefgehen. Wo es nur geht, sollte man sich der Hilfe des Stromes versichern – auch, um ein besseres Gefühl für das Element Wasser zu bekommen. Wer sein Boot mit der Nase stromauf um 180° herumdrehen will, ziehe oder drücke den Bug einfach vom Ufer weg in den Stromzug hinein. Der Vordermann lehnt sich in einem hoch angesetzten Ausleger stromab. Der Hintermann hält das Heck am Ufer mit einem Rückwärtszieher, bis die Drehung beendet ist. Das ist dann das Anlegen.

Nochmals: Anlegen mittels Seilfähre rückwärts

Der Partner – die Partnerin

Die Fehler des Partners in schweren Stromschnellen zu korrigieren (ich belasse es hier bei der maskulinen Form, was jedoch den anmutigeren Teil der Besatzung nicht ausschließt), ist mitunter sehr problematisch. Es kommt immer wieder vor, daß man mit jemandem paddelt, der doch nicht so geübt ist. Wenn man das spät in anspruchsvollem Wildwasser herausfindet, hilft nur Tragen, Alleinfahren – oder sich mit den Möglichkeiten des Kollegen abzufinden.
Nicht nur deshalb ist es wichtig, ein paar Proberunden zu fahren. Vor allem aber, wenn Wildwasser auf dem Programm steht, darf man das Ergebnis nicht dem guten Willen des Partner überlassen.
Sei's drum. Es gab und gibt Situationen, wo man nur noch das Beste draus zu machen versuchen kann. Eine Möglichkeit ist, den Anfänger hinter den Vordersitz zur Bootsmitte hin knien zu lassen. Selbst kniet man dabei vor dem Achtersitz in der besprochenen stabilen Dreipunktauflage. Oder man rutscht wegen des besseren Trimms noch weiter nach vorn (je nachdem, wo die Duchten angebracht sind), um einen besser akzentuierten Drehpunkt zu erreichen, um mit dem Paddel weiter vorne arbeiten und mögliche Fehler des Vordermanns kompensieren zu können. Die Fehlerfolgen sind dann weniger gravierend, und der Partner merkt schneller, auf was es ankommt. (Deshalb ist dies auch eine hervorragende Unterrichtsposition fürs Wildwasser-Fahren). Sie hat die gleichen Vorteile, wenn der Lehrgangsleiter direkt *vor* dem Anfänger vor der Bootsmitte kniet. Hier kann der Trainer mit dem Paddel hinter den Drehpunkt zurückgreifen und alle möglichen Fehler korrigieren. Er kann sowohl Bug- als auch Heckschläge anbringen und damit den Novizen auf seine Unfertigkeiten aufmerksam machen. Ich bin immer wieder erstaunt, warum Kanu-Schulen sowenig Gebrauch von dieser Sitzposition machen.
Doch zurück von meiner Absicht, Sie – liebe Leserin oder lieber Leser – samt überfordertem Partner erstmal durch die Schnelle durchzubringen. Zuvor heißt es, den Unterschied zwischen guten und schlechten Vorderleuten zu erkennen. Es ist durchaus möglich, daß einer alles weiß und alles kennt und immer noch ein miserabler Wildwasser-Fahrer ist. Außerdem gibt es Vorderleute, die die Probleme des Hintermannes einfach nicht abschätzen können. Sie machen es ihm mitunter unmöglich, das angestrebte Manöver zu fahren. Der Unterschied zwischen einem guten und weniger gu-

ten Vordermann ist sehr subtil und nicht leicht zu erklären. Zuerst einmal bestimmt der Vordermann den genauen Kurs, denn er hat eine viel bessere Übersicht. Der Hintermann sieht nämlich alles aus einem flacheren Winkel (je weiter, desto flacher). Darüberhinaus befindet sich im Wildwasser der Partner im Bug näher am Geschehen. Er sieht das Wasser direkt vor sich. Selbst wenn der Steuermann im Achterschiff den Grundkurs bestimmt, ist es sein Partner, der versteckte Hindernisse als erster erkennt und ihnen ausweichen muß.

Angenommen, es soll eine Schnelle mit mäßigem Schwierigkeitsgrad gefahren werden. Der Hintermann geht sie vorsichtig und langsam mit einem ständigen Brems-(Rückwärts-)Schlag an – um mit Bedacht den Kurs wählen und das Boot in Position bringen zu können. Der Vordermann will am Block A rechts vorbei. Mit Zug- oder Druckschlägen schafft er das.

Aber der Mann im Heck touchiert oder bumst gar dagegen. Der Vordermann dreht sich vorwurfsvoll um und fragt sich: „Was ist denn das für einer, daß der das nicht geschafft hat, was mir doch so leicht fiel...?“ Was der Gute dabei nicht begriffen hat, ist die Tatsache, daß ein rückwärts gepaddelter Canadier langsamer ist als die Flußgeschwindigkeit des Flusses. Hinzu kommt der seitlich angreifende Effekt der Strömung – wenn das Boot im Winkel zum Stromzug steht. Dieser seitliche Druck ist nicht unbeträchtlich. Er entfällt dann, wenn das Fahrzeug genau in der Achse im Stromzug ausgerichtet ist.

Mit seiner Entscheidung, rechts vorbeizufahren – ohne frühzeitig genug etwas zu sagen – winkelt der Bugpaddler den Canadier an. Die rechte Bordwand wird vom Strom angegriffen. Der Strom schiebt das Heck stromab nach links. In dieser Situation muß der Hintermann nicht nur gegen die Strömung arbeiten, um auch das Heck nach rechts am Felsen vorbeizubringen – er muß es darüberhinaus in einem ganz knappen Zeitraum schaffen, da der Stromzug das Achterschiff sehr rasch flußab drückt. Es mag unter Einsatz aller Kräfte des Hintermannes nochmal gut gehen – doch es kostet eine Menge Streß und Energieaufwand.

Wenn jedoch eine größere Stromgeschwindigkeit vorliegt, dann führt kein Weg an einer Kollision mittschiffs vorbei. Die Folge: der Canadier wird festgehalten, neigt sich stromauf, Wasser strömt über das Dollbord herein. Das Boot schlägt voll. Der Wasserdruck wird es wie einen Lappen um den Felsen wickeln. Good bye – schönes Kanu! Dabei denkt

der Vordermann immer noch, sein Partner im Heck trüge die Schuld!

Der wiederum hätte vorher mit dem Mann im Bug über die Problematik der seitlich angreifenden Strömung reden können. Doch da sind soviele Dinge und mögliche Situationen, über die man vorher reden könnte oder müßte... Mitunter ist sich aber auch der Hintermann über die Wirkung des seitlich zupackenden Stromzuges nicht im klaren. Er hat keinen Fehler gemacht und der Mann im Bug auch nicht. Argumente und Gegenargumente können sich über Monate hinziehen.

Und hätten sie eine Säge gehabt, hätten sie – soweit der schlimme Fall des Bootsverlustes nicht eingetreten war – den Canadier auseinandergesägt und aus einem zwei Boote gemacht, um sich für immer aus dem Wege gehen zu können. Kürzlich sah ich, wie eine Frau ihrem Mann einen halben Eimer Wasser ins Gesicht schüttete – nur weil der sich auf dem Lagerplatz immer noch nicht beruhigen konnte, und jeder vom anderen glaubte, einen kapitalen Fehler begangen zu haben.

Bei einer perfekten Teamarbeit wird in der besprochenen Situation eine Seilfähre rückwärts gefahren. Der Canadier gleitet ganz allmählich unter stetigem Rückwärtspaddeln beider Insassen stromab. Wieder entscheidet der Vordermann, rechts am Felsen vorbeizufahren. Doch er dreht den Bug nach links und nicht nach rechts. Er versucht, durch härtere Rückwärtsschläge das Boot weiter abzubremsen und deutete mit seinem Kopf die einzuschlagenden Richtung an. Mit dem Winkel nach links greift der Strom verstärkt auf der linken Seite an und schiebt den Canadier nach rechts in die gewünschte Richtung, ohne daß große Nachhilfe erforderlich wäre.

Der Mann im Heck weiß Bescheid. Er zieht oder drückt nach rechts – mit Hilfe des Stromes ein Kinderspiel. Der Bug kommt gut vom Felsen klar, der Vordermann versetzt ihn weiter, während der Hintermann noch einen Schubs mitgibt. Damit ist das Hindernis ausmanövriert.

Ein guter Vordermann kann dem Partner im Heck das Leben wirklich leicht machen. Mein Sohn Paul und ich haben einen solchen Grad an Übereinstimmung erreicht, daß ich seine Absicht mit der ersten Andeutung errate. Selten muß er mir auch nur ein einziges Wort zurufen. Aber bis man soweit ist, braucht es Zeit!

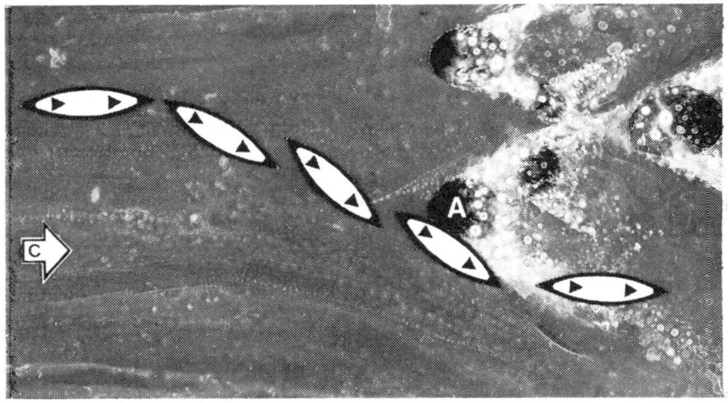

Probleme beim Vordermann

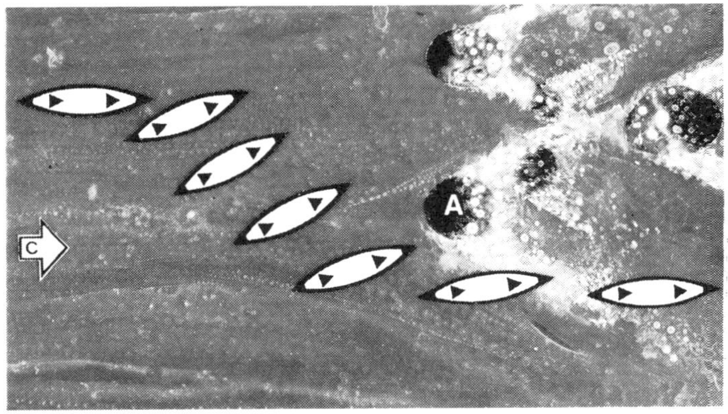

Perfekte Teamarbeit

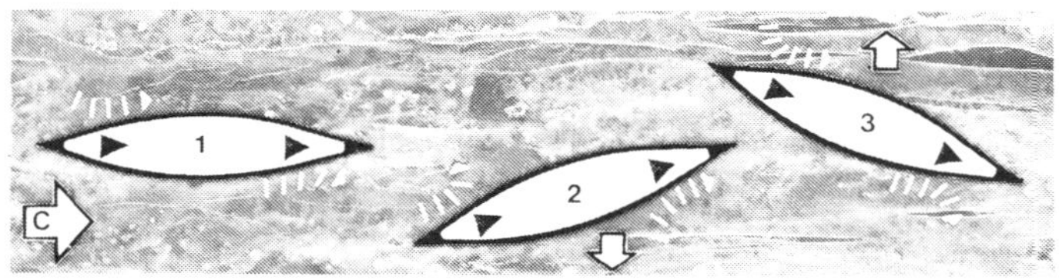

Wenn wir im Familienverband unterwegs sind, paddelt meine Frau Joyce als Steuer"mann" hinter Paul. Meine Tochter Becky ist dagegen meine Bug-Partnerin. Joyce fährt nur Wildwasser, wenn's unbedingt sein muß; im Zeifelsfalle trägt sie um. Aber Paul ist ein solch außergewöhnlich guter Vordermann, daß er Joyce in Schnellen mittlerer Schwierigkeit das nötige Gefühl der Sicherheit vermittelt. Er kontrolliert den Positionswinkel und die Geschwindigkeit und steckt den Kurs ab. Joyce hat die korrespondierenden Manöver gelernt, und mittlerweile geben die beiden ein sehr

Kanusport – Canadierfahren – das sind ein paar Paddelschläge, und der Traum von Freiheit ist Realität . . .

. . . das ist Kanadas schönste Provinz British-Columbia, von der Wasserseite her betrachtet . . .

. . . das sind sommerselige Touren auf solch klaren Gewässern wie Bow, Bowron und Medicine Lake . . .

... das sind aufregende Reisen abseits der ausgetretenen Pfade in Kanada ...

. . . genau wie im wilden Norden Europas, in Lappland.

gutes Team ab. Doch Joyce möchte sich sonst niemandem anvertrauen. Obwohl immer noch keine Wildwasser-Fanatikerin, ermöglicht sie uns, Wildwasser auch im Familienverband zu fahren.
Doch es geht weiter mit dem Teamwork. Die Bug-Kompensation ist ein weiteres Mittel, es dem Mann im Heck leicht oder bei einer Überkompensation extrem schwerzumachen. Es gibt kaum etwas Schlimmeres als einen Vordermann, der ängstlich zuviel des Guten tut oder immer noch weitermacht, selbst wenn die Gefahr vorüber ist. Das passiert bei einem absoluten Frischling im Bug, wenn der Partner im Heck allein den Kurs bestimmt. Das Szenario einer solchen Konstellation könnte wie folgt ablaufen:
Der Canadier fährt in einen Wildwasser-Abschnitt ein, in dem es gilt, dem Felsblock A nach rechts und dem Felsblock B nach links auszuweichen. Der Steuermann drückt das Heck nach rechts und verlangt von seinem Partner einen Zug – ebenfalls nach rechts. Und der – um alles nur gut und richtig zu machen – zieht mit aller Kraft, weiß aber nicht, was kommt. Auch nachdem der Block A passiert ist, zieht er immer noch mit Macht nach rechts, und der Schrei „Mensch, hör auf damit“! hilft nichts mehr. Bis er den Fels B entdeckt und kapiert hat, ist es zu spät. Da hilft weder der gewaltigste Hebel noch der härteste Zieher über'n Bug nach links. Beide Fahrer liegen im Bach, und der Anfänger fragt sich, ob sein Trainer wirklich den Durchblick hat.
Das Gegenmittel ist, aufkommende Probleme zu erahnen. In diesem Fall sorgt der Steuermann dafür, daß der Canadier knapper als zuvor am Block vorbeischrammt, indem er seinem Zögling im Bug erst im letzten Augenblick Anweisung gibt, rechts zu ziehen. Sechs Zentimeter vorbei ist auch vorbei und ist genauso gut wie sechs Meter. Sofort danach wird das Heck angesichts des Blockes B nach links versetzt. Der Partner im Bug erhält die Anweisung, nach links zu ziehen. Er wird das Manöver erfolgreich mitgestalten können, da er sich nicht zu weit rechts befindet. Der Canadier ist gut ausgerichtet und spricht auf Druck/Hebel oder Überkreuzung an.

Ein *guter* Vordermann jedoch versucht, den Bug direkt hinter den Block A zu bringen, was dann das Problem leicht löst, dem Block B ausweichen zu müssen.
Damit nähern wir uns den kleinen Subtilitäten, die den wirklich guten Vordermann ausmachen. Sie bestehen zuerst

Mit dem Bugzieher ins Kehrwasser

einmal darin, den Steuermann bei plötzlich notwendigen Manövern zu unterstützen.
Kommen wir zurück auf die vorher erwähnte Situation: Der Canadier schießt auf den Felsblock A zu; der Mann im Bug sieht ihn erst in der letzten Sekunde. Zu knapp für eine Seilfähre, zieht er nach rechts. Der Bug schrammt eben so dran vorbei. Der Steuermann versucht inzwischen, das Heck nach rechts zu bringen. Doch das ist schwierig, weil die seitwärts einwirkende Strömung die Breitseite auf das Hindernis zu drücken versucht. Doch der Vordermann rettet die Situation, indem er das Paddel direkt hinter dem Block einpflanzt, dem Bug weiter hinüberzieht und so das Boot ausrichtet. Dadurch läßt der Druck auf die Bordwand nach, und der Steuermann schafft den Rest, um die drohende Kollision zwischen Heck und Fels zu vermeiden. Den Bug direkt hinter einen Felsen zu ziehen, ist oft die einzig mögliche Rettung, vor allem, wenn Steingärten mit wenig Wasser passiert werden müssen, in denen kaum Platz für Seilfähren u.ä. bleibt. Hier hat der gute Vordermann seinen großen Auftritt.
Eine komplexe Schnelle langsam anzugehen, ist das A und O allen Wildwasserfahrens mit einem Wander-Canadier und Sache der gesamten Besatzung. Eine Möglichkeit ist das Rückwärtspaddeln. Wer hart genug reindrischt, kann u.U. bei Stromgeschwindigkeiten bis etwa 6 km/h die Fahrt über Grund total stoppen. Mit einem leichten Verkanten des

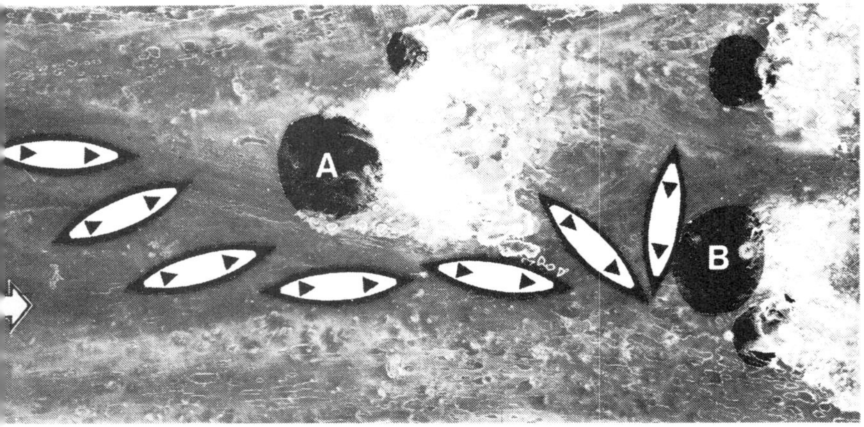

Übertriebene Korrektur des Vordermannes

Korrekte Fahrweise

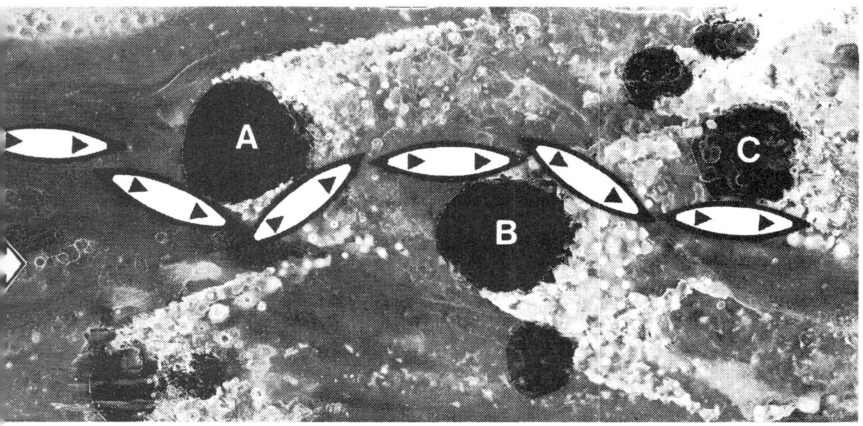

Perfekte Teamarbeit in einer komplizierten Schnelle

Hecks zur Strömung kann man mit dem Boot nach Belieben nach rechts oder links traversieren, um einen Durchschlupf anzupeilen.

Die Voraussetzung sind wirklich aggressive Rückwärtsschläge. Viele Kanuten glauben zwar, rückwärts zu paddeln und treiben, wie es der Grund und die Ufer zeigen, doch nur mit dem Strom. Rückwärtspaddeln muß man in fließendem Wasser üben, und es ist schwieriger, als man es gemeinhin für möglich hält. Denn: je härter man rückwärts schaufelt und je schneller man rückwärts fährt, umso stärker greift der Strom die Bordwand seitlich an – soweit der Canadier nicht hundertprozentig ausgerichtet ist. Und nochmals müssen wir an das womöglich tiefliegende Heck denken, das diese Manöver total vereiteln kann.

Wer es schafft, das Boot in der Strömung durch Rückwärtspaddeln über Grund auf die Geschwindigkeitsmarke Null zu bringen und zu halten, dem kann in diesem Augenblick zumindest nichts passieren. Es bedeutet, sich eine womöglich enorm wichtige Atempause zu schaffen – und über eine im Wildwasser unabdingbare Bootsbeherrschung zu verfügen. Das Anlaufen eines Kehrwassers ist jetzt ein Kinderspiel und eine willkommene Rast in der totalen Anspannung des Wildwasser-Fahrens.

In gemäßigtem Stromzug gelingt es bei guter Beherrschung des Rückwärtsfahrens, aus mancher Sackgasse wieder herauszukommen, um es anderswo erneut zu versuchen. Paul und ich schlichen uns aus mancher bedrohlichen Situation nur durch die rigorose Orientierung nach hinten wieder heraus.

Wie z.B. auf dem oberen Nahanni. Wir schossen eine Kette von Schnellen hinunter, die erst ganz passabel aussahen. Doch nach und nach schienen sich mehr und mehr Felsen zu versammeln; von einer klaren Felsrinne konnte keine Rede mehr sein. Wir wollten eben links an einem Block vorbei und sahen im gleichen Augenblick, daß das der falsche Weg war. Voraus war die Route blockiert, aber der Bug hatte den Block bereits passiert.

Die Möglichkeit einer Seilfähre o.ä. war vertan. Doch wir waren den Abschnitt vorsichtig, d.h. durch stetiges Rückwärtspaddeln, angegangen. Jetzt brauchten wir nur noch unsere Anstrengungen zu verstärken, und der Canadier glitt ganz langsam stromauf zurück, bis der Bug wieder weit genug vor dem Felsen stand, um ein anderes Manöver einzuleiten.

Paul drückte scharf nach rechts; ich tat das meinige dazu, und wir trieben durch die rechte flache Rinne. Paul warf mir einen Blick zu, der wohl sagen wollte: „Wir haben's wieder mal geschafft, aber mit mehr Glück als Verstand." Wäre die Eigengeschwindigkeit des Wassers höher als 6 km/h gewesen, hätte es nicht mehr geklappt. Sechs Stundenkilometer sind die Grenze, gegen die man noch so eben mit Rückwärtspaddeln ankommt.
Theoretisch sieht das so aus: Die Geschwindigkeit des Canadiers über Grund in der Strömung ist gleich der Geschwindigkeit des Wassers, abzüglich der bei der Rückwärtsfahrt entwickelten Geschwindigkeit. Also: Wer sich in einem 8 km/h-schnellen Strom mit 5 km/h rückwärtsbewegt, entwickelt ein Übergrund „Tempo" von 3 km/h. Wer dann noch etwas zulegt und nach viel Training 6 km/h rückwärts schafft, der setzt seine Geschwindigkeit über Grund auf 2 km/h herunter. Das ist nicht viel, aber oft noch mehr als genug. Wer allerdings 8 km/h-schnelles Wasser mit 6 km/h, also mit kräftigem Vorwärtspaddeln fährt, wer hinunterdonnert – der muß eine klare Fahrrinne sehen, sonst...

Kontrolliertes Stromschnellenfahren

Ich kenne eine Reihe von Kanuten, die es darauf anlegen, ohne viel Übung und auf Teufel komm raus Wildwasser zu fahren. Und viele kommen sogar durch. Die heute im Bootsbau verwandten, extrem widerstandsfähigen Materialien machen's möglich. Der Thrill ist dabei natürlich besonders stark – und der Thrill, das sind die knapp vermiedenen Katastrophen und die unzähligen Umschmisse. Dem wäre nichts entgegenzusetzen, gäbe es nicht immer wieder tragische Unfälle. Ein Unfall im Wildwasser ist meist ein Unfall mit tödlichem Ausgang.
Andererseits macht es unheimlich Spaß, auch im schweren Wildwasser den Kopf oben und die komplette Kontrolle über sich und sein Boot zu behalten. Mit und in einer Stromschnelle kompetent zu „spielen", ist eine ungeheuer positive Erfahrung, die durch Übung, Erfahrung und die daraus resultierende Steigerung des Könnens verblüffend weit ausgebaut werden kann.
Aber lassen Sie mich erst einmal ein Negativ-Beispiel zitieren: Es handelt von Kanuten, die eigentlich gar nicht wußten, mit was und wie sie sich da herumschlugen. Glücklicherweise gab es keine großen Risiken – auf einem größeren, schnelleren, einsameren Fluß wäre das Desaster nicht absehbar gewesen.

Paul und ich waren gebeten worden, eine kleine Flottille von drei Canadiern zu begleiten. Es war Frühjahr und, wie üblich, führte der Fluß Hochwasser. Er war schnell und schmal. In einem Boot saßen zwei ebenso junge wie begeisterte Paddler, im zweiten ältere, ganz normale Wochenendkanuten, im dritten ein Freund von uns mit einem Anfänger als Partner und einem ganzen Packen eigener Wildwasser-Erfahrung. Wegen des eisigen Wassers trugen Paul und ich Neopren-Oberteile.

Die ersten Schnellen waren nicht unkompliziert, aber alle kamen gut durch. Ich konnte dabei feststellen, daß die Erfahrung zwar fehlte, aber durch Begeisterung wettgemacht wurde. Im Falle einer Kenterung würde es zu nicht viel mehr als einem Bad im kalten Wasser kommen. Die Schnellen waren relativ kurz, und das Auffischen von Männern und Booten würde kaum Probleme verursachen. Die beiden Jüngsten stritten sich über richtige oder falsche Manöver – meist ein Hinweis darauf, daß der Vordermann beim Einfahren in eine Schnelle das Boot nicht richtig einfädelt. Das Können des Hintermannes reichte indessen kaum dazu aus, die Fehler seines Kameraden zu korrigieren.

Was mich aber erstaunte, war die fehlende Einschätzung der Schnellen durch den erfahrenen Wildwasser-Fahrer. Er wurde in die Walzen in der Flußmitte hinein- und wieder aus ihnen herausgespült; er passierte manche breitseits und kam mit meist halbvollgeschlagenem Boot wieder zum Vorschein. Er und sein Vordermann schrien vor Begeisterung. Glücklicherweise war der Fluß klein und schmal, glücklicherweise waren die Walzen nicht bedrohlich. Aber die anderen machten es den beiden bald nach, und es kam, wie es kommen mußte. Ein Canadier schlug voll, die beiden Insassen mußten ans Ufer schwimmen. Es gelang ihnen, das Boot mit einer Rettungsleine zu bergen.

Paul und ich drückten uns an den Walzen vorbei. Trotz unserer Neoprenanzüge fanden wir das Wasser zu kalt, um darin schwimmen zu gehen. Viel konnten und wollten wir auch nicht sagen – denn wir waren nur aus Spaß mitgekommen und trugen keine Verantwortung. Außerdem wollten wir den anderen unsere Meinung nicht aufdrängen.
Es ging weiter wie gehabt – mit großem Hallo über die

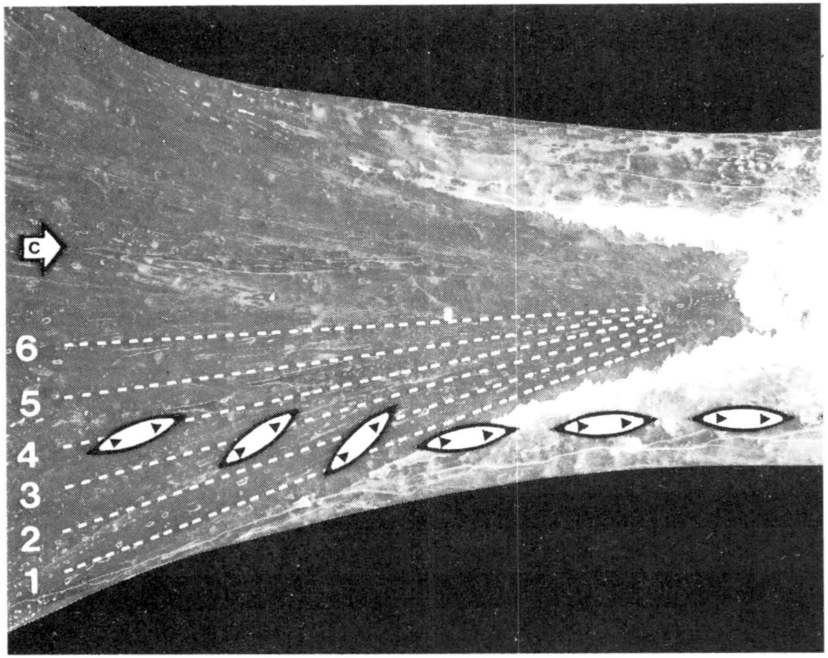

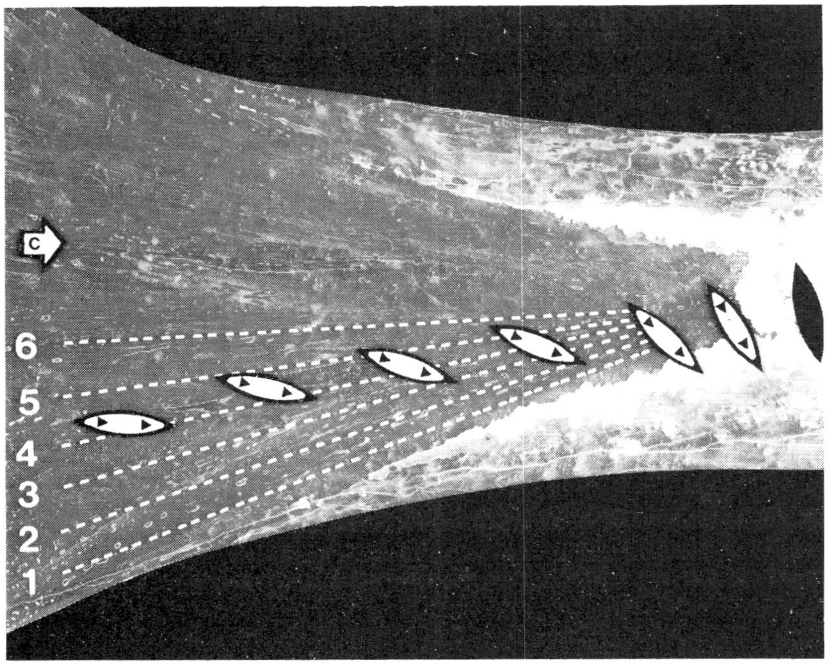

knapp vermiedenen Kenterungen und die ebenso knapp verpaßten sonstigen Gelegenheiten.
Nachdem sie einer besonders schweren Walze knapp entronnen waren, fragten uns schließlich die beiden ganz jungen Kanuten, was sie denn nun eigentlich falsch machten. Wir erklärten ihnen, daß sie den Stromzug nicht richtig einschätzten. Daß sie ihr Boot nicht weit genug stromauf in die richtige Position brachten, um den Löchern auszuweichen. Außerdem war ihnen eine Seilfähre rückwärts ein Buch mit sieben Siegeln. Sie droschen auf die Unterwasser-Blöcke zu und versuchten dann, drumherumzukommen. Was selten genug gelang. Meist rutschten sie auch noch in einem Winkel oder breitseits hinein. Irgendwann wollten sie wissen, wie wir es schafften, von diesen Löchern klar zu bleiben.
Es war eine typische Demonstration des Unterschiedes zwischen kontrolliertem und unkontrolliertem Wildwasser-Fahren. Im Diagramm ist die Situation erklärt. Paul und ich folgten dem Stromzug 4. Ein Blick auf die Lage überzeugte uns, daß wir der Walze rechts ausweichen mußten, daß andererseits fast das gesamte Wasser sich durch dieses Loch hindurchzwängte. Wenn wir also im Stromzug 4 bleiben, würden wir ebenfalls in das Loch hineingespuckt.
Wir wählten das schon oft praktizierte Gegenmittel: Wir seilfähren rückwärts in den Stromzug 1 und schrammen leicht an Walze und Brechern vorbei.

Auch unsere beiden jungen Kanuten fädeln sich auf der Linie 4 ein. Von ihrem Standpunkt sieht es aus, als führte sie in gerader Linie an der Gefahr vorbei. Unterwegs merken sie, wie sich die Strömung immer enger bündelt und sie doch in die Walze leitet. Jetzt versuchen sie mit Macht, nach rechts zu paddeln, um darum herumzukommen. Aber der Canadier dreht sich lediglich mehr herum, denn der Bug ist jetzt auf der Linie 3, doch das Heck auf der viel schnelleren Linie 5. Also wird das Heck eher stromab gespült, und das Boot landet trotz aller Gegenmaßnahmen breitseits in dem Loch. Mit viel Glück wackeln sie hindurch – ohne daß das Boot ganz vollschlägt oder kentert. Die beiden glauben auch noch, Pfundskerle zu sein – dabei hatten sie nur das unverdiente Glück gehabt, nicht an eine etwas größere Walze geraten zu sein. Aus ihr wären sie nicht herausgekommen, ohne keinen weiteren Schaden als ein blaues Auge davonzutragen...
Nach diesen Erklärungen wiesen wir die beiden Jungen an, sich eng an unser Heck zu hängen und wie wir eine Rück-

wärtsfähre zu fahren. Nachdem sie den Dreh heraus hatten, machte ihnen das soviel Spaß, daß sie ständig über den Fluß und wieder zurück traversierten. Sie genossen die neugewonnenen Kenntnisse nach Kräften. Die anderen Canadier wackelten weiter durch Wellen und Walzen; bei ihnen bestimmte der Fluß das Geschehen. Nur viel Glück kompensierte die Mängel ihrer Technik.
Paul und ich konnten es dann auch nicht lassen, und wir fuhren freiwillig in den Randbereich einer Walze ein. Aber wir wählten den genauen Ort und die richtige Zeit, um uns mit den Turbulenzen anzulegen. Wir waren es, die diktierten – und nicht der Fluß. Wer dieses Walzenspiel jedoch auf die Spitze treiben will, braucht eine exzellente Technik und eine gute Spritzdecke.

Zum Beispiel: Nahanni River

Ich möchte noch ein bißchen mehr aus der Praxis berichten, um die Bedeutung der Strömungslinien zu demonstrieren. Vor allem, wenn es um das richtige Einfädeln oberhalb schwerer Schnellen geht.
Wally Schaber und ich sollten auf dem Nahanni für einen Film von John und Janet Foster eine schwere Schnelle fahren. Den Schwällen hätten wir leicht auf der linken Seite ausweichen können. Auf der rechten Seite standen wahre Wellenberge. Unser Plan war, auf der linken Seite zu bleiben (Linie 4) und nur so weit in die Brecher hineinzufahren, daß die Szene ein bißchen Action bekam. Keinesfalls wollten wir der Linie 6 folgen, auf der selbst ein Canadier mit Spritzdecke keine Chance gehabt hätte.
Wir fuhren auf der Linie 6 an, von der wir glaubten, sie sei Linie 4. Und es sah so aus, als ob wir eben an dem Gröbsten vorbeikämen (gepunktete Linie). Doch bald ging uns auf, daß wir uns auf der Linie 6 befanden und sogar noch weiter nach rechts auf die 7 geschoben wurden. Wally schrie nach einem energischen Linksmanöver. Ich tat's jedoch nicht, denn dazu war jetzt die Zeit zu knapp. Statt dessen schätzte ich die Chancen auf der Linie 8 höher – ganz rechts also, wo die Schwälle nicht gar so erschreckend hoch waren wie zu Mitte hin. Wally verstand im Bruchteil einer Sekunde, und wir fuhren eine schwache Rückwärts-Traverse auf der Linie 8. Für einen Augenblick sah es aus, als würden wir knapp davonkommen, bis wir merkten, daß Linie 8 direkt in die allerschlimmste Turbulenz hineinleitete.
Ein Steilabfall war die Ursache von alledem, und je näher wir herankamen, desto ausgeprägter erschien er uns – mit einem monströsen Diagonalbrecher dahinter. Den kopfüber zu durchstehen, schien uns unmöglich. Instinktiv griffen wir etwas weiter links an (Strömungslinie 7), peilten eine Lücke zwischen den Wellen linkerhand und dem Abfall rechts (Linie 8) an. Wir glaubten, hier würden die Diagonalwellen den Steilabfall ein wenig eindecken und ihm wenigstens etwas von seiner Gewalt nehmen. Wir schaufelten dabei wie die Verrückten rückwärts, um den Abprall abzumildern, vielleicht auch, um uns selbst eine Galgenfrist zu geben. Aber die Wellen sahen noch schlimmer aus als der Steilabfall. Wir schoben uns wieder näher auf ihn zu. Der erste Brecher schien hinter der geraden Linie des Abbruchs hoch und höher zu wachsen. Er ragte riesig – gewaltiger als alles andere, mit dem ich bis dato konfrontiert worden war, und er brach diagonal, was das Durchkommen praktisch unmöglich machte. Einen Augenblick später hing ich über einem tiefen Loch, dann fiel ich nach unten. Auf dem Wege dorthin legte ich mich weit heraus – fast horizontal über das Wasser – mit meinem ganzen Gewicht auf dem Paddelblatt. Es war mir klar: Wenn, dann würden wir nach links kentern. Der Brecher schlug über meinem Kopf zusammen – ich sah nur noch Wasser. Der Canadier rollte herum. Der rechte Süllrand schob sich unter meine Achselhöhle und blieb dort unendlich lang, wie mir schien. Dann tauchte ich auf – der Canadier lag immer noch auf der Seite, doch er richtete sich langsam wieder auf.

Irgendwie war es Wally gelungen, im Boot zu bleiben und sich in einen harten Linksausleger zu hängen. Wir powerten vorwärts auf die Welle hinauf und über sie hinaus und schlüpften in ein Kehrwasser. Wir waren heil durchgekommen und konnten es selbst kaum fassen. Und der Kameramann, glaubten wir, hatte die Szene des Jahrhunderts im Kasten. Doch die Riesenwelle hatte uns dem Einstellwinkel des Objektives entzogen, und wir waren erst wieder richtig ins Bild gekommen, als wir bereits im Kehrwasser paddelten.

Im Rückblick bin ich mir drüber klar, daß dies der höchste Brecher war, an dem ich mich je versucht hatte. Es war ungeheuer aufregend und dabei gar nicht so gefährlich. Die Stelle war zwar schwer, das Wasser tief und kalt, aber das Ganze spielte sich vor einem Kehrwasser ab. Zunächst stand für den Fall der Fälle ein Jet-Boot zu unserer Rettung be-

reit. Bei einer Kenterung wären wir ganz schnell am Ufer gewesen.
Unter Umständen wäre es völlig hirnverbrannt gewesen, auf einer Wildnis-Tour mit all unserer Ausrüstung an Bord ein solch unnötiges Risiko einzugehen. Ein Boot, das auf dem Nahanni kentert, wird vom Fluß immer weiter mitgerissen. Bis es womöglich in einem Kehrwasser landet – doch niemand weiß, wann und wo und ob überhaupt... Wally und ich wiesen die Filmleute auf diese Tatsache und Gefahr hin. Sie sollten erklären, daß wir in voller Absicht in die Brecher einfuhren und daß Rettungsgerät bereitstand. Mit Nachdruck bestanden wir darauf, daß diese Sequenzen mit einem entsprechenden Kommentar unterlegt wurden. Filme können den Eindruck erwecken, es sei ja weiter nichts dabei... und kein Mensch spricht von den für Nachahmer möglichen Konsequenzen.

Mit voller Fahrt durchs Wildwasser – eine aggressive Technik

Kürzlich wurde ich zu einem Kanu-Workshop auf Vancouver Island eingeladen. Unter den Teilnehmern befand sich auch ein gestandener Wildwasser-Lehrgangsleiter. Zusammen bestiegen wir einen Canadier, um das Einschwenken ins Kehrwasser vorzuführen. Während wir auf einen bösartig aussehenden Strudel mit einem felsgespickten, gefährlichen Steilabfall unterhalb zuschossen, deutete ich einen Seitenwechsel der Paddel an, um mit einem Bug-Konterschlag plus Ausleger in das kreisende Kehrwasser hineinzukommen. Doch der Steuermann schrie mir zu, ich solle einen Bughebel fahre. Mein einziger Gedanke war: „Hoffentlich weiß der Kerl dahinten, was er jetzt zu tun hat!"
Es war das erste ernsthafte Manöver, das ich mit diesem mir bis dahin unbekannten Partner fuhr. Egal – ich knallte den härtesten Bughebel rein, den ich je gedrückt hatte. Alles oder nichts – hieß die Devise. Zu meiner größten Überraschung legte sich der Canadier in Richtung Strudel über und drehte sich, wie an meinem Paddel aufgehängt, in das Kehrwasser hinein. Mein erster Gedanke war Erleichterung, der zweite Stolz auf das gelungene Manöver. Doch als ich mich dann zu meinem verschmitzt grinsenden Partner umdrehte, wußte ich, daß es in erster Linie sein Verdienst gewesen war.

Er hatte einen unvorstellbar soliden Ausleger gefahren. Es hatte zwar keine Möglichkeit gegeben, den Canadier umzuschmeißen, aber wenn ich den Hebel schlecht angesetzt hätte, wäre mir der Paddelgriff aus der Hand gerissen worden. Vielleicht wäre ich auch über Bord geflogen, doch eine Kenterung war vollständig ausgeschlossen gewesen.
Ab diesem Zeitpunkt beobachtete ich mehr den Unterrichtsstil dieses Lehrgangsleiters, als daß ich selbst den Workshop führte. Er bestand darauf, die Kehrströmungen ohne Seitenwechsel anzufahren.
Zwei der Canadier entluden ihre Besatzungen in das Kehrwasser ein wenig zu plötzlich, daß es glaubhaft oder ungewollt wirkte. Insgesamt kenterten im Laufe des Tages vier der sechs Canadier wenigstens einmal. Zwei Boote schlugen in den Schwällen voll, als sie von ihren Besatzungen durchgeknüppelt wurden... Ich war sehr beeindruckt von dem aggressiven Stil und den Unterrichtsmethoden. Wahrscheinlich würden diese Schüler zu der härteren Sorte Wildwasser-Fahrer heranreifen – soweit sie diese Schule überhaupt überlebten.

Ich für meine Person halte es eher mit vorsichtigeren Übungen – wie z.B. im Kehrwasser mit der ungefährlicheren Zugtechnik vom Bug aus, solange die Schüler noch nicht mit allen Wildwasser-Tricks vertraut sind. Darüberhinaus besteht natürlich die Gefahr, daß der Anfänger lernt, mit Ziehen in eine Kehre hineinzukommen, und darüber die Hebel-Methode außer acht läßt. Eine weitere Gefahr dämmert herauf, wenn man übervorsichtig mit dem Bug in ein Kehrwasser einfährt: Das Paddel faßt im Kehrstrom nicht recht, und schließlich greift der Zug doch nur in den Hauptstrom, und das Boot saust am rettenden Kehrwasser vorbei – aber leider mit der Nase stromauf – und das folgende Wildwasser muß rückwärts gefahren werden.
Grundsätzlich sei gesagt: Eine Schnelle mit voller Fahrt anzugehen, erhöht die Schwierigkeiten, eröffnet aber die Möglichkeit zu einem sehr stabilen Ausleger. Vom schnellen Boot aus gleitet das Paddel übers Wasser. Wenn die vordere Kante dabei noch etwas angehoben wird, kann es nicht eintauchen, weil das Wasser auf die Unterseite einen erheblichen Gegendruck ausübt.
Erinnern wir uns: Bei einem Canadier, der genauso schnell treibt wie das Wasser fließt, muß mit dem Blatt gewriggt werden, um eine Stützwirkung zu erzielen. Wenn das Können größer wird, kommt man ganz automatisch in die Versuchung, einen Wildwasserabschnitt auch mal in voller Fahrt

Stromschnellen-Fahrt mit Volldampf

und mit seitlichem Versetzen

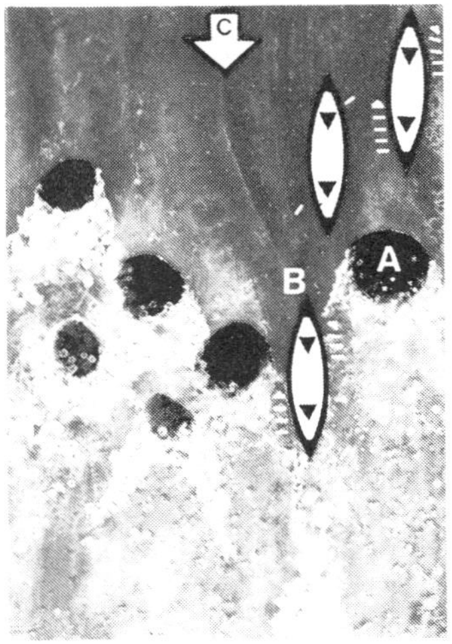

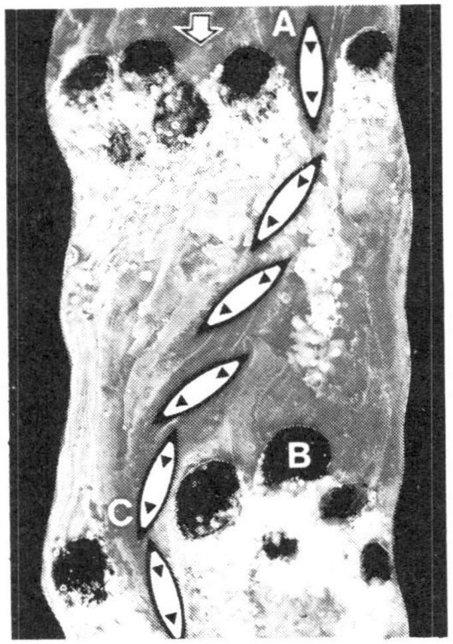

Mit Bravour durch den Schwall

hinunterzujagen, und sei es nur um des aufregenden Thrills wegen – oder man versucht sich in Wildwasser-Rennen. Selbst in der Wildnis, Meilen und Abermeilen von der nächsten menschlichen Behausung entfernt, kann eine Stromschnellenfahrt mit vollem Schwung sinnvoll sein und großen Spaß machen. Das seitliche Versetzen in voller Fahrt nach rechts oder links, die Tempo-Drehungen und -Ausleger wurden bereits im Flachwasser-Teil diese Buches beschrieben. Wann und wo sie im Wildwasser anwendbar sind, möchte ich jetzt ausführen: Angenommen, wir haben es mit einem tiefen, breiten, schnellen Wildwasser-Abschnitt zu tun. Die Problemstellen liegen weit auseinander. Nach der Einfahrt in die Zunge A erscheint das Problem des Felsbrockens B im Gesichtsfeld. Rechts sieht es gut aus – dort eine weitere Zunge. Da Platz genug vorhanden ist, entschließt man sich durchzubolzen, statt eine langsame und vorsichtige Seilfähre rückwärts zu fahren.

Für Paul ist das die „Auf Teufel komm raus“-Methode. Aber er macht mit, fährt einen Konterschlag und einen Zug nach rechts (Foto 1). Ich mache das gleiche hinten links (Foto 2), durch den Wasserdruck auf die Paddelblätter dreht sich das Boot sofort (Foto 3). Dann hauen wir rein, was das Zeug hält, peilen aber einen Punkt oberhalb der Zunge am rechten Ufer an, um die Abdrift auszugleichen (Foto 4). Wenn wir oberhalb der Zunge C angekommen sind, blokkiert Paul, fährt einen Hebel, um das Boot zu drehen. Ich mache das gleiche (Foto 5).

Aber nochmals: Vorsicht bitte! Diese Methode ist nur auf einer bekannten Strecke praktikabel, mit unbeladenem Boot und mit entsprechend weit auseinanderliegenden Hindernissen.

Nützlich ist auch das seitliche Versetzen unter voller Fahrt. In diesem Fall nähert sich der Canadier dem Felsen A (Foto 1). Die Rinne B scheint einladend. Paul, auf der rechten Seite paddelnd, beschreibt einen Konterschlag. Ich helfe mit einem Preßschlag nach. Der Canadier bewegt sich nach rechts, weil Paul zieht und ich hebele (Foto 3). Das Boot rutscht weiter nach rechts und gleitet in die Zunge B. (Foto 4). Dieses Manöver setzt schnelle Entschlüsse, rasches Handeln und eine gute Koordination voraus – denn der Canadier schießt mit 13-14 km/h stromab. Auf einem verblockten Wildfluß ist das eine Menge Holz!

Schwälle und Brecher

Die beste Zeit für den Kanuten ist das Frühjahrshochwasser, wenn die Felsblöcke tief unter Wasser liegen und es nur darum geht, durch die Schwälle und Brecher hindurchzukommen. Das beste Mittel hierzu ist eine gut sitzende Persenning, aber im Heimatland des offenen Canadiers gibt es noch andere Methoden, Schwallstrecken zu überstehen und dabei nicht abzusaufen.
Das erste Mittel ist die Fähre, um den wildesten Rollern und steilsten Wellen aus dem Weg zu gehen. Ein zweites ist die entschlossen gefahrene Rückwärtstechnik. Dabei kommt der Bug langsam an die Welle heran; die hebt ihn an, und dann heißt es, das Boot weiterreißen, bevor das Heck unter dem Wasserschwall begraben wird. Es ist eine Frage des Timings und des Gefühls, das mit der Erfahrung kommt. Ein anderes Mittel ist, das Boot zu entladen, die beiden Paddler zur Mitte rutschen zu lassen; dann reiten Bug und Heck die Wellen ab, statt sie zu durchpflügen. Der Vordermann lehnt sich an die Mittel-, der Hintermann an die Achterducht.
Wer immer noch nicht überzeugt ist, schaue sich die Fotos an: In der unteren Serie handelt es sich um dieselbe Schnelle und sogar dieselbe Welle. In der mittig gefahrenen Position kommen wir durch, – in der sonst üblichen Bug- und Heck-Anordnung versinken Boot und Besetzung, um erst später – und weit voneinander getrennt – wieder aufzutauchen.
Ich halte es allerdings für keine gute Idee, wenn der Vordermann zur Leichterung des Bugs nach hinten rutscht. Erst einmal wird der Canadier dadurch wesentlich kippliger; die Gefahr, daß das Heck absäuft, wird größer.
All das sollte geübt und ausprobiert werden. Ideal dazu ist eine Schnelle wie die in diesem Beispiel abgebildete; turbulent, aber tief, ohne Blöcke nahe der Wasseroberfläche – kurz, doch mit lang ausgedehntem, gefahrlosen Unterwasser. Wenn dann auch noch die Wassertemperatur stimmt, kann eigentlich nichts mehr schiefgehen.

Die Schwälle des Rivière Rouge

Am Rivière Rouge in Quebec gibt es eine Stromschnelle von mäßiger Schwierigkeit mit hohen Schwällen am Auslauf. Bei Hochwasser kann man sich daran nicht vorbeidrük-

ken. Glücklicherweise folgt auf die Turbulenz ein tiefer, ruhiger Gumpen, ehe es von neuem losgeht. Wer reinfällt, hat viel Zeit, um sich und sein Boot ans Ufer zu retten – ein bißchen Schwimmen und weiter nichts. Keine Felsen weit und breit, die Boots- oder Knochenbrüche zur Folge haben könnten.
Mit guten Schwimmwesten, einer Rettungsleine im Bootsheck und bei vernünftigen Wassertemperaturen besteht keine Gefahr. Würden die Schwälle weiter oben am Einlauf stehen, wäre die Situation ganz anders. Statt – wie jetzt – mit Wildwasser III hätten wir es mit Wildwasser IV zu tun. Eine Kenterung am Einlauf hieße, sich auf eine lange und gefährliche Schwimmtour einlassen. Hier muß man wieder einmal die Mischung aus leichten und schweren Wildwasser-Passagen verstehen, die ein Fluß präsentieren kann. Es kann durchaus leicht sein, einem linken Schwinger auszuweichen, doch der darauf folgende Uppercut bringt den klassischen k.o., so sicher wie das Amen im Gebet. Das Können verbessert sich mit der Übung und bringt einen über manches vorherige Limit hinweg. Dieser Rivière Rouge ist ein guter Platz zum Üben und Spielen – mit den Schwällen am Ende der Schnelle. Auch für uns für die Übung:

Drehung in einem Kehrwasser

Becky lehnt sich in einem weiten, hohen Ausleger in demselben Augenblick hinaus, in dem der Bug das Scherwasser überquert (Foto 1). Der Hauptstrom greift am Bug an und zieht ihn stromab, während ich das Heck mit einem Bogenschlag rückwärts im Kehrwasser halte (Foto 2). Nach dem Bogen geht mein Rückwärtsschlag in einen Vorwärtsbogen

über, um das Heck aus dem Kehrstrom heraus und in den Hauptstrom hineinzubringen und die Wende abzuschließen (Foto 3).
Danach kommt die Seilfähre rückwärts. Wir üben ein wenig unterhalb, wo der Strom mit weniger Wucht angreift. Wir winkeln das Boot stromauf zum Scherwasser hin. Der Bug überquert das Scherwasser, aber Becky vergißt den Ausleger (Foto 1). Der Stromzug packt den Bug, und nichts mehr kann uns vor einer Kenterung retten. (Foto 2).
Das ist meine Version. Becky's Ansicht ist, ich hätte mein Paddel in einem zu weiten Winkel in die Scherzone einge-

pflanzt und mich dann nicht weit genug hinausgelegt. Sie hatte recht – zumindest teilweise. Ich hätte wirklich die Hauptströmung in einem spitzeren Winkel anfahren und das Heck mehr in den Hauptstrom drücken müssen, als der Bug das Scherwasser in den Hauptstrom querte. Und Becky hätte einen hohen Ausleger anbringen müssen, *bevor* der Hauptstrom uns packte. Doch was hilft's – der Sieg hat viele, die Niederlage (oder Kenterung) hat keine Väter.

Enge Kehren

Grundsätzlich sollte man auf unbekannten Gewässern sein Heil in der Innenkurve suchen. Meistens wartet irgendwo in diesem Bereich ein freundliches Kehrwasser. In dieser Situation sollte der Vordermann sein Paddel zur Innenkurve hin führen; er kann dann sofort mit einem hoch angesetzten Ausleger/Zug in das Kehrwasser einlaufen. Außerdem ist die äußerste Außenkurve mit dem schnelleren Wasser auch mit allen möglichen Problemen „gesegnet" (Diagramm Kurs A).

Eine andere Methode ist das seitliche Versetzen des Canadiers. Man führt kräftige Rückwärtsschläge plus Rückwärtshebel und hält das Boot so näher zur Innenkurve (Diagramm Kurs B). Ausschlaggebend ist die Kraft, die hinter den Rückwärtsschlägen steckt. Auf diese Art und Weise kann man einem plötzlich auftauchenden Hindernis am ehesten aus dem Weg gehen.

Trotzdem: eine unübersichtliche Kurve auf einem Wildfluß einfach anzufahren, ist ein unkalkulierbares Risiko. Nirgends eher als an der Außenkurve ist man der Gewalt des Flusses ausgeliefert. Andersherum wird ein Schuh daraus – wenn man vorher die Kurve inspiziert, sie okay gefunden hat – und einen wilden Ritt wagen möchte. Doch Vorsicht: in den hohen Schwällen, die sich gerade hier ansiedeln, ist schon mancher offene Canadier vollgeschlagen. Eine andere Gefahr ist die Auswaschung des Steilufers oder Prallhanges, wo u.U. eine heftige Unterströmung ein gekentertes Boot und den dazugehörigen Schwimmer hinabzuziehen vermag. Meine dringendste Empfehlung lautet: Erst ansehen, dann mit Rückwärtspaddeln oder Seilfähre das Heck näher zur Innenkurve halten und ebenso gemächlich wie vorsichtig um die Kehre herumtreiben. Wenn sich dabei das Heck des Bootes plötzlich herumdreht und stromab zeigt – solltet ihr nicht dem Fluß die Schuld geben, sondern euch selbst!

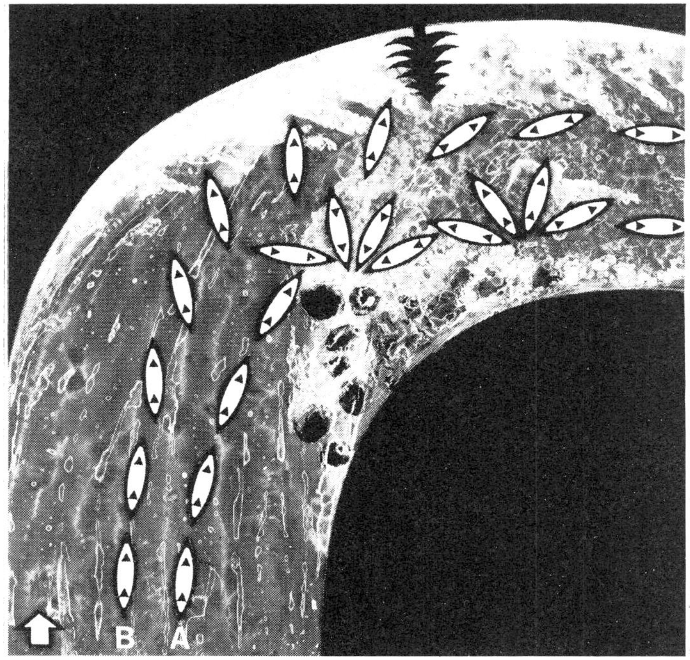

Bäume im Stromzug

Sie werden in Nordamerika „Sweeper" = Kehrbesen genannt, auch mal „Strainer" = Siebe. Sie sind die gefährlichsten Todesfallen, die es in der Wasserwildnis Kanadas gibt. Das Wasser prallt von diesen oft grotesken Strünken kaum zurück, sondern spült durch sie hindurch. Ihr Revier sind meist die vorhin erwähnten Außenkurven, wo die Erosion des Wassers das Erdreich unter ihren Wurzeln weggespült hat und sie in den Fluß stürzen ließ. Ein Grund mehr, den Außenkurven den größten Respekt entgegenzubringen. Gerät man trotzdem in sie hinein, sollte man in den äußeren, schwächeren Zweigen die Paddel wie Lanzen nach vorne legen, die Köpfe ganz tief runter ducken und darauf hoffen, daß der Strom einen unbeschadet hindurchdrückt. Keinesfalls jedoch darf man sich an den Zweigen festhalten! Das bedeutet in neun von zehn Fällen eine sichere Kenterung! Kommt man in den Bereich der stärkeren Äste und des Stammes und sieht keinen anderen Ausweg: Raus aus dem Boot und rauf auf den Baum! Ist man flink genug, hat man am ehesten die Chance, den jetzt geleichterten Canadier und sich selbst zu bergen. Die meisten Todesfälle von Kanuten im Westen der USA und Kanadas ereignen sich in solch einem Baumverhau. Dabei hat man es oft gar nicht mit einem einzelnen „Sweeper" zu tun, sondern mit einem kompletten, im Wasser hängenden Waldstück – einem „Log Jam".

Doch nun sollten Sie keineswegs verzagen und resignierend das Buch zuklappen: „Das ist für mich alles zu schwer und zu gefährlich." Gegen diese (und andere) Gefahren gibt es drei recht sichere Gegenmittel: Umsicht, Bootsbeherrschung und eine vernünftige Planung. Auch in der Wildnis Kanadas gibt es heute kaum mehr einen Fluß oder Strom, über den überhaupt keine Informationen vorliegen. Wer sich vorher orientiert und seine Traumroute auf seine Fähigkeiten und nicht auf seine Sehnsüchte abstimmt, für den ist eine Flußfahrt – ob in Deutschland oder Kanada – nicht gefährlicher als auf der Autobahn von Kassel nach Ingolstadt zu fahren.

Und nicht nur im fernen Kanada – auch in Mitteleuropa gehören plötzlich um eine Kurve bei schnellem Wasser auftauchende, querliegende Bäume neben den Wehren zu den denkbar übelsten Bootsfallen! Vor allem nach der Schneeschmelze und dem Hochwasser im Winter heißt es, auf sonst harmlosen Kleinflüssen und Bächen aufpassen wie ein Schießhund!

Nur für Experten: Abfahrts-Canadier auf der Strecke

Wind und Wildwasser

Diese beiden Zutaten können sich zu einer ganz bösen Mixtur aufrühren – vor allem für den Solofahrer. Eine sonst mäßig schwierige Stromschnelle kann ausgesprochen gefährlich werden, wenn ein harter, böiger Wind stromauf bläst. Nehmen wir einmal die Rollway Rapids auf dem Petawawa River in Ontario – eine ohnehin gefährliche Schnelle, lang und gespickt mit Blöcken knapp unter und über der Wasseroberfläche. Es gibt zwar eine Fahrrinne, doch sie ist nicht einfach zu finden, und es ist noch schwieriger, ihr zu folgen. Ich kenne die Schnelle wie meine Westentasche und hatte schon oft meinen Spaß mit ihr.
Aber an dem bewußten Tag, an den ich jetzt denke, war ich meiner doch nicht so sicher – ein harter, böiger Wind blies stromauf. Also belastete ich meinen Canadier mit einem schweren Rucksack im Bug. Dadurch wurde das Boot etwas unhandlicher, doch das war mir lieber, als womöglich im ungünstigsten Augenblick aus dem Kurs geblasen zu werden. Viel Platz zum Manövrieren gibt's nämlich nicht: Einige der Stromzungen sind nicht mal anderthalb Meter breit.
Es ging alles glatt, bis ich in einer besonders turbulenten Passage steckte – mit einer einzigen, engen Stromzunge. Links war ein Steilabfall, rechts draußen dicke Felsklötze.

Ich hatte das V perfekt angepeilt und das Boot darauf ausgerichtet, als eine heftige Bö den Bug nach rechts riß. Normalerweise kein Problem – ein Bughebel hätte die Situation bereinigt. Aber das Vorderteil des Canadiers hatte sich schon an einem der Felsblöcke rechts vorbeigeschoben. Für mich gab es nur noch eins: ebenfalls nach rechts ziehen und zwischen den beiden Felsen hindurchknüppeln. Dabei mußte ich den Canadier auf die Kante stellen, um ihn in das enge Nadelöhr einzufädeln. Es war ein Vorgang, der im Bruchteil einer Sekunde über die Bühne ging. Diesmal war mir das Glück des Tüchtigen beschieden.
Auch bei anderen Gelegenheiten hatte mir der Wind Schwierigkeiten bereitet, aber im richtigen Augenblick war mir immer das wirksame Gegenmittel eingefallen, meist ein Bugzieher oder -hebel. Beim Zweier kann der Wind seine Angriffslust nicht so sehr ausspielen, aber trotzdem bleibt er eine Größe, mit der man rechnen muß.
Wer eine Wildwasserpassage erkundet, muß auch den Wind-Faktor berücksichtigen. Mancher Schwall wird bei Wind steiler und härter. Unter Umständen der kleine Unterschied, der den Ausschlag gibt, ob man umträgt oder nicht.

Mündungsstrom gegen Windwellen

Für zwei Paddler wuchs es sich um ein Haar zu einer ganz fatalen Lage aus. Ich arbeitete mit einem Filmteam und mit Kanus im Mündungsbereich des Montreal River in den Lake Superior. Wir arbeiteten an einer Sequenz, Thema „Paddeln in hohem Wellengang". Es sollten wirklich spektakuläre Wellen gefilmt werden. Deshalb hatte ich diese Flußmündung gewählt. Hier trifft zeitweise eine scharfe Strömung auf die hohen und gegenläufigen Windwellen des Süßwasser-Binnenmeeres. Wellen, die sich unter gewissen Bedingungen zu wahren Bergen auftürmen.
Um aus der Schule zu plaudern: Wenn man die Kamera aus der Froschperspektive heraus einsetzt, also direkt vom Wasserspiegel her hochzieht, und dann mit dem Boot außen um die höchsten Brecher herumfährt, wirkt es, als tobe man mittendrin herum. Aber man muß sehr vorsichtig sein und darf den Bereich der reinen Windwellen des Sees nicht verlassen. Wehe, wenn man in die Caventsmänner der auslaufenden Flußströmung gerät. Sie sind gefährlich, denn die Strömung ist immer noch stark genug, einen Schwimmer ein Stück auf den See hinauszuschicken und ihn dort festzunageln, wo sich Wind- und Wasserdruck die Waage halten. Mit anderen Worten: Der Wind versucht, ihn ans Ufer zu blasen, während der Strom sein Opfer hinauszieht. Im unglücklichsten Falle ist die einzige Lösung, aus der Strömung herauszuschwimmen und sich vom Wind und von den Wellen des Sees zurück ans Ufer spülen zu lassen.
Wir hatten unsere Sequenz im Kasten, als Pat Crawley, der Regisseur, sich einen der Canadier schnappte und zum schieren Vergnügen mit mir in den Wellen herumfuhr. Es war herrlich – wir ließen uns vom Rand der Strömung raus und vom Wind wieder reintreiben. Dabei paßten wir höllisch auf, nicht in die schweren Brecher im Zentrum getrieben zu werden. Eine Kenterung wäre die unvermeidliche Folge gewesen. Denn diese Wellen waren wirklich furchterregend – während das Ganze für das Kamerateam am Ufer spielerisch wirkte. Zugegeben – es machte uns enormen Spaß.
Als wir nach dem Abendessen faul herumlagen, hörten wir mit Entsetzen, daß um ein Haar zwei von uns ertrunken wären. Von unserem Beispiel angetörnt, waren die beiden Teamgefährten unbemerkt in einen anderen Canadier gestiegen und – im Gegensatz zu uns – in die Hauptströmung gefahren, direkt in die riesigen Brecher hinein. Das Boot schlug sofort voll, und sie wurden auf den See hinausgezogen. An der bewußten Stelle, wo Strom und Wind sich die Waage hielten, wurden sie festgehalten. Einer von ihnen – aus Zufall oder aus Instinkt – handelte richtig: Er schwamm seitwärts heraus und wurde ans Ufer zurück getrieben. Doch der andere blieb beim Boot und wäre todsicher ertrunken, hätte ihn nicht ein Unbeteiligter gesehen und mit seinem Motorboot gerettet. Selbst der Retter mit seinem großen Boot hatte Probleme!
Soviel zu der Kombination von Wind und Strom und den damit verbundenen Gefahren. Ich erinnere mich auch deshalb an das Geschehen, weil es für den unbeteiligten Zuschauer wie ein Kinderspiel ausgesehen hatte.
Das ist eine der größten Versuchungen und Gefahren, denen ein Anfänger erliegen kann: Er hat einem Experten zugeschaut – z.B. wie der eine Schnelle hinunterfuhr, und es sah so spielerisch einfach aus. Wenn er es dann selbst probiert, kommt es rasch zu einer Katastrophe.
Dies ist auch der Ansatzpunkt der Kritik an meinen Wildwasser-Filmen. Es wirkt alles so hübsch und nett, daß man

sich auf der Stelle ein Boot nehmen und es nachmachen möchte. Ich empfehle daher immer, angehenden Kanuten erst einmal den Film über Grundtechniken zu zeigen. Sie sollen sehen, was der richtige Umgang mit einem Canadier überhaupt bedeutet.

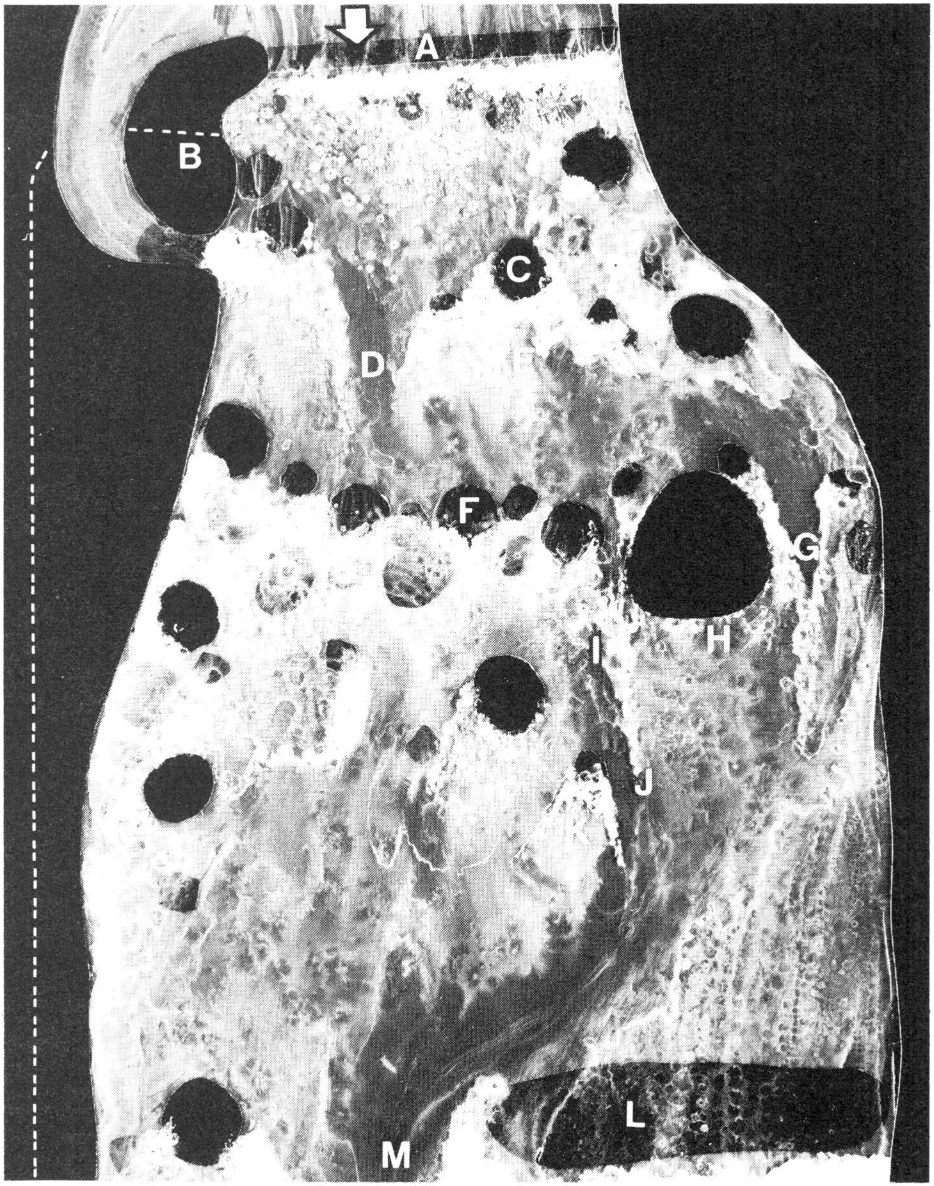

Bilder-Test über die Befahrung einer Schnelle bei niedrigem Wasserstand

Eine Schnelle kann mit Problemen nur so gespickt und doch fahrbar sein, soweit man die Techniken wie Rückwärts- und Vorwärtsfahren, die Kehrwasserschleifen, das Ausrichten, Anfahren, das Traversieren unter Fahrt und das Rückwärtspaddeln beherrscht. Zuerst muß man die Schwierigkeiten einschätzen lernen – und dann erst die Befahrung planen.

Hier ist nun der Test am Beispiel der Big Thompson Rapid auf dem Petawawa River. Also, liebe Leserin, lieber Leser, nehmen Sie sich einen Bleistift und ein Radiergummi und zeichnen Sie all die kleinen Schiffchen ein. Kennzeichnen Sie Bug und Heck. Besser noch, Sie schneiden sich ein Schiffchen aus Papier aus und führen es mit einer Nadel stromab. Zeigen Sie dabei den Kurs an!

A – ein altes Holzwehr
B – Portage über ein Inselchen
C – Felsklotz
D – Stromzunge
E – Kehrwasser
F – Steingarten
G – Stromzunge
H – Kehrwasser
I – scharfe Strömung
J – kleinere Schwälle
K – Walzen hinter Unterwasser-Felsen
L – Felsriegel, Schwelle
M – Stromzunge

Die Lösung

Landung am Inselchen B. Portage hinter das Holzwehr A. Einfahrt in die Stromzunge D. Kehrwasserschleife nach E, um nicht in den Steingarten F gespült zu werden, Traverse nach links in die Stromzunge G und danach Einfahrt in das Kehrwasser H. Ausrichten und Fahrt durch die Schwälle J – knapp vorbei an der Walze K in einer Rückwärtsfähre nach rechts, um den Riegel L auszumanövrieren. Ausrichten nach der Stromzunge M – und durch – und Glückwunsch, wenn Sie's geschafft haben!

In diesem Fall haben Sie es sich nämlich leicht gemacht und die Kraft des Flusses genutzt, statt gegen ihn anzugehen.

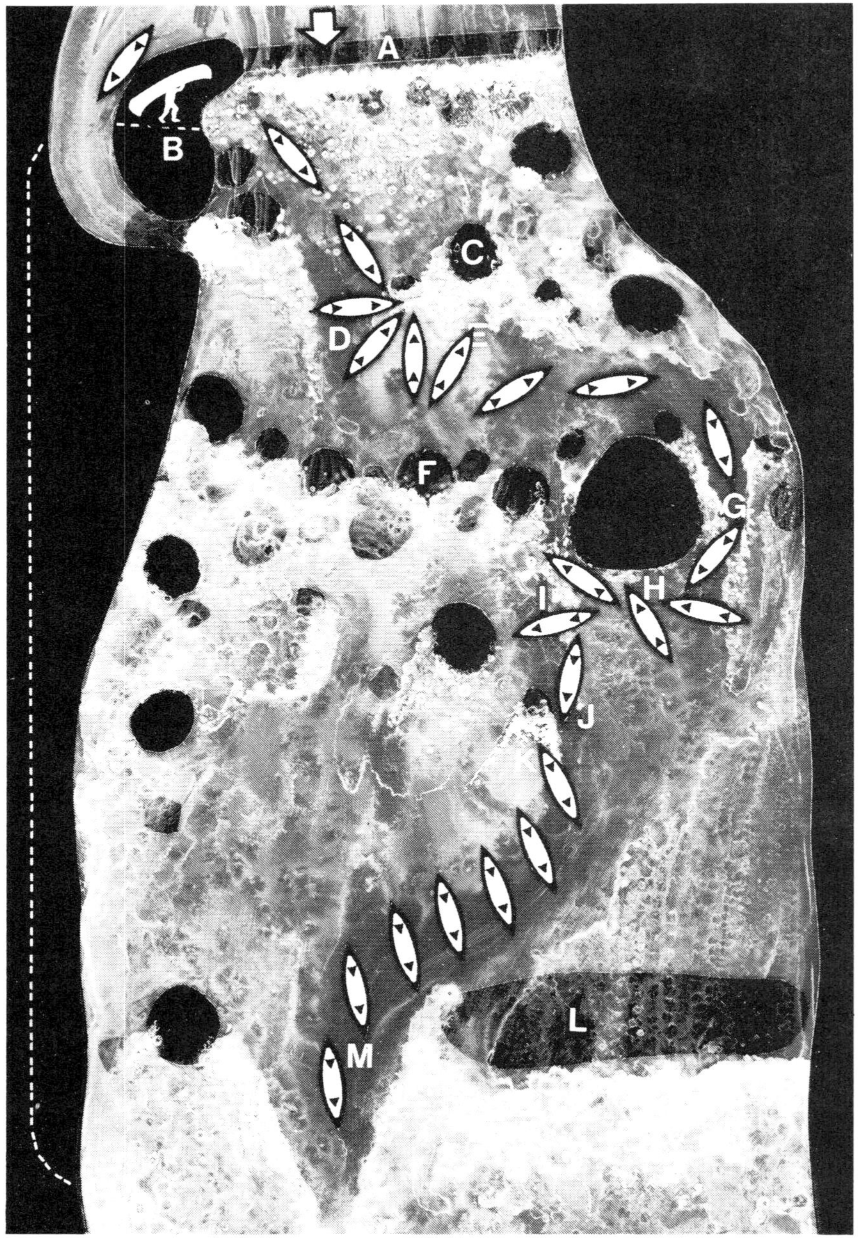

Und noch ein Test:

Wieder einige authentische Situationen. Nehmen Sie Ihr Miniaturschiffchen mit Ihrer Nadel zur Hand und führen es stromab. Versuchen Sie sich dabei vorzustellen, wie die Schnellen aus der Canadier-Perspektive aussehen würden. Erinnern Sie sich daran, daß Sie nicht um Ecken herum gucken können. Eine Steilwand bedeutet, daß Sie auf dieser Seite nicht umtragen können. Die gestrichelten Linien sind die Tragestrekken, doch dazwischen läßt sich einiges fahren.

Denken Sie daran, daß Sie mit diesen Schnellen in Ihrem jetzigen Kanu-Ausbildungsstand konfrontiert werden! Erst beim nächsten Mal nehmen Sie an, Sie seien ganz gut in Kehrwasser-Schleifen, Rückwärtsfähren, Vorwärtsfähren – und könnten einen soliden Ausleger fahren, sowohl hoch als auch tief angesetzt. Dann blättern Sie die Seiten um, und bitte nicht mogeln!

Vielleicht gibt es noch eine dritte theoretische Möglichkeit: Sie führen eine Gruppe von Anfängern, die zwar in etwa die einzelnen Manöver kennen – aber ob sie sie auch schaffen, ist fraglich.

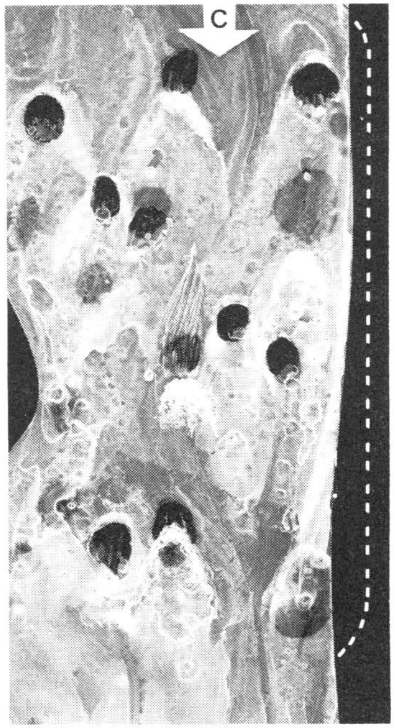

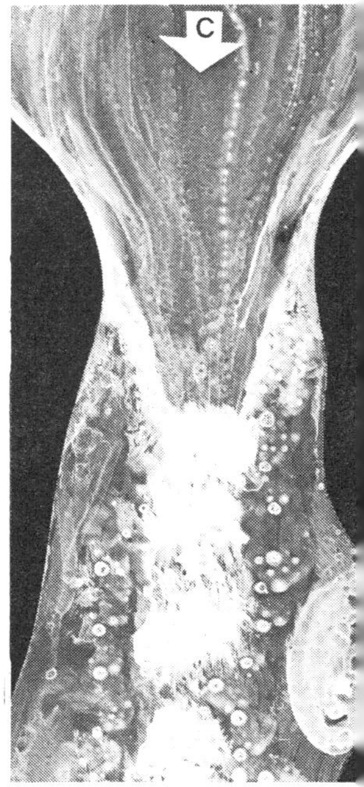

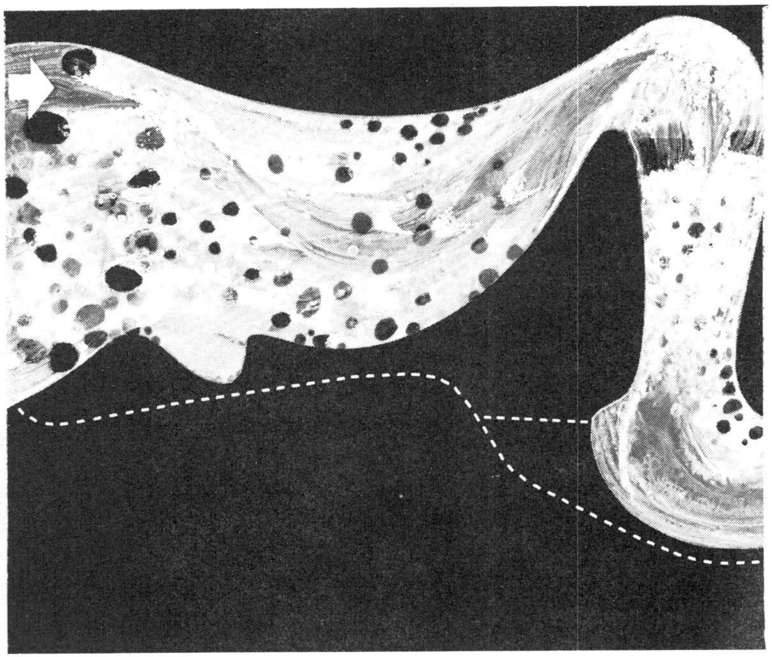

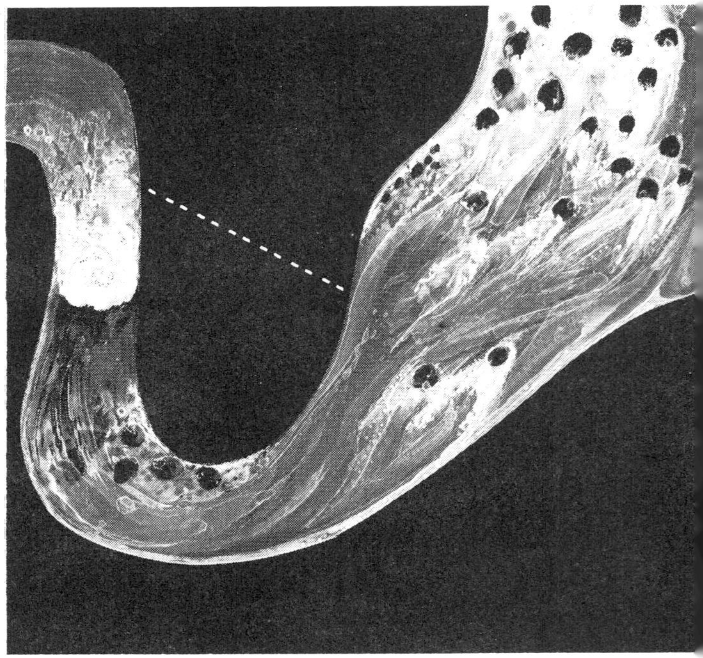

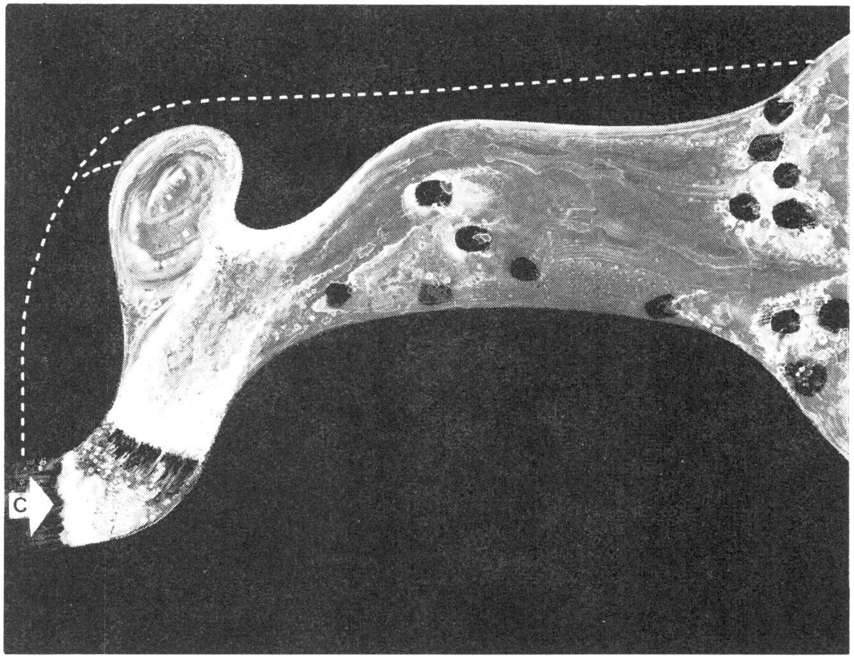
C

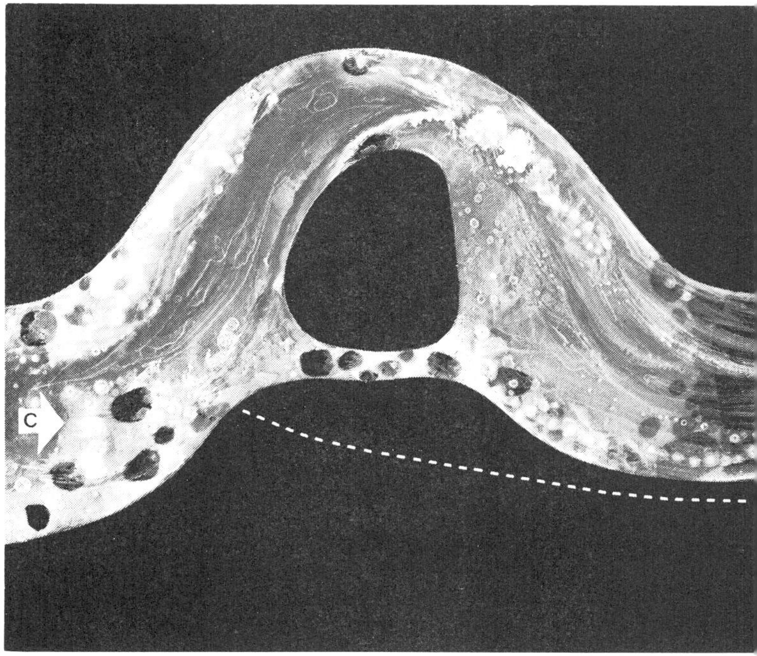
C

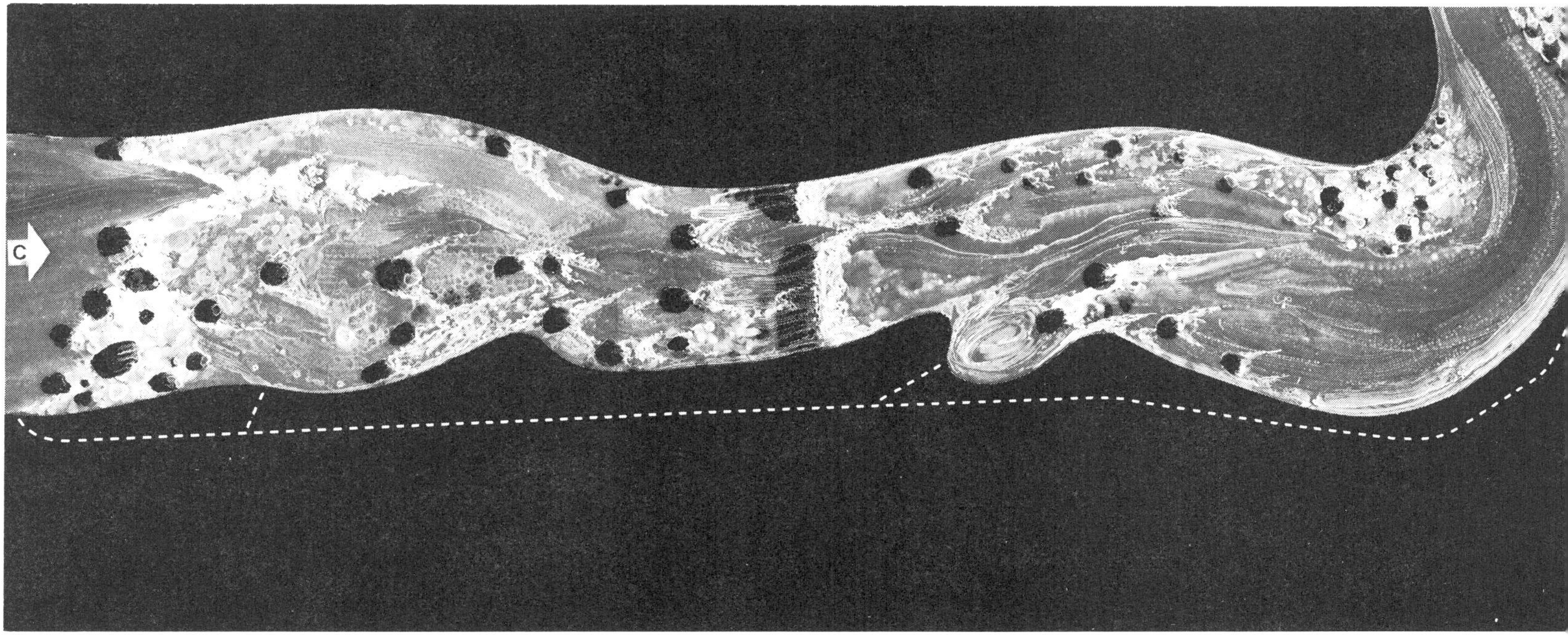
C

1) Die Befahrung der Stromzunge A ist gefährlich wegen des Steingartens B dahinter, der eine Rückwärtsfähre nach C unmöglich macht. Die Stromgeschwindigkeit und das Fehlen eines Kehrwassers bei D macht eine Landung bei E zu schwierig. Es wäre ein gewagtes Spiel mit dem Zufall im Wander-Canadier im schäumenden, wenig Halt bietenden Wasser F.

2) Eine hart geschlagene Rückwärtsfähre macht's möglich, der Stromzunge zu folgen.

3) Die Position „Seilfähre rückwärts ganz nahe am Ufer" schaltet die Gefahr der Walze aus.

4) Bei A ist eine kräftige und fehlerlose Vorwärtsfähre erforderlich, um von C nach D zu kommen und nicht in den Steilabfall B gezogen zu werden.

5) Die Portage zum Kehrwasser A macht die Befahrung der Schnelle stromab vom Fall möglich. Angesichts der mit voller Wucht auf B treffenden Strömung ist jedoch ein aggressives Ausfahren aus der Schnelle in dem vollen Stromzug erforderlich.

6) Eine Drehung im Kehrwasser A ist zwar nicht schwierig, doch da der Fall B extreme Lebensgefahr bedeutet, ist eine Landung bei C und eine Portage angebracht.

7) Eine Kenterung in den hohen Schwällen D würde eine lange, gefährliche Schwimmtour bedeuten. Das Kehrwasser B eröffnet eine Möglichkeit, um das Geschehen hinter Kurve C einzusehen.

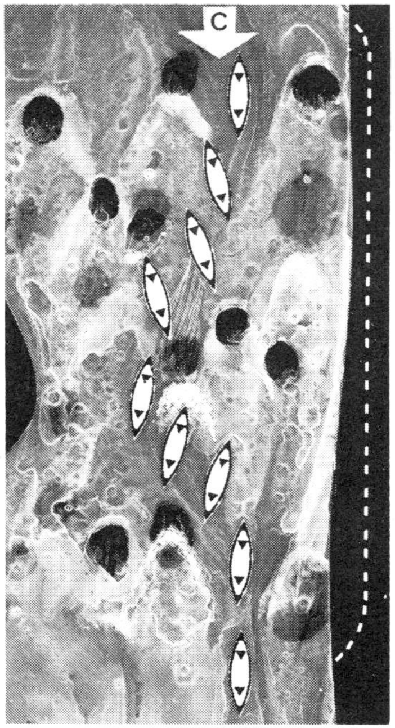

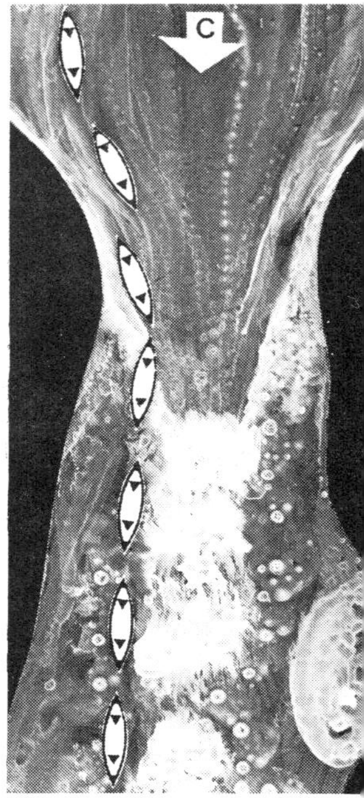

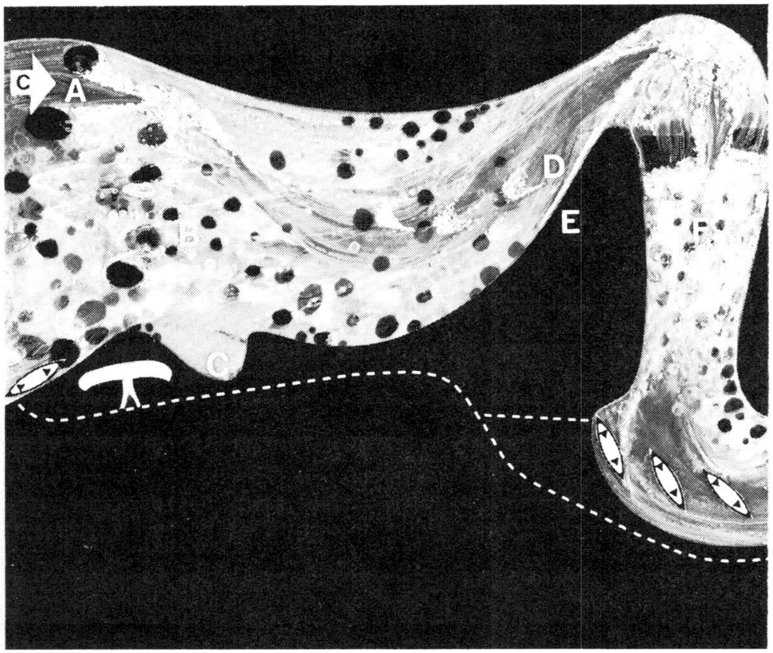

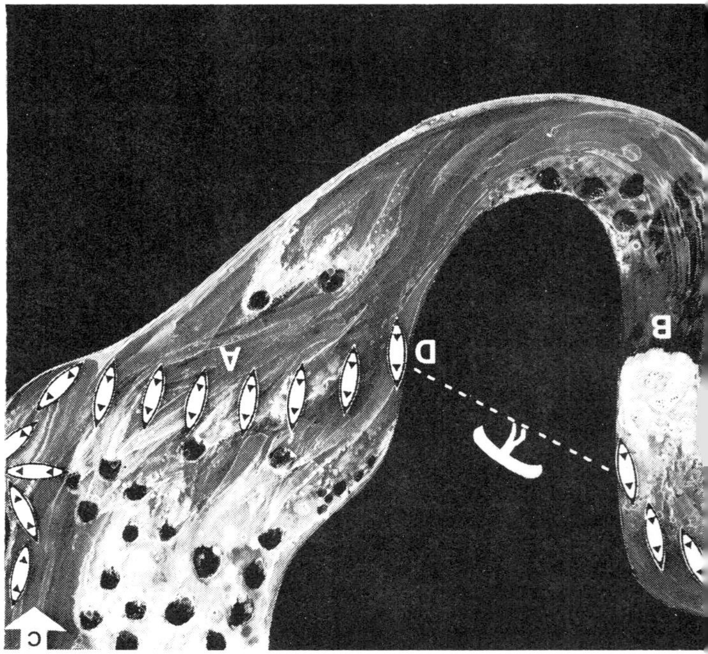

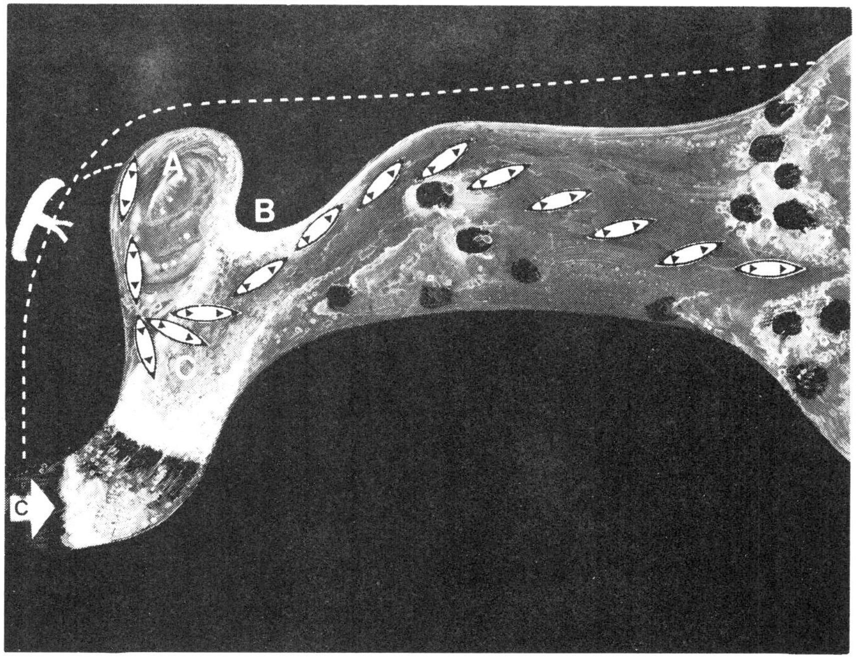
A
B
C

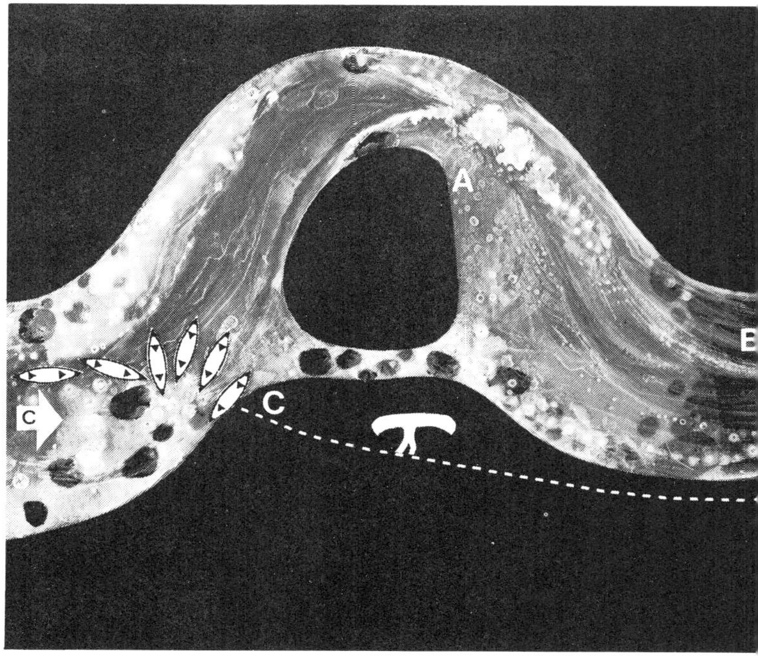
A
B
C
C

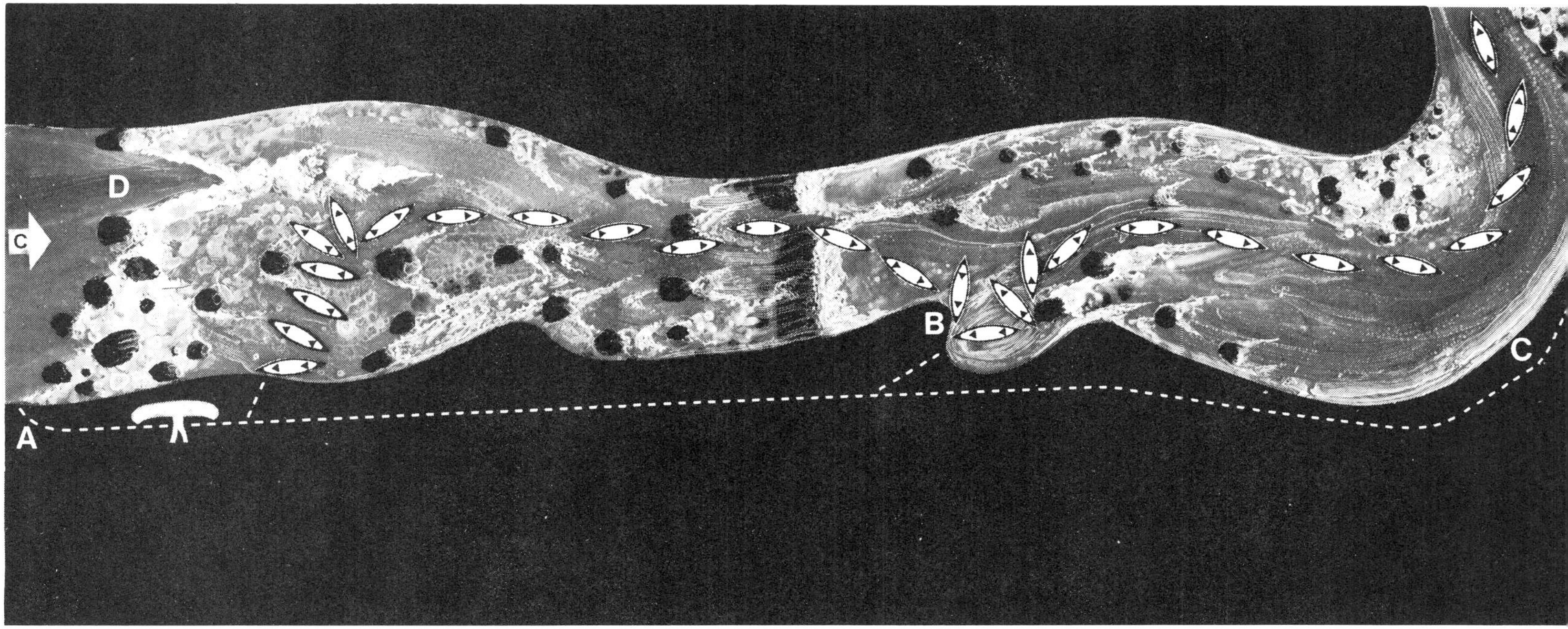
D
C
B
C
A

Kenterungen – oder: wenn's mal schiefläuft

Dieses Thema kann ich recht sachkundig abhandeln, denn ich habe jeden möglichen Fehler mindestens einmal selbst gemacht – und das in allen möglichen Variationen. Wer sein Können immer mehr entwickelt, geht automatisch an immer schwerere Schnellen heran. Mit dem Ergebnis, daß die Anzahl der Kenterungen gleichbleibt. Doch nur die Zahl bleibt gleich, denn mit dem Schwierigkeitsgrad der Schnellen werden auch beim Kentern die Probleme größer.
Zumindest ist das meine Sicht der Dinge. Aber Sie brauchen keine Angst zu haben: Es *muß* nicht so sein. Irgendwann und irgendwo findet ein Wander-Canadier seine Grenze in der Wildwasser-Tauglichkeit, die kein vernünftiger Mensch überschreitet. Das schwerste und gefährlichste Wildwasser ist dem Wanderfahrer verwehrt, und damit auch die schwersten und gefährlichsten Kenterungen. Andererseits gibt es viele, viele Kanuten, die noch nie gekentert sind. Trotzdem muß man sich der Gefahr stets gegenwärtig sein.
Im offenen Canadier passiert es meist nach dem Vollschlagen des Bootes. Das kann ganz plötzlich geschehen, doch meist füllt es sich und sinkt nach und nach, bis es nicht mehr dem Paddel gehorcht. Eine gute Persenning verhindert einen hohen Prozentsatz von Kenterungen, verführt aber auch zur Unterschätzung der Situation.
Klassisch kentern lassen oder umwerfen kann einen eine brechende Diagonalwelle. Doch das schlimmste Übel ist, breitseits vor einen Felsen zu treiben und stromauf umzukippen. Einen Felsriegel falsch zu nehmen, quer in die Walze dahinter zu geraten, ist ein anderer sicherer Anlaß umzuschmeißen.

Aber ganz gleich, wie und warum es passiert ist – die Kanuten müssen schwimmen. Es sei denn, es handelt sich um eine ganz flache Schnelle. Und selbst dort ist es gar nicht so einfach, sich auf den Füßen zu halten. Den besten Halt findet man im Kehrwasser eines Felsblocks. Kehrwasser sind auch nach einer Kenterung freundliche Häfen!

Dringend vermeiden muß man, daß sich ein Fuß in einer Felsspalte unter Wasser verklemmt (Fotomontage 1). Die Strömung wird den Oberkörper stromab unter Wasser drükken und festhalten (Fotomontagen 2 und 3). Selbst bei mäßigem Strom kommt man nicht dagegen an, kann den Fuß nicht herausziehen. Da hilft nur die Rettung durch einen Zug von der stromauf liegenden Seite. Selbst mit der Hilfe-

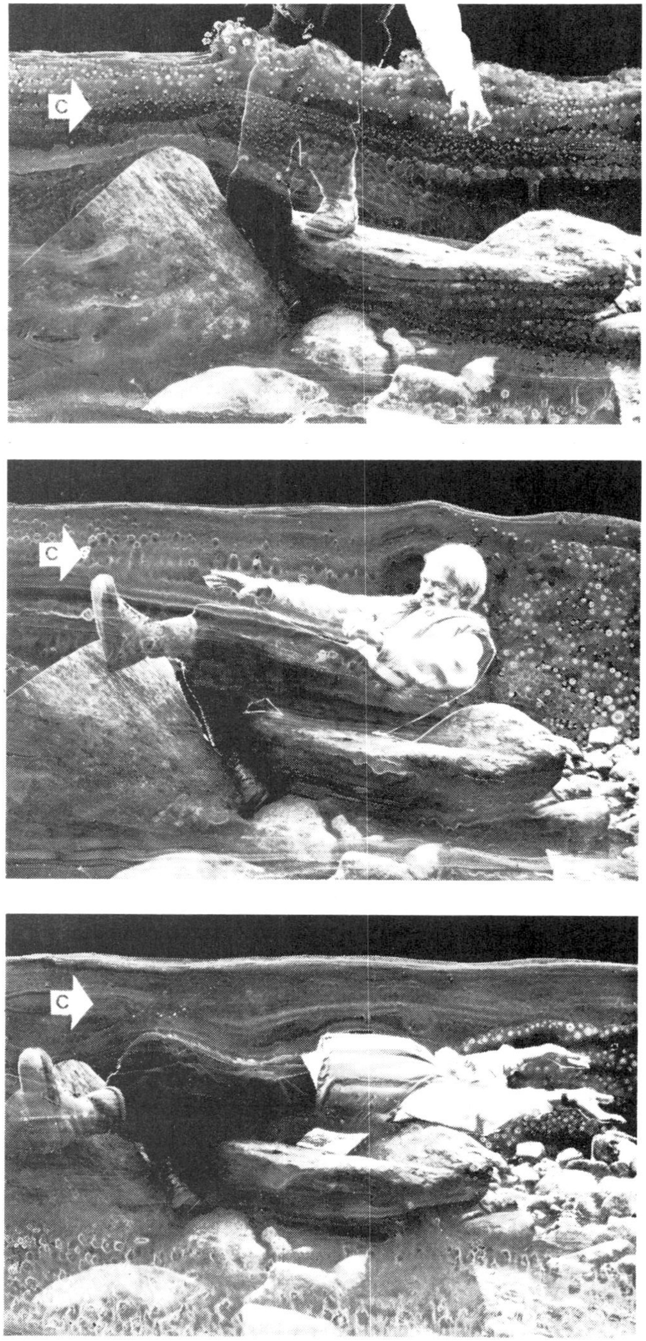

stellung von Freunden kann es zu spät sein – wenn sie überhaupt herankommen. Deshalb ist es ratsamer, auch im relativ flachen Wasser hinter einen Felsblock zu schwimmen und sich dort, wenn möglich, aufrechtzustellen.
Eine zugeworfene Leine hilft auch dann, wenn man glaubt, ans Ufer waten zu können. Unter Umständen ist es möglich, von Kehrwasser zu Kehrwasser zu schwimmen. In einer schweren Schnelle ist die flache Rückenlage mit weit ausgestreckten Beinen am sichersten.
Man kann mit den Händen sogar ein bißchen paddeln oder gar sowas wie eine Seilfähre fahren. An Felsblöcken anzustoßen, ist das geringste Problem – der Rückstau des Wassers leitet einen drumherum. Aufpassen muß man dagegen, sich nicht zwischen zwei Blöcken zu verkeilen. Zu alledem gehört Kaltblütigkeit . Wer die Nerven verliert, macht alles nur noch schlimmer.

Die Bergungsleine am Heck

Ich habe sie bei einer Reihe von Gelegenheiten mit Erfolg benutzt. Sie besteht aus 15 – 30 m schwimmfähigem, nicht zu dicken Tau, von dem der größte Teil aufgeschossen und im Heck verklemmt wird. Ein etwa meterlanges Stück bleibt frei, um es bei Bedarf sofort greifen zu können.
Auf der anderen Seite kenne ich Kanuten, die mit viel Verve argumentieren, es sei Selbstmord, mit mehr als 2 m Leine an Bug oder Heck zu fahren. Die Gefahr, sich bei einer Kenterung darin zu verheddern, sei viel zu groß. Ein einleuchtender Standpunkt! Doch bei Alleinfahrten in einsamen Gegenden kann die Bergung eines gekenterten Bootes lebenswichtig sein, denn da wird keiner zur Stelle sein und das stromab treibende Boot auffischen.
Schwimmleine und ein festes Verkeilen, so daß sie sich erst im Bedarfsfalle aufspult, trägt zum Eindämmen der „Verwicklungs"-Gefahr bei.

Der Wurfbeutel

Mein Verhältnis zu Leinen ist getrübt. Ich kann tun, was ich will und so sorgfältig ich will oder kann. Wenn ich ein Tau aufschieße und es behutsam im Bootsheck verstaue, brauche ich nur bis zehn zu zählen, und eine Horde böser Geister hatte gerade nichts Besseres zu tun, als dieses Tau tausendfach zu verschlingen und zu verknoten. Ein Gegenmittel ist der Wurf- oder Rettungsbeutel.

Rettungsgeräte (Wurfbeutel) wurden unter den Bezeichnungen Mini und Maxi entwickelt. Das Mini-Gerät mit eingeknoteter 20 m-Leine bietet sich in erster Linie den „Extremen" an, die bei Bedarf zwei Schwimmleinen zusammenbinden. Das Maxi-Gerät mit längerer 25 m-Leine empfiehlt sich den Wanderfahrern. Die von ihnen bevorzugten Gewässer sind nicht nur breiter; die Gruppen sind auch meist kleiner, und oft ist kein zweiter Wurfbeutel vorhanden.
Bei extrem gefährlichen Kenterungen hinter Wehren kann der Einsatz eines Wurfbeutels über Leben und Tod entscheiden.

Das Messer am Gürtel

Wenn es trotz aller Vorsichtsmaßnahmen zu Verwicklungen mit einer Leine kommt, ist die einzige Rettung ein greifbares Messer. Ein in der Hosentasche verstecktes Klappmesser ist in diesem Fall absolut witzlos. Trotzdem sollte dieses am Gürtel getragene Messer eher klein sein, denn sonst verhakt man sich ständig damit.

Bergungsleine am Petawawa

Wir waren an den Rollway Rapids, die wir im Herbst zuvor bei niedrigem Wasserstand gefilmt hatten. Nach einem harten Schnitt wollte ich sie im Film auch im Frühjahrshochwasser zeigen, um dem Betrachter die Lage der Felsen und ihre Wirkung auf die Wasseroberfläche zu verdeutlichen. Dabei sollte klar werden, welche Felsen welche Wellen hervorrufen. Das Wasser war sehr kalt – also hielten wir die Kanu-Sequenz so knapp wie möglich.
Wir hatten die Szenen eben im Kasten und trugen das Boot an Dreivierteln der Schnelle vorbei. Der obere Abschnitt war bei diesem Wasserstand absolut unfahrbar. Doch von unserem neuen Einsatzpunkt war es leicht. Die Schnelle verengte sich hier zu einem engen Durchschlupf, hinter dem wir bis dato nicht mehr als ein paar ganz leichte Schwälle angetroffen hatten. Als einzige Vorsichtsmaßnahme wollte ich allein mit leerem Boot zur Probe runterfahren und das Zeichen zum okay geben. Das zweite Boot sollte folgen, und dann würden wir zurücklaufen und die wertvolle Kamera-Ausrüstung über Land nachbringen. Ich legte mein Naßbiber-Oberteil an und stieß ab. Wer im Frühjahr schwere Schnellen ohne Neopren o.ä. fährt, ist sehr tapfer, sehr verrückt – oder beides. Als ich mich der Engstelle näherte, traute ich erstmal meinen Augen nicht. Der Fluß hatte einen unwahrscheinlichen Rückstau, und das Wasser schoß in einem dicken Strahl wie aus einer Turbine durch die Öff-

nung. Grundberührung war jedenfalls ausgeschlossen, doch die Widerwelle schien mir so hoch wie der Mount Everest. Es blieb mir nicht einmal genug Zeit, meinen Canadier auszurichten. Der Diagonalbrecher würde mich packen – das war mir klar.

Vielleicht konnte ich mit einem weiten Ausleger doch durchkommen – wenn mir das Schicksal ein wenig hold war. Der Bug knallte in die Welle und wurde nach links hinübergeschleudert, statt sie zu durchstoßen. Dann schlug das Ungeheuer voll und breitseits zu. Keine Macht der Welt hätte den Umschmiß verhindern können. Ich kann mich daran erinnern, wie ich mich unter Wasser darüber wunderte, mit welch atemberaubender Schnelligkeit sich alles ereignet hatte – und wie lange es dauerte, bis ich endlich auftauchte. Wenn man in einer hohen, schweren Welle kentert, wird man erstmal von Wasser begraben und nach unten gezogen – doch man taucht immer wieder auf. Ein bißchen Geduld, und bitte keine Panik! Endlich kommt der Augenblick, da der Kopf wieder aus dem Wasser taucht, wo man rasch Luft schöpfen kann, bevor der nächste Brecher einen erneut begräbt. Auch hier muß man ein gewisses Gefühl für's Timing haben. Wer sich mit aller Macht nach oben kämpft, vergeudet sinnlos wertvolle Kraft. Am Ende der Schwallstrecke schwamm ich zum Canadier hin, griff unter das Heck und zog meine Bergungsleine heraus. Ich nahm Kurs auf das nächstgelegene Ufer. Die Leine wickelte sich vorbildlich ab. Als ich halbwegs zum Ufer hinübergekommen war, begann ich die Kälte des Wassers zu spüren. Das Neopren-Oberteil schützte nur einen Teil meines Körpers, und den nicht einmal ordentlich. Das Top paßte nicht recht und ließ viel Wasser durch. Doch bis zum Ufer mußte es gehen – und endlich hatte ich festen Grund unter den Füßen und konnte langsam anfangen, den kieloben schwimmenden Canadier an mich heranzuziehen. Der Stromzug war so stark, daß ich am Ufer entlang und mitlaufen mußte, um ihn nach und nach zu bergen. Leichter gesagt als getan. Ich rannte über Stock und Stein, und dann sah ich den Baum. Ich könnte das Tauende um ihn herumschlingen, und der Canadier würde zum Ufer hinpendeln. Dann endlich könnte ich mein Boot bergen. Ich mußte mich beeilen, denn das Rauschen der nächsten, selbst bei Normalwasser äußerst tückischen Schnelle war bereits zu hören. Also rannte ich um den Baum, um das Tau zu belegen, doch das Ende war zu kurz – es flutschte mir nur so aus der Hand und ins Wasser und trieb hinter dem Boot her.
Wieder lief ich los, überquerte eine Landzunge und stürzte mich jetzt vor dem Boot ins Wasser. Ich schwamm zum Canadier hin, griff unters Heck, bekam die Leine zu fassen, mußte sie aber in der Hand bis zum Ende durchlaufen lassen,um sie dort zu packen,denn es war keine Schwimmleine. Ich schwamm ans Ufer zurück, doch auch diesmal flutschte mir das Ende durch die Finger. Ich mußte das Ganze wiederholen. Inzwischen machte sich der Kälteschock des Wassers immer stärker bemerkbar und zehrte an meinen Kräften. Aber ich schaffte es, das Ende in die Hand zu bekommen und festzuhalten. Ich schwamm in Richtung Ufer, doch der Fluß hatte sich inzwischen verbreitert. Als sich die Leine straffte, war ich fünf, sechs Meter vom rettenden Land entfernt. Ich versuchte, das Boot hinter mir her zu schleppen, aber es klappte nicht. Gleichzeitig spürte ich, wie meine Glieder immer gefühlloser wurden. Eine gefährliche Lage, denn man ist kurz davor, die Kontrolle über die Muskeln zu verlieren.

Ich ließ also die Leine fahren, sagte meinem Canadier Lebewohl und gewann das Ufer.

Ich kann mich gut erinnern, wie böse ich dem Boot war, weil es sich sowenig kooperativ gezeigt hatte. Danach kostete es mich extreme Mühe, überhaupt noch die Böschung hinaufzukommen. Dort stand ich dann unter fortwährendem, unkontrollierten Zähneklappern, während mein Boot allein die nächste Schnelle ansteuerte. Nach und nach kehrten meine Kräfte zurück und ich ging am Ufer entlang – in der stillen Hoffnung, das Boot in irgendeinem Kehrwasser treibend wiederzufinden. *Das* Glück war mir jedoch nicht beschieden. Als ich die letzte Landzunge oberhalb der Schnelle gequert hatte, sah am ich dortigen Portage-Trail einen Canadier liegen. Ohne lange nachzudenken, packte ich mir das fremde Boot, fing meinen Ausreißer knapp vor dem Einlauf in die Schnelle ab, zog ihn quer über die Dollborde und paddelte zurück zum Ufer. Ein Blick sagte alles: Die zweiten Schnellen waren regelrecht im Hochwasser ersoffen und das Boot wäre unbeschadet durch sie hindurchgetrieben – doch dann folgte ein reißender Flußabschnitt, auf dem ich meinen Canadier nie und nimmer eingeholt hätte. Bevor ich zu meinem Kameramann Ken zurückging, entzündete ich erstmal ein Feuer, um richtig aufzutauen.
Glücklicherweise trage ich immer eine kleine, wasserdichte

Schachtel Streichhölzer am Körper, und dazu eine kleine Kerze. Damit bekomme ich auch bei feuchtem Wetter und mit klammen Fingern immer ein Feuer in Gang.
Diesmal dauerte es seine Zeit, bis ich soweit war. Ich kenne hinreichend die Gefahren, die einem durch Unterkühlung im eisigen Wasser drohen – und diesmal wurde mir immer klarer, daß ich mich trotz des Neopren-Oberteils viel zu lange der Kälte ausgesetzt hatte. Hypothermie ist der Fachausdruck für Unterkühlung. Hypothermie kann auch dann noch tödlich sein, wenn man bereits das – vermeintlich rettende – Ufer erreicht hat. Während mich langsam die Wärme des Feuers durchzog, tat ich den heiligen Schwur, daß meine nächste Bergungsleine nicht nur schwimmfähig, sondern auch entsprechend lang sein mußte. Ein Beispiel: Bei den Filmarbeiten zu einer Sequenz über Kenterungen ließen wir ein altes Boot durch eine lange, schwere Schnelle treiben. Dabei vergaßen wir, die nicht schwimmfähige 30 m-Heck-Leine vorher abzuknüpfen. Prompt verfing sie sich in einem Felsblock in der Strommitte und hielt das Boot unter Wasser fest. Sie hielt es mitten in der größten Turbulenz, aus der es absolut nicht mehr geborgen werden konnte. Soviel ich weiß, hängt es immer noch da unten.

Lenzen

In jeden offenen Canadier gehört unbedingt ein größerer Lenztopf. Bei einer Portage sollte er ans Boot angebunden werden. Ein größerer Topf aus dem Kochgeschirr erfüllt durchaus den Zweck.

Breitseits vor einem Block

Da fragte mal ein Anfänger seinen Lehrgangsleiter über die Maßnahmen aus, wenn ein Boot breitseits vor einem Block lande. „Das darf überhaupt nie vorkommen!“ war die knappe, barsche Antwort. Dabei passiert es immer wieder. Mir ist es öfter passiert, als ich zugeben möchte – sowohl auf Solo- als auch auf Zweier-Touren. Solo kommt das Boot allerdings eher davon.
Nehmen wir wieder einmal an: Man ist zu zweit unterwegs, und da taucht plötzlich ein Felsklotz auf. Der Vordermann macht den ganz alltäglichen Fehler, auf der falschen Seite anzufahren. Das heißt, wenn der Hauptstrom nach links zieht und er rechts fährt (Abb. 1). Das Heck schwingt herum, der Canadier dreht sich breitseits und hängt vor dem Fels. Beide Kanuten lehnen sich stromauf, wenden sich instinktiv vom drohenden Gestein ab (Abb. 2). Das Dollbord gerät unter Wasser, und dessen Kraft drückt das Boot ganz auf die Seite (Abb. 3). Das Boot ist jetzt eine riesige Schöpfkelle. Die Strömung und mit ihr Tonnen von Wasser drücken mit Macht herein. Der Canadier wickelt sich wie ein Lappen um den Felsen (Abb. 4). Auch das Wrack ist kaum noch zu bergen.

Die „Bärenfalle“

Zwischen Boot und Felsen eingeklemmt zu werden, kann fatale Folgen haben (Abb. 5). Die Kraft, die von einem 13 km/h-Strom auf einen nach stromauf offenen Canadier ausgeübt wird, liegt bei der 2 to-Marke. Hinterher sieht das Boot aus wie auf Abb. 6. Wer schwimmend stromab getrieben wird, und wem das gekenterte Boot folgt, sollte sich von ihm freischwimmen. Die Position unterhalb des treibenden Bootes ist die denkbar schlechteste. Die Gefahr, in die fatale „Bärenfalle“ zu geraten, ist zu groß.

Maßnahmen gegen die „Bärenfalle“

Nochmals die Situation:
Da ist der Fels, mitten im Stromzug (Abb. 7). Der Vordermann hat die falsche Seite gewählt. Der Hintermann versucht noch, das Heck stromauf zu knüppeln, doch er kommt nicht gegenan. Der Canadier dreht sich und knallt mit der vorderen Mittschiffspartie gegen den Felsen. Der Steuermann schreit: „Ausleger stromab, zum Felsen hin!“, damit der Strom nicht das Dollbord runterziehen und ins Boot rauschen kann.
Irgendwie findet der Vordermann Halt, springt auf den Felsen (Abb. 9). Hätte der Kollisionspunkt weiter hinten gelegen, hätte der Steuermann rausspringen müssen. Sobald der Bug geleichtert ist, sinkt das Heck tiefer; der Strom packt es und zieht es flußabwärts – das Boot kommt vom Fels klar – während der Bugpartner sich daran festklammert wie das unschuldige Kind an den Rocksaum seines Schutzengels

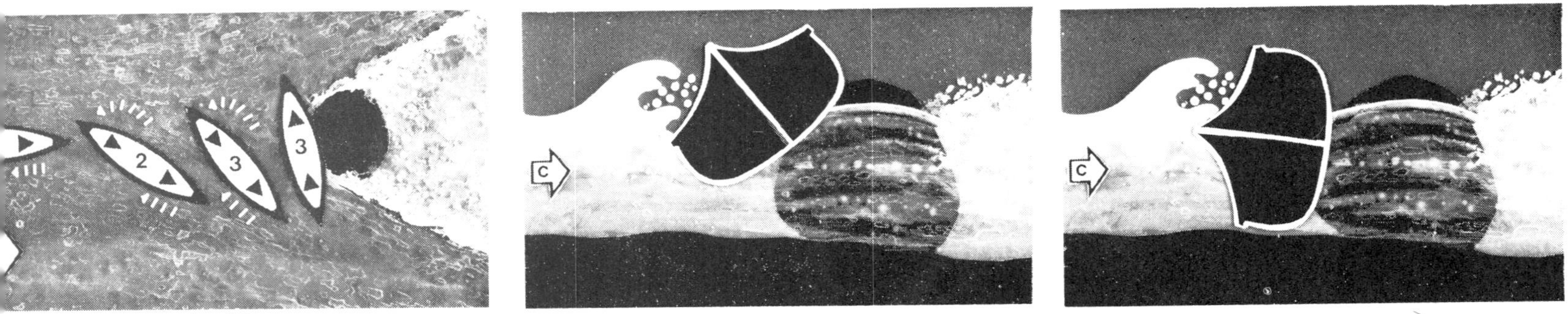

Breitseits vor einem Felsen

Die „Bärenfalle“

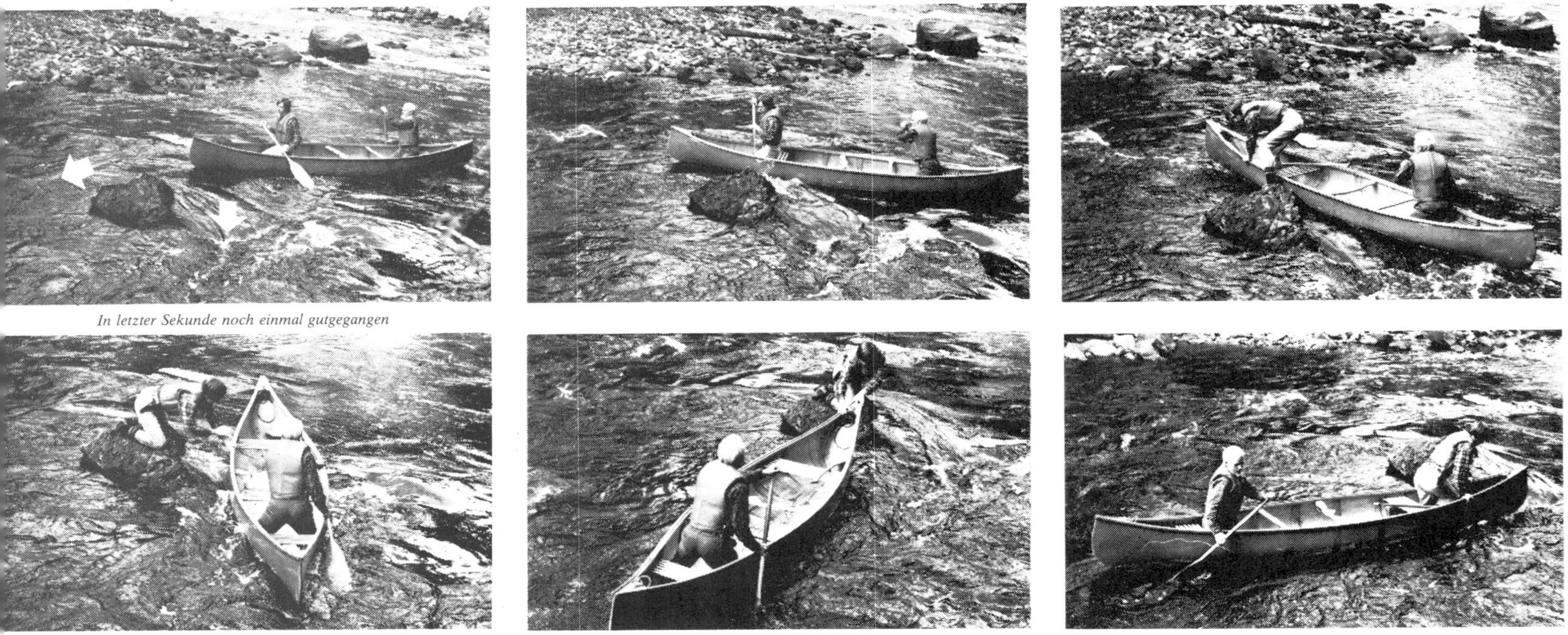

In letzter Sekunde noch einmal gutgegangen

(Abb. 10). Aber es geht ihm auch um seinen Steuermann, der sich in der bekannt wackligen Position befindet. Danach will er selbst vom Felsen runter. Also läßt er den Canadier in das Kehrwasser hinter seinem Block rutschen (Abb. 11). Dann brüllt er, es täte ihm leid, den ganzen Aufstand durch seine falsche Anfahrt verursacht zu haben, und steigt wieder an Bord. Da ist alles vergeben und vergessen, denn die Rettungsaktion hat hervorragend geklappt (Abb. 12).
Noch ein Wort zu den Fotos: Sie zeigen eine sehr gebremste Version des Breitseits-Beinahe-Desasters in einer netten, freundlichen und schwachen Strömung. Ich war nicht bereit, meinen guten Canadier in wirklich hartem Einsatz zu riskieren.
Es gibt viele Variationen dieses bösen Vorganges und Situationen, die viel, viel schlimmer als die von uns dargestellten sind. Bei Gegenmaßnahmen heißt es, alles zu versuchen, und zwar blitzschnell, um das Quertreiben vor einem Felsen zu verhindern. Wenn der Fels knapp unter Wasser liegt, sollte Vorder- oder Hintermann sofort nach hinten oder vorn rutschen (je nachdem, wo die Kollision stattfindet), um so Bug oder Heck zu leichtern. Besonders wichtig ist der Versuch, das flußaufwärts gerichtete Dollbord hochzuhalten. Gewichtsverlagerung auf die stromab gerichtete Seite ist ein Mittel – zum Felsen hin und nicht auf die andere Seite, wo es die meisten Kanuten merkwürdigerweise hinzieht. Diesen fehlgeleiteten Reflex sollte man tunlichst ausschalten – denn sonst ist es in Sekundenbruchteilen passiert.
Der Canadier kann aber auch an Bug und Heck gegen je einen Felsen gedrückt werden; eine nicht weniger ernste Situation. Man muß versuchen, ein Ende des Bootes über das Hindernis hinwegzuheben, und muß dafür raus und auf den Felsen. Wenn das Boot trotzdem stromauf kentert und vollläuft, darf es keinesfalls den Mann gegen den Felsen drükken. Es ist nicht das Gewicht des Canadiers, das ihn umbringen könnte – sondern der enorme Wasserdruck, dem der Mensch nichts entgegenzusetzen hat. Deshalb größte Vorsicht bei jeder vom Boot stromab liegenden Position!
Fest eingedeckte Wildwasser-Canadier und -Kajaks mit Auftriebkörpern haben's besser. Leider sind diese Fahrzeuge für lange Wanderfahrten mit kompletter Ausrüstung kaum geeignet.

Bergung eines breitseits festliegenden, gekenterten Canadiers

In dem Film „Solo Whitewater" zeigt eine Sequenz einen breitseits vor einem Felsblock liegenden Canadier. Ein Kardinalfehler von mir, begangen im Bruchteil einer Sekunde. In einem unbeabsichtigten Reflex hatten meine Hände statt des Paddels das Dollbord gehalten. Dann aber bekam ich die Lage wieder in den Griff und rettete sie durch entschlossenes Rückwärtspaddeln. Mir schien, das Boot hätte den Felsen berührt, aber vor jedem Felsen in der Strömung ist ein schmales Wasserpolster, der Rückstau der auf das Hindernis aufprallenden Strömung. So war die Bordwand am Bug nur ganz knapp an den Felsen herangekommen. Doch wäre der Canadier vollgelaufen, hätte er das schmale Polster durchbrochen. Es hätte eine Kollision gegeben, und er wäre verloren gewesen.
Während unseres Nahanni-Trips drohte uns das vorher beschriebene Desaster gleich zweimal. Beim ersten Mal waren Paul und ich die Delinquenten. Währen wir unseren Canadier durch einen Steingarten an der Innenkurve stromab treidelten (die Außenseite schien uns zum Fahren gar zu bösartig), glaubte ich, eine Art Fahrrinne zu erkennen. Ziemlich verdreht, aber eine Möglichkeit.
Ich sagte Paul, er solle den Canadier in die erste Lücke zwischen den Blöcken schieben, während ich mit der Treidelleine stromab lief. Paul guckte mich an, als habe er nicht recht verstanden oder ich hätte was total Verrücktes gesagt. Aber ich rief ihm zu, er solle das Boot endlich loslassen. Schließlich hatte ich meinen Canadier schon durch die unmöglichsten Steingärten hindurchgetreidelt, ohne daß auch nur das Geringste passiert wäre. Paul hatte immer noch diesen „Ich-glaube-nicht-daß-es-klappt"-Ausdruck im Gesicht, doch ich rief ihm zu, er solle dem Kahn einen Schubs geben. Es sei wirklich alles okay. Mit einem Achselzucken rief er zurück – es sei ja mein Boot, richtete es aus und stieß es in den Durchschlupf. Viel weiter kam es nicht. Der Bug passierte den nächsten Block auf der falschen Seite ; der Canadier trieb sofort breitseits, kippte stromauf. Wasser strömte herein, und er saß fest wie angemauert.
Da ich mich selbst stromab von dem Boot befand, war ich nicht in der Lage, es mit einem kräftigen Ruck an der Leine zurückzureißen, als es in der falschen Richtung ausscherte. Paul hätte die Heckleine halten müssen, bis das Boot auf dem richtigen Kurs war.
Doch ich hatte die Heckleine in der Hand, und alles dauerte ein paar Sekunden angesichts der Tonne Wasser, die mein Fahrzeug auf den Felsen preßte.
Zwischen uns und dem Endpunkt unserer Tour lagen über 500 km menschenleerer, wegloser Wildnis. Einer unserer fünf Begleiter – Barrie Nelson – watete mit mir hin zu dem Wrack, um zumindest die Bergung zu versuchen. Zuerst schnitten wir das festgezurrte Gepäck aus dem Boot heraus. Alles war an einer einzigen Leine festgebunden und das Losmachen war nicht allzu schwierig, obwohl wir eine ganze Weile unter Wasser herumfummeln mußten. Die Ausrüstung samt den Paddeln brachten wir ans Ufer. Aber wo jetzt die Bergungsleine festmachen?
Endlich belegten wir sie an den Duchten, führten sie unter dem Boot hindurch und dann darüber zurück. So würde ein ordentlich von flußaufwärts geführter Zug den Canadier drehen und den enormen Wasserdruck entscheidend mildern (Foto 1).
Es war vertane Mühe. Terry, Bob und Paul zogen mit allen Kräften.
Wir zogen in jedem nur möglichen Winkel, doch das alles

half nichts. Ich sah keinen Sinn in den Anstrengungen. Wir alle zusammen vermochten den Canadier nicht einen einzigen Zentimeter zu bewegen. Er war eingeknickt und hatte sich um den Felsen herumgewickelt.
In der Zwischenzeit fällte Alan Whatmough, unser sechster Mann, ein Bäumchen – während ich ihm zurief, wir bräuchten einen doppelt so starken Stamm.
Wenn einer sich stromab von dem festgefahrenen Canadier aufhielt, wurde er sofort energisch zurückgerufen. Würde das Boot doch plötzlich freikommen, wäre es ein unkontrollierbarer, tonnenschwerer Behemoth. Allein schon bei dem Gedanken, daß einer von uns zwischen diese Masse und einen ebenso schweren Felsklotz geriete, lief es mir eiskalt den Rücken herunter.
Dann hatte Alan endlich den Baum gefällt und entastet. Es schien uns Ewigkeiten zu dauern, während wir bis zu den Hüften im eisigen Wasser standen. Alan schleppte den Baum ein Stück stromauf (Abb. 2) und ließ sich mit ihm zu uns hertreiben. Wir steckten das Ende des Hebels unter den Bug und suchten uns eine ordentliche Auflage als Drehpunkt. Wir legten uns darauf, und der Bug kam zwar etwas höher, aber der Baum bog sich zu sehr durch.
Bob fällte einen noch stärkeren Stamm. Diesen Hebel setzten wir mittschiffs an; Bob, Terry und Paul bemannten den neueren Hebel, Barrie, Alan und ich den ersten. Unter unseren gemeinsamen Anstrengungen hob sich der Canadier langsam aus der Flut (siehe Illustr. 1 und 2). Wir hievten 35 kg Kanu mit einer knappen Tonne Wasser aus einer 13 km/h-Strömung!
Plötzlich war das Boot frei und rutschte über den Fels hinweg. Die an einem dicken Klotz gesicherte Bergungsleine hielt es fest und ließ es ans Ufer treiben. Der Bootsboden war soweit eingebeult, daß er fast die Mittelducht berührte, aber eine Reparatur war durchaus möglich (Foto 4). Wir waren ungeheuer erleichtert: Aus unserem Alptraum, zu dritt plus all der Ausrüstung in zwei Canadiern fahren zu müssen, gab es freundliches Erwachen.
Mir ist eine ganze Anzahl von Fällen bekannt, in denen ein Boot nicht geborgen werden konnte. Ohne die Hebelstämme hätte mein Canadier das gleiche Schicksal erlitten. Wir legten ihn auf zwei Blöcke auf und Alan, der behauptete, eine Ahnung von Karosserie-Arbeiten zu haben, sprang hinein, stampfte und trat und schlug, bis sich das Wrack bequemte, wieder halbwegs das Aussehen eines Canadiers anzunehmen. Unglücklicherweise war er an zwei Seiten eingerissen.
Am nächsten Morgen starteten Paul und ich in den nächsten Wildwasser-Abschnitt, der keine 100 m stromab begann. Es war nicht einfach, aber wir kamen durch. Wir fuhren gleich weiter, schlugen uns mit einer zweiten, einer dritten, einer ganzen Kette von Schnellen herum. Vor einer Flußbiegung liefen wir ein Kehrwasser an, um den Rest der Flottille nicht aus den Augen zu verlieren, blickten uns um. Was wir sahen, erfüllte uns mit Entsetzen. Terry und Alan rannten am Ufer entlang stromauf – das konnte nur heißen, daß Barrie und Bob gekentert waren. Doch da kam kein Boot kieloben angetrieben, es kam keiner geschwommen. Das bedeutete nichts anderes, als daß ein zweiter Canadier festsaß!

In einem haarsträubenden Manöver traversierten Paul und ich auf die andere Flußseite hinüber, wo wir die gestrandeten Freunde vermuteten. Wir schnappten uns die 30 m-Rettungsleine, eine Axt und eine Säge und liefen ebenfalls stromauf. Es schien schiere Ewigkeiten zu dauern, bis wir uns über das mit Blöcken reich garnierte Ufer vorgearbeitet hatten. Als wir hinter der Biegung einen längeren Flußab-

schnitt überblicken konnten, sahen wir Barri und Bob mitten in der tosenden Schnelle stehen! Bis zu den Hüften standen sie in einer schäumenden Walze.
„Wo ist das Boot?“ brüllte ich zu Terry hinüber. – „Sie stehen drin!“ kam die Antwort durch das Brausen des Nahanni. Zumindest glaube ich, das verstanden zu haben. Sofern eine Bergung diesmal überhaupt noch möglich war, würde sie noch schwieriger werden. Die Beiden standen da, hilflose Kreaturen mitten im wirbelnden, eisigen Wasser. Vielleicht bestünde eine Möglichkeit, von oberhalb anzuschwimmen und ihnen und dem Boot zu helfen. Trotzdem hofften wir alle, nicht ebenfalls ins kalte Wasser springen zu müssen, und beteten im stillen, daß sie es allein schaffen würden.
Immerhin hatten Terry und Alan Seilverbindung zu den beiden Schiffbrüchigen hergestellt. Die Ausrüstung war bereits in Sicherheit. Eine unerläßliche Vorsichtsmaßnahme auf einem Fluß wie dem oberen Nahanni, der ohne Atempause Meile um Meile durch eine menschenleere Wildnis stürmt. Da muß man für die Ausrüstung schon mal alles riskieren.
Wir atmeten tief durch, als sich die vier Packen und die drei Paddel am Ufer türmten. Das nächste Ziel war, wieder einen Baumstamm zu den Schiffbrüchigen rauszubringen, um das Boot über den Felsen wegzuhebeln. Ich fällte eine Fichte von ca. 15 cm Stärke, band die Rettungsleine daran fest und warf das Ende Bob und Barrie zu.
Ist das Manöver weit genug stromauf angesetzt, können die Schiffbrüchigen leicht das Seil greifen, denn es treibt auf sie zu. Bob faßte es und zog den Stamm zu sich heran. Barrie knüpfte das Seil ab, schoß es auf und warf es zu uns zurück. Doch es fiel kurz, und er hatte das Ende losgelassen – *diese* Rettungsleine war weg.
Aber es gelang uns, den Hebel anzusetzen. Was fehlte, war ein passender Auflageblock, und dem einzigen, der womöglich in Frage gekommen wäre, war das Boot zum Opfer gefallen. Dann aber hätten die Beiden stromab vom Boot arbeiten müssen- und das stand völlig außer Diskussion.
Also mußten sie den Stamm heben statt über einen Drehpunkt zu drücken (Zeichnung 3 u. 4). Obwohl dieses Manöver viel weniger effektvoll als der echte Hebel ist, erschien das Boot an der Oberfläche und trieb Richtung Ufer. Als es dort ankam, begrüßten wir es mit Freudengeheul und hoben das stromauf zeigende Ende hoch. Gut zwei Drittel des Wassers strömten heraus, und der Rest war nur noch ein Kinderspiel.
Wir ließen den arg demolierten Canadier auf dem Trockenen liegen und kümmerten uns um Bob und Barrie. Sie hatten die Wahl: entweder aus eigener Kraft ans Ufer zu schwimmen – oder sich von uns mittels Seil dorthin ziehen zu lassen. Zwischen den Männern und dem Ufer schoß das Wasser mit atemberaubender Geschwindigkeit dahin. Wenn sie sich dieser Strömung schwimmend anvertrauten, würde es sie weit unterhalb und nicht ohne blaue Flecken oder gar Ernsteres an Land spülen.
Wir befestigten an der anderen Rettungsleine ein Stück Holz und warfen sie oberhalb in den Fluß. Bob packte die herantreibende Leine, entfernte das Stück Holz und schlang das Seil um seine Taille. Ich signalisierte ihm ein entschiedenes „Nein“, machte stattdessen an meinem Ende eine kleine Schlinge und bedeutete ihm, das Gleiche zu tun. Ich zeigte ihm auch, die Schlinge nicht über das Handgelenk zu ziehen, sondern nur in sie hineinzugreifen – für den Fall, daß er unter Wasser gedrückt wurde und loslassen mußte. Sollte er, festgeknotet an der Leine, den Boden unter den Füßen verlieren, würde er garantiert vom Strömungsdruck unter Wasser gezogen und dort festgehalten werden.

Natürlich könnten wir genauso gut loslassen. Aber im Wildwasser mit einer hinterher treibenden Leine stromab zu schwimmen, ist ein nicht eben lustiger Vorgang. Die Leine brauchte sich nur an einem Block zu verfangen, und das Resultat wäre fatal. Es sei denn, man könnte im letzten Augenblick das Seil kappen.
Bob machte die Schlinge, griff mit beiden Händen hinein und schwang sich in die Strömung. Zu dritt hielten wir ihn und liefen dabei stromab, womit wir einen gewissen Puffer- und Brems-Effekt erzielten. Die Leine an einem Baum oder Stein zu sichern, wäre kaum die richtige Methode gewesen. Bob verlor zwar mehrere Male den Halt, aber schaffte es doch gut zum Ufer.
Eine gute halbe Stunde sollte vergehen, ehe wir die gleiche Aktion mit Barrie wiederholen konnten. Beide Partner waren bereits stark unterkühlt. Barrie erzählte später, daß seine Arme und Beine schon taub geworden waren, daß er bereits mit dem Gedanken gespielt hatte, aufzugeben und dem Fluß alles Weitere zu überlassen. Dieser Gedanke schauderte mich selbst noch im nachhinein – denn gerade Barrie ist einer von denen, die in gefährlichen und schwierigen Situationen weder Mut noch Humor verlieren. Einer von denen, die selten zugeben, daß es tatsächlich bedenklich um sie gestanden hat.
Wir entfachten ein ordentliches Feuer und wickelten Bob und Barrie in unsere wärmsten Sachen. Die Sonne tat das Ihrige dazu, und sie brauchten sich zum Aufwärmen nicht mehr in die Schlafsäcke zu verkriechen. Ein heißes Getränk wärmte zusätzlich von innen und verscheuchte endgültig die latente Drohung der Hypothermie, des Gespenstes der Unterkühlung. Als ich all diese Ereignisse noch einmal gedanklich Revue passieren ließ, mußte ich mir selbst eingestehen, Opfer einer schleichenden Panik geworden zu sein – etwa der Vorstellung, ein Boot oder irgendwelche Ausrüstung, wie die Packsäcke mit der Verpflegung, zu verlieren.
Andere in der Gruppe gaben zu, ein ähnliches Gefühl gehabt zu haben. Hätte man uns vor die Wahl gestellt, auch nur einen einzigen der neun Packsäcke aufgeben zu müssen – weiß Gott, die Wahl wäre uns schwergefallen!
Wie zuvor praktiziert, beulte Alan den Canadier mit seinen schweren Stiefeln wieder aus. Auch dieses Boot war an zwei Stellen aufgeplatzt – mit bösen, scharfkantigen Rissen. Alan klopfte die Ränder flach zusammen und dichtete die Lecks mit Alu-Masse ab. Danach überzogen wir sie mit einem Zweikomponenten-Kleber und überklebten sie zusätzlich noch mit Klebestreifen. Drückte man ein Auge zu, konnte man die Boote wieder für neu verkaufen. Zumindest während dieser Reise sollte keine Flickstelle aufbrechen.
Die einzige Schwierigkeit war: Wie dem Outfitter Wally Schaber erklären, was sich unter den tarnenden Tesastreifen abgespielt hatte! Wally Schaber hatte uns die Aluboote vermietet.
In all den vorangegangenen Jahren hatte ich lediglich ein einziges Kanu auf diese Art und Weise eingebüßt – und hier war es uns, einer Gruppe erfahrener Kanufahrer, auf einer Distanz von 100 m um ein Haar gleich zweimal passiert. Keiner weiß, wann. Keiner weiß, wo und warum es geschieht. Das ist die nackte, die ernüchternde Wahrheit.

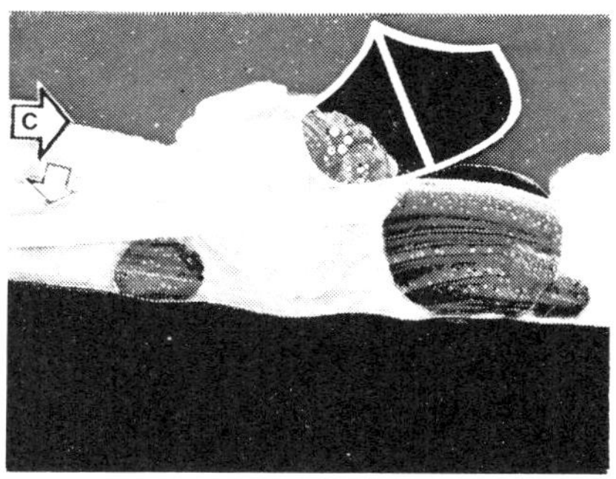

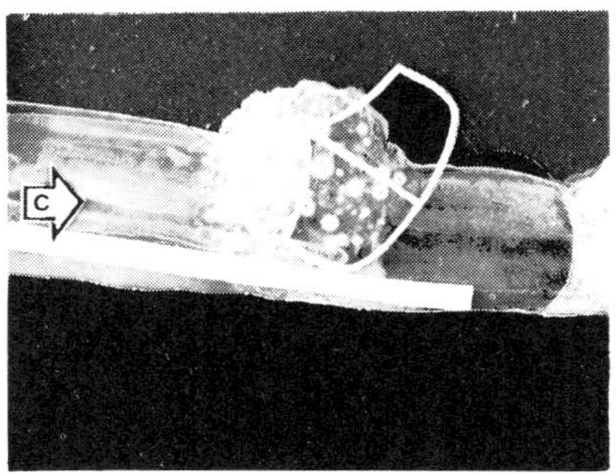

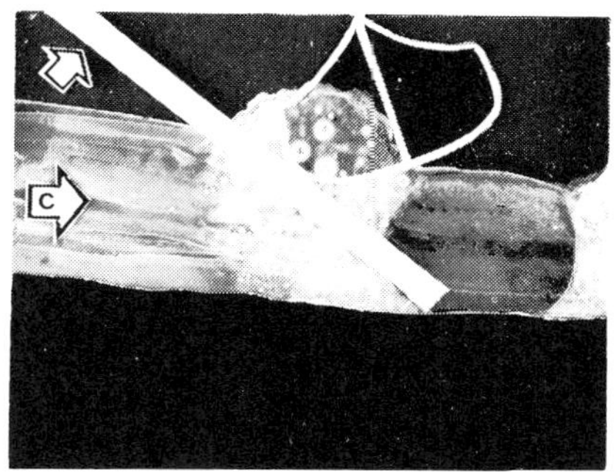

Wie ist ein vollgelaufener Canadier vor Schaden zu bewahren?

In diesem Zustand ist jedes Boot sehr gefährdet – besonders aber im Wildwasser, wo es an einem Felsblock hängenbleiben und womöglich um ihn herumgewickelt werden kann. In flachen Schnellen heißt es, sofort aussteigen und versuchen, das stromauf zeigende Ende des Bootes so hoch wie möglich anzuheben. Das läßt sich meist erstaunlich leicht bewerkstelligen, und Dreiviertel des Wassers fließen ab. Wenn man dann ans Ufer watet und das obere Bootsende hochhält, besteht keine Gefahr, daß es sich vor einen Felsen legt und festgedrückt wird.
Sobald knietiefes Wasser am Ufer erreicht ist, sollte die Flachwasser-Leerung vorgenommen werden. Auch im flachen Wasser darf die Gefahr, zwischen Boot und Fels eingeklemmt zu werden, nicht außer acht gelassen werden. Also heißt es immer, von der Stromauf-Position her arbeiten!
Nun zur Ausleerung: Man steht dabei seitlich am Boot (Foto 1). Man hebt den Canadier an, bis er ganz auf der Kante steht – greift mit einer Hand die Mittelducht und mit der anderen um das Dollbord, das sich im Wasser befindet. Dabei geht man in die Knie (Foto 2). Dann streckt man sich nach und nach, und alles Wasser fließt heraus (Foto 3). Die Senkrechte sollte dabei überzogen werden, damit auch das letzte Restchen Flüssigkeit abfließen kann. Danach hebt man das untere Dollbord mit einem Ruck an und wirft dabei das Boot auf seinen Kiel (Foto 4).
Die meisten legen das Boot nach einer Kenterung einfach über einen Felsblock. Doch der ist nicht immer passend zur Hand – und außerdem ist das eine für das Boot schmerzhafte Prozedur. Die oben beschriebene Methode dagegen ist schonend und kinderleicht, wenn man's ein paarmal im flachen Wasser geübt hat. Wenn zwei Leute da sind, packt der eine den Bug, der andere das Heck, in der gleichen wie zuvor beschriebenen Position.
Das Schöne an der Ein Mann-Aktion ist, daß sich der andere derweilen ums Gepäck kümmern kann.
Ein vollgelaufenes Kanu an einem Landesteg zu leeren, funktioniert so:
Der Bug wird auf den Steg gehoben (Foto 1). Dann läßt man's erstmal genug sein – denn wenn noch ein paar freundliche Menschen mithelfen wollen, belastet das im

Kanusport – Canadierfahren – das sind beschauliche Touren während des Indianersommers . . .

. . . aber auch spritzige Wildwasserfahrten auf europäischen Gebirgsflüssen.

Canadierfahren beschränkt sich beileibe nicht nur auf die schöne Sommerzeit oder den sonnigen Süden . . .

. . sondern ist auch ein großes Familien- und Gruppenerlebnis.

Heck verbleibende Wasser bei weiterem Anheben mit Gewalt. Das Boot wird dabei einer wahren Zerreißprobe unterzogen.
Stattdessen rollt man den Canadier besser in die Kieloben-Position (Foto 2) und zieht ihn auf den Steg (Foto 3), wo man ihn aufrichten und dem feuchten Element wieder zurückgeben kann (Foto 4).

Das „Ausschütteln"

ist eine Tiefwasser-Bergung. Schwierigkeiten treten nur durch die verschiedenen Bootstypen auf. Boote mit übergreifendem Dollbord sind kaum – flache Boote sind einfacher zu bergen. Am schwersten ist der Anfang! Es gibt Leute, die es nie schaffen, auf diese Art ein vollgeschlagenes Boot zu leeren.
Ein gewisses Quantum Wasser kann man leeren, indem man das Boot an Bug oder Heck herunterdrückt (Foto 1). Dabei ist wieder das Timing ausschlaggebend. Das Bootsende muß herunter und nach vorn gedrückt werden, damit soviel Wasser wie möglich hinausströmt. Dann muß das Boot schnell hochgerissen werden, noch bevor zuviel Wasser zurückfließen kann.
Danach schwimme ich mittschiffs und rücke breitseits dem Rest des Wassers zuleibe (Foto 2). Das Dollbord muß soweit nach unten und soweit vom Körper weggedrückt werden, bis das Wasser ausläuft. Auch hier muß das Boot im richtigen Moment schnell hochgerissen werden – damit das Wasser nicht wieder hereinkommt. Man lernt's am besten, wenn man erstmal im flachen Wasser stehend übt. Erst dann, nachdem einem das Prinzip klar ist, wechselt man ins Tiefe. Auch diese Methode ist nur nützlich, wenn sie in allen möglichen Kreuzströmungen oder bei Wellengang trainiert wird.
Ich kenne Leute, die schaffen's in dreißig Sekunden!

Boot – über – Boot – Bergung

Dazu bekam ich ungewollte Gelegenheit bei einer Überquerung der Big Traverse Bay des Lake of the Woods in Ontario. Diese Bucht ist eine so weite Wasserfläche, daß das gegenüberliegende Ufer nicht auszumachen ist.
Ich hatte die Betreuung von acht Jugendlichen in drei Canadiern übernommen. Aus ökonomischen Gründen fuhren wir zu dritt in einem Boot – eine Praxis, die ich schon damals nicht sonderlich mochte und die ich heute total ablehne.
Wir liefen gegen einen Luv-Wind an – eigentlich eine gute Sache, da einem keine Gefahr droht, auf den weiten See hinausgeblasen zu werden. Außerdem hatten wir Inselschutz.

Trotzdem hatte sich eine beachtliche Dünung aufgebaut. Die Wellen brachen jedoch nur über ganz flachen Stellen. Das Wasser war glücklicherweise nicht allzu kalt.
Alle hatten großen Spaß an der Fahrt, bis einer der Canadier plötzlich kenterte. Sofort beschlich mich das ungute Gefühl, die Jugendlichen womöglich überfordert zu haben, – war ich doch für ihre Sicherheit voll verantwortlich. Prompt sahen die Wellen viel gefährlicher aus als zuvor!
Ich ging sofort mit meinem Canadier längsseits – aber die Boys zeigten kein Anzeichen von Panik. Zwei schienen das Abenteuer sogar voll zu genießen – nur der dritte schaute ein bißchen verdrießlich drein. Ich wies ihn an, sich an meinen Canadier anzuhängen, packte das gekenterte Boot am

Bug und sagte den beiden anderen, sich ebenfalls bei mir festzuhalten. Dann bewerkstelligte ich eine Boot-über-Boot-Leerung, stabilisierte den Canadier am Dollbord, während die Jungen hineinkletterten und danach ihre Packsäcke wieder auffischten. Durch den Wellengang wurde das Ganze etwas schwieriger als üblich, aber der Nachwuchs hatte den Vorgang trainiert und konnte mir Hilfestellung leisten. Im großen und ganzen klappte alles ganz hervorragend.
Derek Brown – einer der Kanu-Spezis meines Sohns Paul – demonstriert diese Bergungs-Technik. Derek kommt mit seinem Boot längsseits (Foto 1). Er weist mich an, mich an das Heck seines Canadiers zu hängen. Er greift ins Wasser und schnappt sich das Dollbord des gekenterten Bootes etwa 1,5 m vom Heck und hebt es an. Das Boot kommt leicht hoch, die eingeschlossene Luft entweicht (Foto 2). Das Anheben direkt am Bug oder Heck ist schwieriger, weil das Wasser dann nicht ohne weiteres ablaufen kann. Dann erst hebt er direkt am Bug an und hebt es auf seinen Dollbord. In dieser Kieloben-Position holt er das Boot nach und nach quer über seinen Canadier (Foto 3). Wenn er ihn halbwegs darüber hinweggezogen hat, liegt sein Canadier sehr stabil und kann nicht kentern.

Jetzt könnte ich ohne weiteres zu ihm an Bord kommen, wenn er mir dabei helfen müßte – z.B. wenn mich das kalte Wasser zu sehr mitgenommen hätte. Doch zuerst greift er das geborgene Boot am Dollbord und rollt es (Foto 4) in die aufrechte Position (Foto 5). Er läßt es zurück ins Wasser gleiten (Foto 6) und nimmt es längsseits (Foto 7). Er stabilisiert beide Dollborde (Foto 8), während ich an Bord steige (Foto 9) und gibt mein Boot erst frei, wenn ich wirklich bereit bin zur Weiterfahrt.

Das große Problem liegt bei dieser Bergungsmethode darin, daß man sie bei ruhigem, glatten Wasser übt. Das ist genau der Zeitpunkt, wo ganz, ganz selten etwas passiert. Deshalb muß man dieses Manöver auch bei einer starken Brise oder unterhalb einer Schnelle, im Bereich von sich kreuzenden Strömungen trainieren. Andernfalls ist die Methode überhaupt nichts wert.

Die Episode in der Big Traverse Bay hat mich im Geiste meinem Lehrmeister ein innig empfundenes Dankeschön zurufen lassen. Er hatte mir dieses Manöver unter schwierigen Bedingungen beigebracht, und ich lernte, mit einigem Geschick und Training, sogar zwei vollgeschlagene Canadier auszuleeren.

Kenterungen im Film

Die meisten und schwersten meiner Kenterungen ereigneten sich während irgendwelcher Filmarbeiten. Dabei fährt man einfach nicht so unbefangen wie sonst. Der Kurs muß so angelegt werden, daß die Kamera die Aktion voll erfaßt. Die Demonstration eines besonderen Paddelschlages im Film macht beispielsweise keinen Sinn, wenn sie auf der „falschen" Körperseite erfolgt. Also muß ich mitunter das Paddel ganz anders als üblich und zweckmäßig führen. Häufiger als mir lieb ist, wird aus der Kanudemonstration eine Schwimmvorführung.

Bei einer Gelegenheit fuhr ich einen Wildwasser-Abschnitt mit einer am Helm festgeschraubten Kamera. Ich dachte viel zuviel an alle möglichen Aufnahmewinkel, krachte zur Strafe an alle möglichen Hindernisse, bis der Canadier total vollgeschlagen absoff. Noch nie hatte es solange gedauert, bis ich den Kopf wieder über Wasser bekam. Die zusätzlichen 5 kg Kameragewicht an meinem Kopf hatte ich total vergessen. Die Leute am Ufer wunderten sich ebenfalls, sahen sie doch nichts anderes als diese Kamera, die scheinbar mutterseelenallein eine Wildwasser-Tour machte. Sie sahen nichts vom Kopf und dem Körper unter dieser Kamera. Endlich bekam ich dann doch den Rest des Kopfes wieder über die Oberfläche und gewann in einem (zugegeben unorthodoxen) Hunde-Paddelstil das Ufer. Zwei Schwimmwesten hätte ich gebraucht, um das zusätzliche Gewicht zu kompensieren!

Die massivste aller Kenterungen passierte während eines Filmes über die Voyageurs. Wir waren vor den Culbute Rapids am Ottawa River an Land gegangen. Culbute bedeutet in etwa „der Hintern überm Kessel". Es ist eine mächtige Schnelle mit einem schaumigen, bösen Loch genau in der Mitte des Stromzuges, mit drei riesigen Brechern dahinter. Gleich der Blick sagte mir, daß da kein Canadier durchkommen würde – nicht einmal unsere 8 m lange Replik eines großen Voyageurkanus. Es war ein 8 m-zederngeplanktes, mit Canvas überzogenes Kanu, bemalt im traditionellen „Birkenrindenstil". Es besaß die für ein Voyageur-Kanu typischen, hochgezogenen Partien an Bug und Heck. Der Fluß war voll Driftholz. Im Boot hätte uns das wenig ausgemacht, doch viel weniger erfreulich würde es sein, wenn es zum Schwimmen kommen sollte. –

Das Filmthema war, die großen Tage der Pelzhändler-Ära wiederauferstehen zu lassen. Die Darsteller waren durch die Bank „echt" aussehende Männer, die wir in den letzten Dörfern, weit hinten in Quebecs dunklen Wäldern, aufgestöbert hatten. Nicht nur wegen ihres authentischen Aussehens hatten wir sie angeheuert, sondern vor allem wegen ihrer Kanu-Erfahrung! Es war eine grundsolide, mit Wildwasser gewaschene Mannschaft! Obendrein war der Steuermann der geborene Charakterdarsteller, wußte bis ins Detail über die Epoche des Pelzhandels Bescheid und war mit großer Begeisterung bei der Sache.

Ich hatte mit dem Filmemachen gerade erst angefangen und war der zweite Kameramann. Meine Hauptaufgabe bestand darin, die Einstellungen an Bord des Kanus zu drehen. Der Erste Kameramann filmte vom Ufer aus.
Der Regisseur fragte den Steuermann, ob er die Culbute-Schnelle fahren wolle. Der „Gouvernail" (wie die Steuerleute in den Brigaden der Pelzhandels-Kanus hießen) antwortete mit großer Geste, diese Schnellen seien überhaupt kein Problem. Genauer: diese Schnellchen da seien für ihn und seine Crew ein Nichts. Während er eine wegwerfende Handbewegung machte, warf ich ganz bescheiden ein, an dem Loch und dem hohen Brecher dahinter sei kaum vorbeizukommen. Doch der Steuermann hatte auch für diesen Einwand nicht mehr als ein mattes Lächeln übrig. Ganz klar würde er mit seiner „Equipe" daran vorbeisteuern! Ich insistierte: der gesamte Stromzug konzentriere sich auf jenes böse Loch und die wilden Brecher dahinter. Als weiteres Argument führte ich das Treibholz ins Feld.
„Ah – mon Dieu – die paar lächerlichen Hölzer drücken wir leicht zur Seite!"

„Und wenn wir trotzalledem schwimmen müssen?"
„Wer sagt, daß wir schwimmen müssen?!"
Der Regisseur sah mich an und meinte lakonisch: „Wird sicher eine hochinteressante Sequenz! Und du solltest sie filmen!" Damit war die Entscheidung gefallen. Wir gingen an Bord. Ich saß direkt hinter dem Bugmann – könnte also das kommende Desaster einfangen. Ich war überzeugt, daß das schäumende Loch und die Brecher dahinter aus dieser Perspektive drei-, viermal so hoch aussehen würde wie vom Ufer.
Der Ottawa ist breit und die Walze ein gutes Stück von unserem Standpunkt entfernt. Das auf uns lauernde Ungemach war größer, viel größer, als wir alle ahnten.

Die letzte Anweisung des Regisseurs hieß, den Ausdruck des Schreckens auf den Gesichtern der Männer festzuhalten. Ich protestierte vehement – denn diese mit allen Wildwassern gewaschenen Jungs würden kaum eine Miene verziehen. Stattdessen könnte eine unglaublich dynamische Einstellung zustande kommen – mit dem Blickwinkel über den Bug in die Turbulenzen gerichtet. Doch der Regisseur bestand auf seiner Sicht der Dinge, und der zweite Kameramann hatte sich zu fügen.

Wir legten ab und näherten uns der Schnelle. Der Fluß verengte sich zusehends, wurde immer schneller- und wie ich befürchtet hatte, sausten wir genau auf das Loch und die Brecher zu. Wir standen genau im Stromzug. Angesichts des unabwendbaren Unheils resignierte ich, richtete die Kamera auf die Gesichter der Männer, und begann zu drehen. Ihr Ausdruck lag irgendwo zwischen kaltblütiger, unbewegter Erwartung und schierer Langeweile. Doch als das Kanu immer schneller wurde und das Donnern der Schnelle immer furchterregender, schien sich ein wachsendes Interesse in den Zügen der Männer zu spiegeln. Ich schwenkte mit der Kamera von Gesicht zu Gesicht und glaubte, eine immer stärker werdende Blässe festzustellen. Endlich teilten die anderen mein ungutes Gefühl, das ich von Anfang an gehabt hatte.

Ich kann mich noch erinnern, daß ich mir selbst zumurmelte: „Was muß das für eine Welle sein!“ Aber eisern hielt ich die Kamera weiter auf die Gesichter gerichtet, bis ich den ersten Brecher förmlich spürte. Dann zog ich herum, um den „Avant“ im Bug samt dem Wildwasser-Furioso davor auf den Film zu bannen.

Es war eine Wasserwand, die sich im Sucher aufbäumte. Ich spürte, wie das Kanu gleich einem absackenden Fahrstuhl nach unten fiel. Dann packte uns der Brecher. Samt einer wahren Wasserkaskade, kam auch der „Avant“, und landete auf mir. Er rappelte sich schnell auf und krallte sich an den Dollborden fest. Dann schlug die zweite Welle zu. Von dem Körper des Mannes vor mir spritzte das Wasser wie von einem Wellenbrecher nach allen Seiten.
Aber es schlug auch ins Boot. Es war viel Wasser, das hineinkam, und es kam auf der gesamten Bootslänge herein. Wir schwabbelten schon viel zu tief, als die dritte Welle zuschlug und uns total unter sich begrub. Das Kanu drehte sich und kenterte nach links. Dann war nur noch Schaum um mich. Ich hatte bis zum letzten Augenblick gefilmt, obwohl ich keine Unterwasserkamera besaß. Als ich wieder sehen und Atem schöpfen konnte, herrschte um mich ein riesiges Durcheinander von Menschen, Ausrüstung und Treibholz. Ich hielt mich an einem der Stämme fest, doch der rollte so sehr, daß ich wieder losließ – und wurde erneut unter Wasser gezogen. Ich löste die Kameraschlaufe von meinem Gelenk und hielt sie lose in der Hand – für den Fall, daß ich die Kamera aufgeben mußte. Wahrscheinlich würde ich beide Hände brauchen, um mich aus dieser Wasserhölle zu retten.

Als ich die Orientierung zurückgewann, hatte ich den letzten der schweren Brecher passiert. Und da sah ich auch das Kanu und die schwimmenden Männer. Sie hatten es sehr eilig, das rechte Ufer zu erreichen – dabei war das linke viel näher. Also orientierte ich mich nach links, aber der Strom riß mich mit einer alarmierenden Geschwindigkeit weiter. Unterhalb wartete eine zweite Schnelle! Die Kamera hielt ich immer noch eisern fest. Zwar wollte ich sie zwischendurch mehrmals zum Teufel fahren lassen, doch ich hielt sie weiter in der Hand. Endlich spürte ich zu meiner größten Erleichterung Boden unter den Füßen. Es war kiesiger Boden, und ich fand nach mehreren vergeblichen Versuchen mit meinen Füßen Halt. Das Wasser rauschte hüfthoch um mich herum. Beim Versuch, das Ufer zu erreichen, verlor ich wieder den Boden und fand nochmals Grund. Aber gegen die Strömung würde ich nie und nimmer ankommen. Und dann kam das Driftholz. Es waren Stämme von 4, 8, 12 und 16 Fuß Länge. Das Holz trieb vorbei – doch ich wußte: irgendwann würde mich ein solcher Stamm treffen und von den Füßen holen. Ich brüllte zu dem Regisseur hinüber, mir eine Rettungsleine zuzuwerfen. Stromab sah ich das sich türmende Wasser der nächsten Schnelle.

Die übrige Besatzung hatte einen Kehrstrom am rechten Ufer erreicht und mühte sich, das Kanu in Sicherheit zu bringen. Ich konnte nicht wissen, daß der Hauptstromzug zwischen mir und dem linken Ufer lag; daß die Entscheidung der Frankokanadier, zum entfernteren Ufer nach rechts zu schwimmen, die einzig richtige gewesen war. Meine dagegen war falsch, denn ich stand höher zur Außenkurve. Was aber am schlimmsten war: Zwischen mir und der nächsten Schnelle gab es kein einziges rettendes Kehrwasser oder irgendeine ruhige Ecke zum Ausstieg aus dem Fluß. Endlich kam der Regisseur am Ufer entlang gerannt; er glaubte, ich würde immer noch drehen! Sollte er.

Die anderen mußten ihren Kampf um das Kanu verlorengeben, sie konnten es nicht halten. Es schwang aus und trieb davon.

Von flußaufwärts näherten sich mir rasch einige Stämme. Sie würden mich ganz bestimmt treffen und umwerfen . Einen konnte ich eben noch zur Seite lenken, doch der nächste riß mich ins Wasser. Trotzdem gewann ich nochmals Halt, wenn auch im tieferen Wasser. Das bedeutete, daß ich auf dem stromabwärtsgerichteten Ende der Kiesbank stand. Der Regisseur kam endlich heran, doch mit leeren Händen, ohne Rettungsleine. Es wäre meine Aufgabe gewesen, dafür zu sorgen, daß eine Leine bereitlag – Ich mußte mir selbst die Schuld geben.

Dieses Geschehen spielte sich in jener Zeit ab, in der ich ständig allein unterwegs war. Von den verschiedenen Sicherheitsmaßnahmen, die man trifft, bevor man sich mit wirklich schwerem Wildwasser einläßt, hatte ich keine Ahnung. Das war nun meine Lektion.

Zuerst einmal warf mich ein weiterer Stamm um, aber wieder kam ich auf die Füße. Der Kraft der Strömung hatte ich kaum noch etwas entgegenzusetzen. Da trieb ein 16 Fuß-Stamm (ca. 5 m) auf mich zu – und diesmal mußte ich schwimmen! Das Ufer würde ich nicht mehr erreichen – selbst wenn ich die Kamera aufgeben würde. Ich war unterwegs in die nächsten Schnellen.

Es blieb mir noch ein wenig Zeit zum Überdenken meiner Lage. Ich würde noch einmal tief Atem schöpfen, denn die Schnellen waren eng und dementsprechend tief. In ihnen würde ich kaum gegen einen Felsblock knallen. Das Kanu trieb so weit entfernt, daß es mir nicht gefährlich werden konnte. Ich widerstand der Versuchung, zu ihm hinzuschwimmen. Das waren mehrere Tonnen träger Masse, und wenn denen ein Fels in die Quere käme mit mir davor, dann... Nein, ich suchte meine Chance unabhängig von dem Wrack.

Die erste Welle brach über mich herein, und ich wurde unter Wasser gezogen. Noch einmal widerstand ich einer großen Versuchung: mich zurück an die Oberfläche zu kämpfen. Wenn mein Kopf über Wasser kam, atmete ich rasch tief ein, bevor ich wieder hinuntergezogen wurde. Ohne irgendwelche Angst zu spüren, schaukelte ich durch die Brecher. Solange ich zwischendurch Atem schöpfen konnte... Wenn ich in Panik geraten wäre und zu den falschen Zeitpunkten nach Luft geschnappt hätte, wäre es kritisch geworden. So aber passierte ich endlich den letzten Schwall in dieser Schnelle.

„Genug ist genug“, sagte ich mir und strebte mit aller mir verbliebenen Kraft dem Ufer zu. Denn nicht viel weiter unterhalb rauschte das dritte Wildwasser. Da würde alles noch viel schlimmer werden, denn dort gab es eine Art Floßgasse für das Driftholz, mit einer erheblich schwereren Wasserturbulenz. Die Scherlinie in das Kehrwasser und das Ende der Schwimmerei näherten sich. Ich mußte zwar noch eine solide Ansammlung von Treibholz auf den letzten zwölf Metern überwinden, doch gelang es mir, die Stämme zur Seite zu drücken und mir eine offene Rinne zum Ufer zu bahnen. Bei allem hielt ich die Kamera immer noch fest in meiner Linken:

Im selben Augenblick, als ich mich aufs Trockene zog, tauchte der Regisseur auf. Mit einem einzigen Blick sah er, daß ich selbst alles gut überstanden hatte – und sofort fragte er nach der Kamera. Dabei interessierte ihn die Kamera als solche überhaupt nicht – was ihn interessierte, waren die angsterfüllten Gesichter der Männer in der letzten Filmsequenz vor oder gar in der Walze. Ich hob meinen linken Arm, und als daran die Kamera – besser deren traurigen Reste – auftauchten, ging ein Leuchten über die Züge des Regisseurs. Es war ein Ausdruck, der das Herz eines jeden Mannes vom Film mit großer Wärme erfüllt. Wir wußten beide: Solange das Gehäuse intakt ist, kann der Film immer noch entwickelt, kann die Sequenz gerettet werden – auch wenn das Material völlig durchnäßt ist.

Die Kamera selbst war natürlich ein Totalschaden. Sie schleifte über den Flußgrund, während ich versucht hatte, auf die Beine zu kommen. Hinterher sollte sich herausstellen, daß das Laufwerk zwar nach der ersten Welle gestoppt hatte, daß aber bis zu diesem Moment alles hervorragend rausgekommen war. Der Brecher war wirklich atemberaubend.

Das Kanu wurde von der übrigen Besatzung vor der dritten Schnelle geborgen. Es war zwar stark beschädigt, konnte aber geflickt werden. Die meisten der Männer befanden sich in einem Zustand der Euphorie, nachdem sie die Kenterung überstanden hatten. Einer hatte sich eine Rippe gebrochen – ein Stamm hatte ihn von unten her getroffen. Er war nicht mehr in der Lage, sich selbst zu helfen, konnte sich eben noch am Boot festhalten. Die anderen hatten ihn dann ans Ufer gebracht. Ein anderer hatte einen Schock erlitten und

befand sich in sehr schlechter Verfassung. Um ein Haar wäre er, ein schlechter Schwimmer, ertrunken. Er war direkt unter dem Kanu aufgetaucht und hatte sich nicht mehr zurechtgefunden. Sein Bruder, ein exzellenter Schwimmer, tastete unter dem kieloben schwimmenden Kanu herum, da er den anderen nicht mehr sah. Er fand ihn tatsächlich, zog ihn unter dem Boot hervor und schob ihn auf den Kiel hinauf. Das Boot trieb ins Kehrwasser, und obwohl es dort nicht geborgen werden konnte, gelang es mit gemeinsamer Anstrengung, den Mann ans Ufer zu schaffen.

Für mich war hochinteressant, daß von all diesen Männern – obschon sie Jahr für Jahr an Wildwasser-Abfahrtsrennen teilnahmen – noch kein einziger eine schwere Kenterung erlebt hatte. Außerdem war ihnen ein so mächtiges Gewässer wie der Ottawa absolut unvertraut.

Wir hatten – einschließlich mir selbst – allesamt keine normalen Wildwasser-Rettungswesten getragen, denn es war ein Film mit historischem Charakter und entsprechend authentischer Kleidung. Einige trugen eine Art Schwimmringe – der Rest Ballons, die sich im Falle eines Falles durch Draufdrücken aufblasen sollten. Die Rettungsdinger baumelten an den Gürteln der Männer. Einige hatten einen Durchmesser von 2 cm, einige andere von 5 oder 8 cm, die größten vielleicht von 15 cm. In aller Freundschaft und in bester Laune, aber ganz unmißverständlich erklärten die Männer dem Regisseur, wo er sich nächstens diese Dinger hineinstecken könnte. Ich war froh, daß ich einen Schwimmgürtel getragen hatte. Der zwar auch nicht viel wert gewesen war, aber doch ein ganz klein wenig mehr als garnichts.

Diese Arbeit mit der Kamera ist ein total verrückter Job. Doch nur der Kameramann kennt die Genugtuung, wenn es klappt, wenn die Sequenz im Kasten ist. Und das nächste Mal wird es garantiert nicht anders sein, nicht die Bohne anders.

Oft sind es Verrücktheiten wie diese Kenterung und Gelegenheiten, bei denen man etwas völlig Unsinniges macht, was man sonst nie tun würde. Aber in diesen Ereignissen sammelt man die meisten Wildwasser-Erfahrungen.

Es war an den Culbute-Schnellen, daß ich erfuhr, wie eine Strömungslinie etwa 6 m vom Ufer entfernt ansetzen und nach 100 m mitten in der Walze enden kann. Daß man sich – um eben noch am Desaster vorbeizukommen – mit dem Heck unter Rückwärtspaddeln nahe ans Ufer drücken und sich dabei nach Kräften direkt an ihm halten muß, um letztendlich nicht doch in der Walze und in den Brechern zu landen.

Und noch eine Lehre wurde mir zuteil: Das nächstliegende Ufer ist nicht gleichzeitig auch das am ehesten erreichbare. Vielmehr ist das nächste Kehrwasser die einzige Rettung.

Das Verstauen des Gepäcks

Es gab Zeiten, da habe ich das Gepäck ganz fest in den Canadier hineinverschnürt. Bis dann auf einem sehr schnellen Fluß eine Boot-über-Boot-Bergung gefahren werden mußte. Fünf Kilometer und zehn Schnellen stromab hatte ich mein gekentertes Boot immer noch nicht wieder aufgerichtet, geschweige denn leer gelenzt. Ich bin der Meinung, die Leserschaft hat Anspruch auf den gesamten Ablauf des Geschehens.

Barri Nelson, Blake James, Alan Watnough und ich befuhren den Cologne River in Quebec während des Frühjahrshochwassers. Dummerweise mußten wir uns den Fluß mit einer ungeheuren Menge Driftholz teilen. Je weiter wir stromab fuhren, umso dichter wurde der Holzteppich. Als wir eine Biegung rundeten, war der Fluß total mit Treibholz versperrt; das Wasser floß unter dem Holz hindurch – die für Kanuten nur denkbar gefährlichste Situation. Blake und ich schalteten sofort in den Rückwärtsgang. Wir seilfährten und schaufelten rückwärts, als hinge unser Leben davon ab – was es ja auch in Wirklichkeit tat.

Ich wollte mich eben herumdrehen und die beiden anderen warnen, als sie schon an uns vorbeischossen und breitseits vor den Stämmen landeten. Ihr Canadier kippte stromauf, warf die beiden ins Wasser und verschwand unter dem Driftholz. Mich durchfuhr ein eisiger Schreck, und ich glaubte, Alan und Barrie würden genau wie ihr Boot unter das Holz gespült werden und auf immer von der Bildfläche verschwinden. Doch dann sah ich, wie sie nach den Stämmen griffen und sich auf sie hinaufzogen. Blake und mir plumpsten dicke Steine vom Herz – und dann wollten wir kaum unseren Augen trauen. Hinter dem Holzstapel tauchte das Kanu der beiden wieder an die Oberfläche.

Wir schleppten mein Boot über die Barriere, und ich folgte dem Ausreißer. Ich war schnell heran, konnte es aber nicht aufrichten. Die fest eingeschnürten Packen und der schnelle Strom vereitelten meine Bemühungen. Es gelang mir nicht einmal, das Heck anzuheben und die Bergungsleine herauszuziehen. Durch eine scheinbar endlose Kette von Stromschnellen folgte ich dem Canadier, versuchte zwischendurch – vergeblich – alles nur Mögliche und drückte schließlich das gekenterte Boot in einem Kehrwasser mit dem Bug an Land. Dort leerte ich es aus und wartete, bis meine am Ufer entlangstolpernden Freunde endlich auftauchten.

Auch das war mir eine Lehre. Seit dieser Zeit benutze ich nur eine einfache Leine. Ein Ende wird an der Mittelducht des Canadiers belegt, dann durch die Schlaufen der einzelnen Packsäcke gezogen und am letzten festgebunden. Auf diese Art und Weise brauche ich nur einen Knoten zu lösen, und alle Packen schwimmen frei. Allerdings wird die Leine zwischen den einzelnen Gepäckstücken ganz kurz gehalten, damit man sich nicht nach einer Kenterung darin verheddert.

Übrigens haben wir diese Flußreise bald darauf abgebrochen. Einfach weil sie uns zu gefährlich wurde, nachdem wir noch andere Stellen angetroffen hatten, an denen der Cologne vollständig durch Driftholz blockiert war. Driftholz auf einem Fluß ist ein von Menschenhand geschaffenes Risiko, das mit den natürlichen Gefahrenstellen kaum etwas gemein hat.

Solo gegen Doppel

Das in Kanada uralte Thema, ob besonders schwere Stromschnellen eher allein oder zu zweit zu befahren sind, hat für Europäer wenig Relevanz. Der Alleinfahrer fährt in neunzig Prozent aller Fälle seinen Kajak – während dem Zweierfahrer besser mit einem Wildwasser-Canadier gedient ist. Trotzdem scheint uns die Diskussion darüber nicht uninteressant.

Zwei Paddler, so argumentieren die einen, entwickeln eine bessere Kontrolle und mehr Stabilität. Allein der auf beiden Seiten ausgefahrene Ausleger ist schon ein enormer Sicherheitsfaktor. Zwei Paddler tun sich leichter – so geht das Argument weiter – bei der Drehung, im Traversieren, bei einer Seilfähre rückwärts; sie entwickeln eine größere Energie. Das alles ist gut und schön. Aber zwei Paddler sind zwei potentielle Fehlerquellen.

Der Einerfahrer dagegen hat mehr Freibord. Sein Gewicht – und das ist sehr wichtig – befindet sich in der Mitte. Bug und Heck werden eher über die Wellen gehoben, statt durch sie hindurchzupflügen. Darüberhinaus kann der Alleinfahrer ebenfalls einen weiten, stabilisierenden Ausleger machen – und dabei den Canadier so auf die Kante stellen, daß er nach der gegenüberliegenden Seite kaum noch zu kentern vermag.

Meine Meinung zu dieser Kontroverse ist recht ambivalent

geworden. Als ich vor Jahren noch meine Solotouren fuhr, fühlte ich mich allein im schweren Wildwasser sicherer. Doch nach und nach – und je öfter ich mit einem Partner unterwegs war – begann ich den Zweier schätzen zu lernen. Ich favorisierte ihn endgültig, nachdem ich mit Wally Schaber auf dem Nahanni für ein Filmteam ein paar spektakuläre Schnellen gefahren hatte.

Die Filmleute baten uns, durch die schlimmsten Wellen und Wirbel des Hell's Gate, des „Höllentores" zu fahren. Sie wollten „action". Da ein Jet-Boot der Nationalpark-Verwaltung für den Fall des Falles bereitlag, ließen wir uns nicht zweimal bitten. Ohne das Motorboot als Sicherheit wäre ich für kein Geld der Welt in einem so gefährlichen Flußabschnitt wie dem Hell's Gate herumgefahren. Wer die schwersten Brecher meidet und den richtigen Kurs einhält, für den besteht keine Gefahr, *nicht* durchzukommen. Doch mit dem Jet-Boot als Rückhalt steuerte Wally die höchsten und härtesten Brecher an. Es waren die schwersten, gewaltigsten Wellen, mit denen ich mich bis dato auseinandergesetzt hatte. Ich legte mich weit nach rechts – Wally entsprechend nach links. Wir schaufelten uns durch wie ein dicker Kohlenfrachter und wiederholten das Ganze noch zweimal. Wir hielten sogar Ausschau nach noch höheren Wellen. Wir kamen nicht einmal in die Nähe der Möglichkeit zu kentern. Aber wir fuhren ein Boot mit einer Persenning.

Als Wally mich später fragte, ob ich das alles auch allein gemacht hätte, mußte ich lange nachdenken und endlich zugeben, daß ich nochmal solange nachdenken müßte, bevor ich da allein hineinfahren würde.

Angesichts dieser extremen Turbulenzen nach nur einer Seite einen Ausleger zu fahren – nein, lieber nicht. Der Canadier würde wahrscheinlich nach der dem Paddel entgegengesetzten Seite kentern.

Doch dann sah ich, wie einer von Wally's Guides – es war Dick van Wyck – die Brecher allein befuhr. Ich begann, meine Argumente wieder zu überdenken. Was dann einen Augenblick lang den Ausschlag fürs Alleinfahren gab – wird in der zweiten Foto-Serie deutlich. Wally fährt eine IVer-Schnelle in einem offenen Canadier. Von Zeit zu Zeit verschwindet er vollständig zwischen den Wasserbergen, taucht aber immer wieder auf. Bug oder Heck reiten hoch auf den höchsten Brechern. Irgendwie bringt er es fertig, seinen Canadier aufrechtzuhalten und nicht vollschlagen zu lassen. Mitunter steht sein Boot senkrecht auf der Kante – doch aufgrund seines Stromab-Auslegers kann es nicht kentern. Diese Position hält den Fahrer an Bord. Zwei Leute hätten hier keine Chance gehabt.

Ein paar Tage später versuchen Wally und Louise Gaulin sich an den Cache Rapids, den höchsten Wellen des Nahanni. Da jedoch sind selbst die weitesten Ausleger obsolet (Foto-Serie 3). Auch die Spritzdecke hilft nichts mehr. Die Kenterung ist perfekt, doch ist das Jet-Boot zur Stelle. Nur deshalb sind Wally und Louise die schwersten Brecher angegangen.

Der Canadier fällt erst in ein tiefes Loch (Foto 1) und wird darauf hoch in die Luft geschleudert, während Louise ihren Ausleger anzubringen versucht (Foto 2). Von Wally ist kaum etwas zu sehen, doch sagte er später, er hätte sich mit aller Kraft hinausgelegt. Es hilft nichts. Im Augenblick, da Louise wieder aufs Wasser zurückfällt, legt sich der Canadier auf die Seite (Foto 3). Sie tut immer noch ihr Bestes, versucht das Boot wieder aufzurichten. Das Wasser schießt über Wally im Heck hinweg, drückt die Spritzdecke ein, und obwohl Louise immer noch nicht aufgibt, heißt es schwimmen. Louise kommt nach oben, doch sie hat Probleme, sich aus dem Boot herauszuwinden. Ein Nachteil der Persenning!

Louise und Wally bleiben wegen des Auftriebs am Boot. Es besteht keine Gefahr der Kollision mit einem Felsblock. Außer im Bereich des Ersten Canyon unterhalb der Virginia-Fälle und ersten hundert Kilometern im Oberlauf, die durchgehend hartes Wildwasser sind, kann man sich auf dem South Nahanni an den schweren Passagen vorbeimanövrieren.

Solo-Touren im Canadier sind in Mitteleuropa seltener als in Nordamerika. Für den Alleinfahrer gibt es speziell konzipierte Boote.
Oft jedoch fährt beim „gemischten Doppel" der Mann allein kürzere Wildwasser-Abschnitte, während die Partnerin am Wiesenrain entlangmarschiert und ihn am Unterwasser wieder trifft.
Doch nicht allein deswegen ist das, was Bill Mason über Solo-Touren schreibt, des Lesens und Nachdenkens wert.

Auftriebskörper

In den letzten Jahren sind Wildwasser-Abschnitte mit offenen Canadiern befahren worden, die bislang als die strikte Domäne der Kajaks und Schlauchboote angesehen wurden. Sogar der Grand Canyon des Colorado ist in offenen Canadiern „gemacht“ worden. Der Trick, der das alles ermöglicht, heißt: Auftriebskörper. Ein vollgeschlagener Canadier ist nicht nur extrem gefährlich – er ist auch kaum zu manövrieren. Mit den Auftriebskörpern liegt er jedoch viel höher im Wasser. Selbst ein vollgelaufenes Boot läßt sich in ein Kehrwasser steuern und dort auslenzen. Nach einer Kenterung kann man das Boot in ruhigem Wasser aufrichten, einsteigen und ans Ufer paddeln. Oder man lenzt an Ort und Stelle und fährt weiter.
Aber es gibt da einen Pferdefuß. Der Platz, den die Auftriebskörper einnehmen, geht anderweitig verloren. Raum, den man vor allem auf einer längeren Tour braucht. Da bleibt für den Luxus des Auftriebskörpers wenig übrig. Doch es muß ja nicht gleich das halbe Boot sein – es reicht für den Wanderfahrer, wenn das Boot unsinkbar ist. Heute ist jedes seriengefertigte Kanu mittels in Bug und Heck eingebauter Auftriebskörper unsinkbar.

Gepäck und Auftrieb

Das im Boot angebundene Gepäck verdrängt mehr Wasser als es wiegt und dient somit als zusätzlicher Auftriebskörper im Falle, daß der Canadier voll Wasser schlägt. Es sei denn, man bevorzugt die bei Bill Mason beschriebene Methode.

Gatz – Canadier beispielsweise nutzen den Innenraum im Heck mittels einer herausnehmbaren und wasserdicht verschließbaren Spitzenbox von 18 l Inhalt. Sie dient – soweit man sie nicht mit Blei oder Goldbarren füllt – ebenfalls als Auftriebskörper. Die Alternative ist eine ebenfalls wasserdichte, in den leichten Schaumstoff des Heck-Schwimmkörpers eingelassene 6 l- Box.

Alternativen zum Fahren von Stromschnellen

Obwohl ich das Portagieren als Teil des Kanu- bzw. Wildnisdaseins nicht strikt ablehne, sehe ich es als die allerletzte aller Möglichkeiten an, ein Hindernis im Fluß zu überwinden. Ich ziehe das Waten oder Treideln vor – oder fahre die verrücktesten Kehrwasser-Schleifen, um mich an die mitunter nur ganz kurzen, wirklich unfahrbaren Stellen heranzutasten – und diese dann auch nur ganz kurz zu umtragen. Voraussetzung dafür ist eine hundertprozentige Bootsbeherrschung.

Im ganz flachen Wasser ist es oft leichter (und mitunter die einzige Möglichkeit) auszusteigen, das Boot an die Hand zu nehmen und mit ihm im wahren Sinne des Wortes „wasserzuwandern". Positive Nebeneffekte sind dabei die Kenntnisse, die man über das Verhalten des fließenden Wassers gewinnt, eine womöglich erfrischende Abkühlung an einem heißen Tag, und daß zur Abwechslung mal die Beinmuskeln strapaziert werden.

Dem Waten sind aber enge Grenzen gesetzt: Da ist einmal die Wassertemperatur. Gletscherbäche und Schmelzwasser generell lassen die unteren Extremitäten bald starr und gefühllos werden. Wird die Knietiefe überschritten, dann ist in kräftig strömendem Gewässer nichts mehr zu machen.

Dem Waten mit dem Boot in der Hand folgt das Treideln oder Ziehen an einer oder zwei Leinen. Es ist – um es gleich vorweg zu sagen – ein Vorgang, der noch mehr Strömungskenntnisse, rascheres Handeln und mehr Erfahrung erforderlich macht als die fahrtechnische Auseinandersetzung mit manchem Wildwasser-Abschnitt. Dabei ist es wichtig, das Gepäck, die Paddel und die Ausrüstung gut und sicher im Boot zu belegen! Nirgends und niemals ist eine Kenterung wahrscheinlicher als beim Treideln oder Stromauf-Ziehen.
Erfahrene Kanuten befestigen ihre Treidelleinen nicht oben an den äußersten Bug- und Heckspitzen, sondern in der Höhe der vorderen bzw. hinteren Sitzbank. Andere wiederum zäumen ihre Canadier regelrecht auf, wobei die zum Kanuten führenden Zugleinen unter der Wasserlinie direkt unterm Kiel angeknotet werden. Es wäre die beste Methode, wenn es kein scharfkantiges Gestein usw. im Flußbett gäbe, und wenn die Prozedur sich nicht so langwierig und umständlich hinzöge. Wieder andere – nordamerikanische – Boote sind mit regelrechten Abschleppösen am Bug direkt über der Wasserlinie versehen. Eine Leine, plus einer langen Stange, mit der der Partner vom Ufer Abstand hält – oder die Bug-plus-Heckleinen-Methode, mit der man weiter auf den Fluß hinauskommt -ist keine Frage des Prinzips, sondern der gegebenen Umstände.
Bei der Bug-Heckleinen-Methode wird im Prinzip die altbekannte Seilfähre angewandt. Dabei muß man auf den Trimm achten. Die Strömung versetzt das Boot seitlich, und wenn man's geschickt macht, auch um Felshindernisse herum. Ausschlaggebend ist der Winkel zur Strömung. Das Diagramm sagt auch hier mehr als tausend Worte.

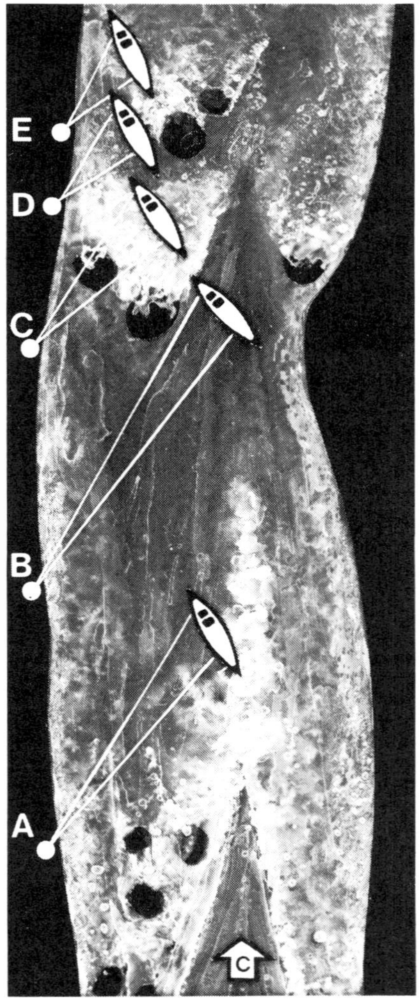

Die Methode mit einer Leine funktioniert für Zweierbesatzungen problemloser.
Paul und ich wechseln uns dabei ab. Ich gebe dem Boot einen Schubs, daß die Strömung es mitnimmt, gebe Leine – und kann es ans Ufer zurückholen, wenn es sich festzuhängen droht. Paul ist indessen stromab gelaufen und nimmt es an einem günstigen Punkt in Empfang. Dann renne ich stromab, schieße dabei die Leine auf, drücke sie Paul, der immer noch festhält, in die Hand. Ich positioniere mich unterhalb, um das Boot wieder in die Hand zu nehmen, während Paul jetzt Leine gibt und den Canadier daran abwärts schwimmen läßt. Das geht – je nach Uferformation – recht flott vor sich.

Unter Umständen läuft man auch neben dem Canadier stromab. Dabei ist eine Stange in der Hand des mitlaufenden Partners ein gutes Hilfsmittel. Sobald das Boot sich irgendwo festzuhängen beginnt, heißt es sofort, es stromauf – also zurück – zu ziehen. Sonst ist es in Nullkommanichts quergetrieben und gekentert. Man kann von Glück sagen, wenn es sich nicht breitseits vor das Hindernis legt und womöglich zum Totalverlust wird.
Wichtig ist, das beim Treideln stromab zeigende Boots-Ende zu beschweren! Persennige mit fest verschließbaren Lukendeckeln sind eine recht gute Versicherung dagegen.

Anmerkung der Herausgeber:
Wir halten gerade in einsamen Gegenden, wo der Verlust des Transportmittels und der Ausrüstung ganz böse Folgen haben könnte, das Treideln für recht risikoreich. Wir empfehlen – vor allem bei wenig Geübten! – für einen Wildnis-Trip eher die klassische Portage.

Stromauf ziehen

Zum Stromaufziehen braucht man zwei Leinen. (Es sei denn, es handelt sich um einen ganz kurzen Flußabschnitt. Während der erste zieht, dirigiert der zweite das Boot mit einer Stange.) Auch hier wird dem Canadier ein „Zaum" angelegt, und auch hier wird hinten stärker belastet als vorne. Ob der „Zaum" vorn und hinten angebracht wird, ist eine Frage der Länge und der Schwierigkeit der Strecke.
Das Geheimnis beim Ziehen ist, wie sonst auch, dem Strom den größten Teil der Arbeit zu überlassen. Doch der Grat zwischen einer Kenterung und der reibungslosen Aufwärtsbewegung ist verdammt schmal. Immer, wenn der Bug sich in eine Welle bohrt, heißt es Leine geben, es erneut in einem besseren Winkel zu versuchen.
Normalerweise handhaben zwei Leute die beiden Leinen an Bug und Heck. Es klappt auch bei einem allein – allerdings erst nach viel, viel Übung. Daß keine Knoten in der Leine sein dürfen, müßte selbstverständlich sein – ebenso, daß die Leine schwimmt und von guter Qualität ist.
Man plaziert sich oberhalb des Bootes – und geht los, während der Partner das Boot in den Strom schiebt. Nach etwa 10 m (soweit es die Umstände erlauben), winkelt man das Boot im Strom an und hält es in dieser Position. Ist der Winkel zu eng, dann treibt es zum Ufer zurück. Ist er zu weit, ist es kaum stromauf zu bewegen, oder – noch schlimmer – kommt quer und kentert. Der Zug auf der Bugleine (bei entsprechender Lose am Heck) verengt,
– Lose am Bug (Zug am Heck) erweitert den Winkel. Um es nochmals zu sagen: ein sehr, sehr subtiler und sensibler Vorgang!

Wenn der Winkel stimmt, begibt man sich stromauf. Das klappt, bis mit dem dicken Felsklotz A (Diagramm) das erste Hindernis auftaucht. Nun müssen Bug- und Heckleine unter Beibehalten des Winkels gekürzt werden, um das Boot näher ans Ufer zu bringen. Je schneller man aufwärts läuft, umso weiter (es wird von der Strömung entsprechend härter attackiert) schwingt das Boot auf die andere Flußseite (Foto 2). Dieses Laufen hilft, das Boot um Hindernisse herumzubekommen.

Doch normalerweise geschieht das durch Verlängern und Verkürzen der beiden Leinen, so wie bei der Barriere C auf dem Diagramm. Hier heißt es, den Canadier in die Stromzunge D zu dirigieren. Dabei muß aufgrund der erhöhten Stromgeschwindigkeit der Winkel verkleinert werden. Von da an geht's leichter (E und F). Der Canadier schwimmt im Strom aufwärts. Doch dann kommen die schweren Schwälle G (Foto 4) und drohen, in den wie angenommen offenen Canadier zu schlagen (Position H – Foto 5). Nochmals angenommen, man riskiert es und zieht kräftig durch. Dann merkt man, der Canadier nimmt Wasser über. Also heißt es, sofort am Bug Leine zu geben (Position I – Foto 6) und stromab zu laufen und dabei übers Heck das Boot vorsichtig zum Ufer zu ziehen (Position J – Foto 7). Vorsicht deshalb, weil das schwerer beladene Heck jetzt stromauf kommt. Vom Ufer aus wird es mit den Händen gepackt und dann mit Hilfe der Strömung wieder in die richtige Position gedreht.

Wir versuchen's nochmal. Vielleicht, weil man's wissen will. Vielleicht, weil es nicht möglich ist, zu tragen. Aber rohe Gewalt allein hilft überhaupt nichts. Der Fluß ist in jedem Fall der stärkere.

Beim nächsten Versuch ändert man den Winkel, macht ihn ein bißchen enger. Zu eng darf's aber auch nicht sein, sonst erwischt das Boot das Ende der Stromzunge nicht.

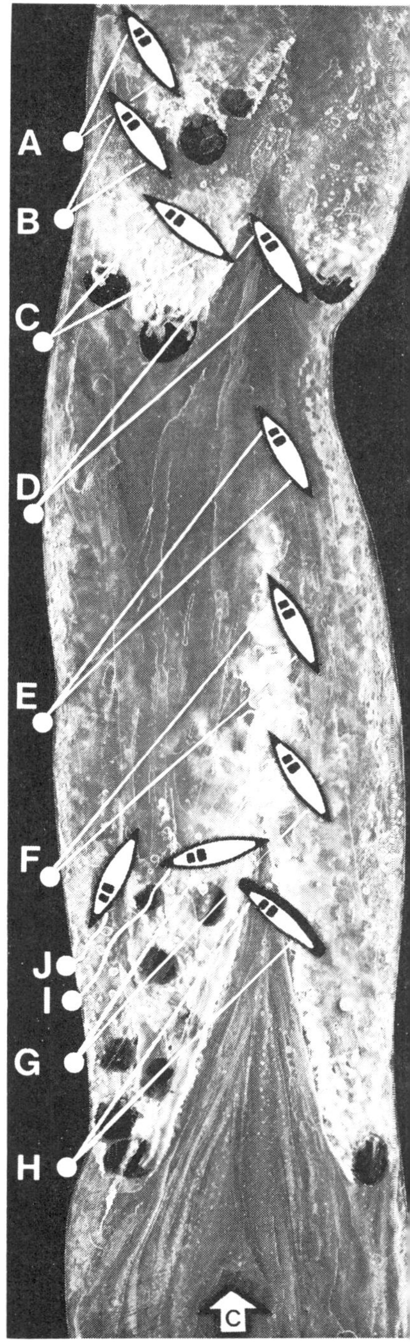
A
B
C
D
E
F
J
I
G
H
C

Zuerst heißt es, rasch stromauf zu rennen – den Winkel so zu verkleinern, daß der Bug genau den letzten Schwall trifft, und dann muß man das Boot aufwärts reißen. Danach gilt es, den Winkel wieder um eine Idee zu vergrößern und die nächste Welle auf die gleiche Art und Weise zu attackieren. Danach nochmal und nochmal, und immer wieder, bis das Boot im raschen, aber ruhigen Wasser der Stromzunge pendelt. Man hat's geschafft und weiß viel mehr über die Vorgänge in einer Stromschnelle als je zuvor.
Treidelleinen sollten die Länge von etwa 25 m haben. Ein Messer muß immer zur Hand sein, weil ständig „ernste Verwicklungen" drohen. Vor allem, wenn einer allein treidelt. Mitunter ist eine Portage schneller, sicherer ist sie auf jeden Fall und oft weniger frustrierend. Trotzdem treidele ich, wenn's nur irgendwie geht. Weil ich die Arbeit am und mit dem Fluß mag. Ich befahre den Fluß nicht, um ganz schnell von der Quelle zur Mündung zu gelangen; ich möchte vielmehr alle seine Seiten und Verhaltensweisen genau und direkt kennenlernen. Ich möchte mich mit ihm auf seinem gesamten Lauf auseinandersetzen.
Am faszinierendsten ist ein Fluß für mich, wenn er um eine Biegung in einer Schlucht oder Klamm verschwindet. Es gibt zwar einige Phänomene, denen man einfach nicht beikommt. Da hilft auch kein Treideln oder Ziehen des Bootes. Voraussetzung für eine Canyon-Befahrung sind Fels- oder Kiesschwellen an den Innenkehren. Einen vollkommen unbekannten und nicht einsehbaren Canyon befährt man am besten stromauf. Nur dann ist man sicher, daß man nicht in einer ausweglosen Sackgasse landet.

Trotz aller Flußbeschreibungen und genauester Karten sollte man bedenken, daß Flüsse lebendige Wesen sind, die nicht nur bei jedem Wasserstand anders reagieren, sondern auch sonst von einem Hochwasser zum anderen ihren Lauf verändern können. Die beste Versicherung gegen böse Überraschungen ist, sich jede, aber auch jede unklare Ecke vorher anzusehen!
Die kanadischen topographischen Karten sind ausgezeichnete und unabdingbare Hilfsmittel einer Kanu-Tour. Doch die Eintragungen von Fällen und Schnellen sind alles andere als vertrauenswürdig. Zum Beispiel geben die Karten für den Verlauf des in den Lake Superior mündenden Dog River fünf Wasserfälle an – wir haben dagegen bei einer Befahrung nicht weniger als zwölf gezählt.

Es ist mir klar: Treideln und Flußabwärtsziehen ist selbst unter unkomplizierten Verhältnissen kein einfaches Unterfangen. Die Beherrschung dieser Methoden gehört zu den höheren Weihen des Kanusports, und es gibt wenige Kanuten, die bereit sind, sich auf Gedeih und Verderb damit auseinanderzusetzen. So trennt diese Arbeit am Fluß die Spreu vom Weizen. Es trennt die, die auf ausgetretenen Pfaden wandeln von denen, die das Abenteuer der sonst unzugänglichen Reviere suchen.

Staken

In Mittel-Europa im Kanu-Metier nahezu unbekannt, war es in Nordamerika immer ein wichtiges und ist in vielen Fällen nach wie vor das wichtigste Hilfsmittel, stromauf zu fahren. Auch heutzutage ist es in vielen Regionen noch verbreitet und verdient, zumindest in der Theorie abgehandelt zu werden.
Angenommen, da ist eine Stromschnelle mit viel zu schnellem Wasser, um es durch Rückwärtspaddeln zu bewältigen. In diesem Falle ist eine Stakstange von 4 m Länge ein besseres Hilfsmittel als das Paddel. Eine Holzstange tut's zwar auch (u.U. mit Eisenschuh), doch die Leute, die oft staken, benutzen heute Alu. Bei dieser Art der Fortbewegung steht man aufrecht im Canadier. Dabei kommt die Gewichtsverteilung und die alte Grundregel wieder ins Spiel: Das stromauf gerichtete Ende des Bootes muß leichter sein! Also steht man direkt vor der Mittelducht (Foto 1 und 2) und plaziert zusätzlich Gepäck im Bug. Dadurch wird das Heck geleichtert und die Angriffsfläche für die Strömung verkleinert.
Hier wie auch sonst: Den Feinschliff bringen erst Übung und Praxis – aber wenn man den gesunden Menschenverstand zu Hilfe nimmt, ist der Lernvorgang so schwierig auch wieder nicht.
Beim Stromab-Staken wird die Stakstange stromab eingepflanzt, um die Geschwindigkeit des Bootes abzubremsen. Dabei entwickelt sich zwangsläufig beim Canadier eine gewisse Tendenz, daß er sich dreht. Also heißt es, ständig zu kompensieren. Aber es ist verhältnismäßig leicht, eine Seilfähre rückwärts zu staken und so den besten Durchschlupf zu finden. Das schließt auch die Kehrströmungen mit ein.
Die Standfestigkeit der aufrechten Position kommt mit der

Praxis. Manche lernen's ganz schnell, andere später, wieder andere nie. Es ist die traditionelle Art, sich mit einer flachen, verblockten Schnelle auseinanderzusetzen, die zu rasch fließt, um in ihr per Paddel zurechtzukommen.

Stromauf stakt man aus einer rückwärtigen Position. Diesmal muß man das Heck belasten und den Bug leichtern, wobei man sich von Kehrwasser zu Kehrwasser arbeitet, immer höher den Fluß hinauf. Mitunter muß man in einer Stromzunge hart und genau zustoßen, und schafft es womöglich doch erst beim dritten oder vierten Versuch.Die vielen kleinen Tricks kommen mit der Praxis – oder siehe oben.
Man schiebt entweder mit kurzen Stößen oder rückt Hand über Hand zum Ende der Stange vor. Dann wechselt man das Ende, damit braucht die Stange nicht nach vorne geholt zu werden. Staken hat seine interessanten Seiten. Es ist viel leichter als Portagieren und für den Könner weniger risikoreich und schneller als Ziehen. Eine Kombination der beiden Methoden – Ziehen (vom Ufer) und Staken (im Boot) – die „Demicharge" – half den alten Voyageurs über viele, viele Probleme hinweg!

Die Portage

Es gibt Leute, die sagen: Umtragen ist, wie wenn einer Prügel bekommt. Es ist solch ein wunderschönes Gefühl, wenn's vorbei ist. Auf die Gefahr hin, daß ich mich wiederhole, muß ich meinerseits sagen: Es ist meine allerletzte Zuflucht!
Zumindest ist es eine Abwechslung beim Paddeln und eine Gelegenheit, die Beinmuskulatur wieder in Aktion zu bringen. Man gewinnt ein anderes Gefühl für das Land, ganz besonders, wenn man ohne Last auf den Schultern noch einmal zurückgeht, um den nächsten Packen zu holen. Gelegenheiten, Tiere zu sehen, sind häufiger als direkt am Ufer gegeben.

Vor allem aber sind es die Portagen, die den Riegel zwischen die Hektik und Umtriebe der Zivilisation und den Frieden der Urnatur schieben. Dies ist eine der speziellen Vorzüge, die dem Kanu eigen sind: Wo und wie sonst kann man sein Fahrzeug auf den Rücken laden und in ganz wilde, andere verschlossene Gegenden vordringen? Natürlich wurden Portagen verflucht und werden es immer noch, doch wer nicht nur im Erreichen eines bestimmten Punktes in einer vorgegebenen Zeitspanne sein Heil sucht, sondern in der Reise selbst, der wird die Portagen unter einem anderen Blickwinkel sehen.
Es ist zwar schwierig, sich bei einer Flußtour zu verlaufen – aber ganz unmöglich ist es nicht. Wir trugen einmal unsere Boote um einen Katarakt und stießen dabei – wie es uns schien – auf eine ruhige Verbreiterung des Flusses. Es sollte sich rasch herausstellen, daß das Gewässer mit unserem Fluß nichts zu tun hatte – vielmehr war es ein uns vollkommen unbekannter See.
Ich bin schon über Portagetrails gegangen, die sich plötzlich in Nichts auflösten. Mitunter verläuft man sich auf dem Weg zurück zum Startplatz. Karte und Kompaß sind bei Kanutouren in die Wildnis unerläßlich. In neunzig Prozent der Fälle werfe ich keinen Blick darauf, aber es ist beruhigend, sie dabeizuhaben. Lebenswichtig können sie für den werden, der mal zwischendurch einen Fußmarsch in die Wildnis einlegen will oder muß. Die Position an einem Fluß oder See in der Wildnis muß jeweils mit Karte und Kompaß bestimmt und eingetragen werden. Man muß ganz einfach exakt wissen, wo man sich befindet.

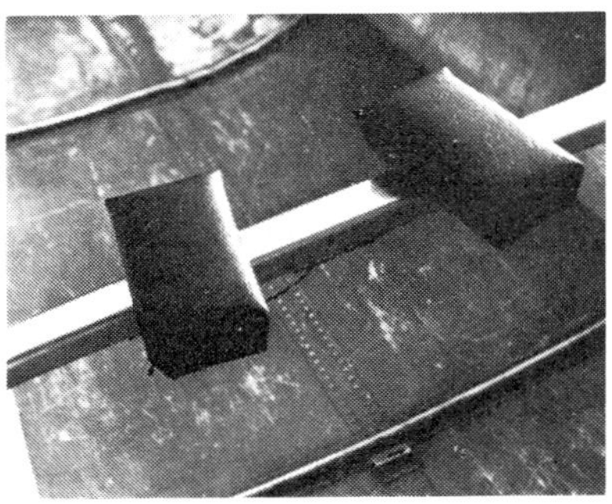

Doch zurück zur eigentlichen Portage: Der schwierigste Augenblick kommt ganz am Anfang, wenn man sich den Canadier auf die Schultern lädt. Geschick und Technik sind dabei eher von Nutzen als rohe Kraft und Gewalt. Den Zweier-Canadier trägt ein Mann allein!
Es gibt Kanuten, die keinerlei Hilfsmittel außer der Mittelducht benutzen. Ich weiß nicht, was in ihrem Genick vorgeht, aber bei mir bildet sich schon nach wenigen Metern eine wild schmerzende Druckstelle. Andere wieder legen ihre Schwimmwesten unter oder benutzen eine Art Joch. Am leichtesten und einfachsten geht's jedoch, wenn man die beiden Paddel längsseits mit den Blättern über der Mittelducht und nach vorn gerichteten Schäften festlegt. Auf diese Weise sind die sperrigen Löffel ebenfalls aus dem Weg geräumt.

Sie werden mit der Leine fest (!) und flach an die Mittelducht gebunden und mit den Griffen am Vordersitz oder an einer Vorderducht.

Anmerkung der Herausgeber (die schon manches Kanu über Stock und Stein geschleppt haben):
Die Paddel müssen viel enger stehen als auf dem Foto gezeigt; so eng, daß der Kopf eben zwischen den Schäften hindurchpaßt. Die Blätter liegen flach auf den Schultern, die Mittelducht berührt das Genick überhaupt nicht. Gepolsterte Schulterstützen (Foto 2) sind unserer Ansicht nach überflüssig. Besser als die Bootsleine eignen sich zum Festbinden der Paddel kurze, stabil gearbeitete Expander.

Das Gewicht muß gut ausbalanciert sein (Foto 4). Zwei Leute sollten gemeinsam nur über ebenes Terrain tragen – wenn es über schwierigeres Gelände geht, kommt einer allein viel besser zurecht.

Das Aufladen

Die beiden Hände befrieden sich rechts und links von der Mittelducht (Foto 5). Dann richtet man sich auf und hebt das Boot in Hüfthöhe (Foto 6). Die Linke greift in die Mitte der Ducht. Sie zieht das Boot hoch, während die Rechte das Dollbord nach unten drückt. Gleichzeitig geht man wieder in die Knie (Foto 7). Der Canadier liegt auf den Oberschenkeln. Dann packt man das gegenüberliegende Dollbord unmittelbar vor der Mittelducht (Foto 8). Die linke Hand greift in das andere Dollbord – direkt hinter der Mittelducht (Foto 9). Im Strecken des Körpers rollt man den Canadier kontinuierlich auf die Schulter (Foto 10 und 11) und stellt sich ins Zentrum darunter (Foto 12). Unterwegs helfe ich mit einem Knie nach. Das Abladen geschieht in umgekehrter Reihenfolge – hierbei ist die genaue Position der Hände an den Dollborden entscheidend.
Bei diesem Manöver besteht das Risiko einer Zerrung. Einfacher, wenn auch weniger elegant ist es, den umgedrehten Canadier an einem Ende ganz steil hochzuheben, sich dann in die Marschrichtung zu drehen, während das Boot immer noch hinten aufliegt.
Oder man läßt sich vom Partner helfen. Gerade die Auflademanöver erfordern viel Kraft, die man hinterher beim Tragen bitter nötig hat.

Katamaran – Fahren

Zwei oder auch drei Canadier zusammen ergeben zwar noch keinen echten Kata- oder gar Trimaran, doch ein ähnlich stabiles Fahrzeug und fügen dem farbigen Mosaik der Kunst des Kanufahrens eine weitere Facette hinzu. Warum den Wind, der uns mitunter so schwer zu schaffen macht, nicht einmal nutzen, -sofern er aus einer guten Richtung bläst? Warum nicht mal zwei Boote zusammenlaschen, einen Mast aufrichten und lossegeln? Was für die Strömung des Flusses

recht, sollte für den Wind billig sein. Strom und Wind – beide sind sie kostenlos. Glücklich der Kanute, der einen langgestreckten See mit Rückenwind passiert!

Zum Katamaran-Segeln braucht man erst einmal vier Stangen, ca. 3 m lang und 50 bis 75 mm stark. Die beiden Stangen für den Spreizmast dürfen leichter und etwas länger sein. Die Canadier werden am Ufer zusammengelascht. Zwischen Bugspitze und Bugspitze sollte die Entfernung 90 cm, von Heckende zu Heckende 120 cm betragen. Das Anwinkeln ist bedeutsam. Bei parallel ausgerichteten Canadiern kann sich Wasser aufstauen und die Boote vollduschen. Eine Querstange liegt in Höhe der hinteren Begrenzung des Vordersitzes, die zweite ist direkt an der Achterducht befestigt. Die Stangen müssen ganz solide festgelascht werden; Spiel darf es nicht geben. Dann wird der Mast oben zusammengebunden. Die Mastfüße werden an den Vordersitzen festgelascht; von der Spitze laufen zwei Stagleinen zum Bug respektive Heck. Damit ist der Mast gesichert. Dann wird das Segel gehißt. Hier wird der Einfallsreichtum der Besatzung angesprochen, denn es ist schwer zu sagen, was als Segel Verwendung finden wird. Ein Stück Plastikfolie, eine Zeltplane, ein Zelt-Überdach... Wahrscheinlich braucht man noch eine Rah, wofür ein Ersatzpaddel Verwendung finden kann.

Angeblich kann man damit sogar kreuzen, indem die anderen Paddel als Seitenschwerter Verwendung finden. Ich glaube das jedoch nicht – zumindest ist es mir noch nie gelungen. Trocken wird die Reise ohne Persenning nicht. Aber man hat ja seinen Lenztopf parat.

Ein Behelfs-Katamaran kann zwar kaum kentern, ist aber auch alles andere als leicht zu manövrieren. Trotz allem: Normalerweise sollte man das Segeln den Seglern überlassen. Ein freundlicher Rückenwind ist auch ohne Segel eine der schönsten Gottesgaben, und man darf nicht zuviel verlangen.
Es gibt in Nordamerika Tendenzen, Katamaran-Canadier auch im Wildwasser einzusetzen. Wenn überhaupt, so klappt es nur in hindernisfreien Flüssen größeren Zuschnitts. Eine weitere Spielart des Kanufahrens. Nichts Ernstes. Aber wem es Spaß macht, warum nicht?
Etwas ganz anderes ist ein spezielles Segel-Kanu. – Eine Konstruktion mit ganz eigenen Gesetzen und einer eigenen Dynamik, die mit Wander-Canadiern nichts gemein hat.

Ein Trimaran auf dem unteren Nahanni

Katamaran-Segeln im Canadier ist ein nicht sehr ernstzunehmender, aber trotzdem großer Spaß

Es mit dem Wind aufnehmen

Grundsätzlich: Obwohl dem Meeres- oder Seenpaddler eher mit einem Kajak gedient ist, kann man sich auch mit einem Canadier hinauswagen – soweit Wind und Wellengang das zulassen. Bill Mason beschreibt seine diesbezüglichen Erfahrungen auf den riesigen Seen Kanadas, die eher Binnenmeeren gleichen, wie folgt:

Wind wirft Wellen auf, und mit den Wellen muß sich der Kanufahrer auseinandersetzen. Auf fließenden und auf stehenden Gewässern – Wellen sind sein täglich Brot. Diesmal sind die „stillen" Gewässer dran, die durchaus nicht immer „still" oder „zahm" sind.
Nehmen wir einmal den Lake Superior in Kanada. Ein Süßwasser-Binnenmeer, das etwa ein Drittel der Bundesrepublik bedecken würde. Die Wellen auf diesem „Oberen See" entsprechen mitunter einer Ozean-Dünung. Flachere Seen wie der Lake Winnipeg entwickeln steilere, enger stehende, noch gefährlichere Wellen. Auf diesen Gewässern werden die Grenzen des offenen Canadiers rasch offenbar. Eine gute Persenning ist auch kein Allheilmittel. Nie darf sie das trügerische Gefühl der Sicherheit vermitteln, die in Wirklichkeit nicht im erforderlichen Maß vorhanden ist.
Am gefährlichsten auf den großen Seen Kanadas, Skandinaviens und sonstwo sind ablandige Winde. Sie bauen im Lee der Ufer gar keine oder kaum Wellen auf. Aber je weiter man hinausgetrieben wird, umso höher werden sie, und vor allem werden sie *rasch* höher. Hoffentlich ist es dann nicht bereits zu spät, das schützende Ufer zu gewinnen.
Ein Beispiel: vor einigen Jahren befuhren wir das Nordufer des Lake Superior. Wir wollten zur Mündung des Michipicoten River, und vor uns lag eine große, ca. 8 km breite Bucht. Die Flußmündung befindet sich direkt gegenüber auf der anderen Seite. Vom Land her blies eine steife Brise. Auf unserer Seite der Bucht war das Wasser ruhig wie ein Ententeich – während es auf der anderen Seite wohl ganz anders aussehen würde. Ich schlug vor, die Bucht auszufahren, also statt 8 km ca. 16 km weit zu paddeln.
Eine Kenterung auf dem Lake Superior in einiger Entfernung vom Ufer kommt einem Todesurteil gleich. Im eiskalten Wasser ist die Überlebenschance minimal. Eine Boot-über-Boot-Bergung ist schwierig, wenn nicht gar unmöglich. Wenn die Wellen in der Lage sind, einen Canadier zum Kentern zu bringen, dann machen sie in aller Wahrscheinlichkeit auch ein Rettungsmanöver zunichte.
Wir schlossen den Kompromiß, in einem nicht zu offenen Winkel zum Ufer zu fahren. Wenn wir feststellten, daß sich die Wellen nicht allzu hoch auftürmten, könnten wir immer noch den Kurs wechseln und das gegenüberliegende Ufer direkt anlaufen.

Trotzdem gefiel mir das Ganze nicht so recht. Noch weniger gefiel mir, daß der zweite Canadier mehr und mehr vom Ufer abfiel. Die Wellen warfen wirklich keine Probleme auf, und es schien lächerlich, unter diesen Voraussetzungen der Uferlinie zu folgen. Vielleicht war ich übervorsichtig; ich folgte den beiden anderen.
Dann nahmen wir Direktkurs auf die Flußmündung. Es war ein wunderschöner Tag; die Sonne flimmerte über dem kristallklaren Wasser des Sees; der Himmel war von intensivem Blau. Aber die Wellen wurden – unmerklich erst, dann eindeutig – höher. Ich sah den ersten brechenden Kamm. Der Wind frischte auf, und wir hatten erst die Hälfte der Strecke hinter uns.
Mir war klar, daß die Wellen noch höher werden würden, viel höher. Doch wir waren über den „point of no return" hinaus. Wir mußten also weiter und konnten nur hoffen, daß die Lage sich nicht zu Dimensionen auswuchs, die man mit gesundem Menschenverstand nicht mehr vertreten könnte. Der zweite Canadier war uns sowieso voraus; in unserem Alu-Kahn konnten wir mit ihm nicht Schritt halten. Alle meine Rufe verhallten ungehört. Die Freunde würden nichts davon merken, wenn wir kentern sollten. Sich bei schwerem Seegang in einem Canadier umzudrehen, kann schon ein Quentchen des Bösen zuviel sein. Die Frage, ob sie uns im Notfall überhaupt erreichten, wäre dann immer noch unbeantwortet. Wir allerdings würden es zu ihnen hin schaffen – ob jedoch noch früh genug, war absolut unklar. Ich starrte in das eisige Wasser und betete. Glücklicherweise nahm der Seegang nicht mehr weiter zu; nur hier und da zeigte sich eine Bäckermütze. Trotzdem war ich erleichtert, als das Ufer näherkam.
Dann erinnerte ich mich an die Mündung des Michipicoten. Ein mächtiger Fluß! Wenn seine Strömung sich mit den Windwellen des Sees herumbalgt, entstehen riesige, steile Brecher. Wir haben am Beispiel des Montreal River bereits darüber gelesen. Ich schrie mir das Herz aus dem Leib, und

auch diesmal – hörte mich keiner. In der Nähe des Ufers steuerte ich ein Stück parallel, weg von der Flußmündung. Die Freunde im anderen Boot ahnten wohl, was ihnen drohen könnte. Wir landeten unbeschadet.
Die anderen hielten die Querung der Bucht für eine tolle Leistung. Ich bin mir heute noch nicht klar darüber, ob sie die Gefahr überhaupt erkannt hatten. Es hatte keinen Ausweg gegeben; wir waren dem See auf Gedeih und Verderb ausgeliefert. In solchen Situationen halte ich immer meine Kochtöpfe zum Lenzen bereit. Doch einen auf einem tobenden See vollschlagenden Canadier auszulenzen, ist eine schier unmögliche Aufgabe.
Sollte es jemals dazukommen, daß Kanu-Touren auf dem Oberen See populär werden, dann sehe ich schwarz. Die Unfallrate dürfte unvertretbare Stellenwerte erreichen. Die Schwierigkeiten scheinen einfach zu groß, Leute von den im kalten Wasser drohenden Gefahren zu überzeugen. Sie glauben's einfach nicht, bevor sie nicht selber drinliegen – und dann ist es in manchem Fall leider zu spät.
Nachtpaddeln kann unter gewissen Umständen das Risiko herunterschrauben. Auch in der Morgendämmerung ist es meistens windstill – doch dafür auch oft neblig. Der große See hat ein Eigenklima. Heiße Luft, die über den Uferfelsen tagsüber ansteigt, führt zu lokalen Luvwinden und zu regelrechten Brandungswellen.

See-Anker

Wenn man vorm Wind läuft, kann ein See-Anker das Boot vor dem Querschlagen bewahren. Auch hier sollte der Zug so tief wie möglich angreifen. Doch leider ist die Ducht der einzige Ort, einen offenen Kochtopf o. ä. mit einem ausreichenden Stabilisierungseffekt anzubinden. Wer allein im Wind paddelt, sollte das Boot ein paar Grad abfallen lassen und dann zu den anlaufenden Wellen hin hochkanten, um so das Freibord auf der Luvseite zu erhöhen, wobei das Boot aber sehr gut getrimmt werden muß. Aufgrund des größeren Auftriebes kann der Solofahrer wesentlich höhere Wellen abreiten, als das zu zweit möglich ist. Bei hartem Gegenwind wird er jedoch kaum vorwärtskommen.

Sicherheit im Canadier

Einer der wesentlichsten Gesichtspunkte in der Arbeit aller Kanu-Organisationen ist die Sicherheit. Ich habe während meiner Filmarbeiten und auch bei diesem Buch diese Sorge in den Vordergrund gestellt.
Die Kunst des Kanufahrens ist ein weites, faszinierendes Feld; es eröffnet ungeahnte Reize, sich die entsprechenden Kenntnisse anzueignen und noch viel mehr, diese Theorie in die Praxis umsetzen zu können. Wissen *und* Können gemeinsam vermögen das Risiko zu reduzieren, ohne jeden Gefahrenfaktor ganz auszuschließen.
Nehmen wir als Beispiel noch einmal den South Nahanni River und die Virginia-Fälle auf diesem Fluß. Hier kann der Mensch noch die atemberaubende Schönheit und Pracht, die ebenso elementare wie erschreckende Gewalt stürzenden Wassers ohne Schutzzäune und Warntafeln auf sich einwirken lassen. Der schlichte, gesunde Menschenverstand hindert den Betrachter daran, einen Schritt über den Abbruch hinaus zu tun.
Genauso ist es mit anderen Katarakten, und nicht anders mit großen Seen. Diese Gefahr ist aber relativ. Je nach Stand des Könnens und der richtigen Einschätzung des Kanuten ist sie größer oder kleiner. Die Gefahr eines falschen Schrittes am Rande der Virginia-Fälle ist eindeutig. Eine Kenterung, nur hundert Meter vom Ufer im Wasser eines eiskalten Sees, ist genau so tödlich – doch die Gefahr manifestiert sich nicht so deutlich.
Um ein Mißgeschick in der Wildnis zu überleben, muß man in der Lage sein, Situationen und Geschehnisse nüchtern einzuschätzen, sich über die möglichen Optionen klarzuwerden, sich für die richtige zu entscheiden und diese Entscheidung – ohne zu zögern – in die Tat umzusetzen. In vielen Fällen gibt es nur eine und keine zweite oder dritte Chance. Diese eine endgültige Entscheidung mag gleichzeitig die einzig richtige Wahl sein.
Die Sicherheitsempfehlungen der kanusportlichen Organisationen lauten übereinstimmend, bei dem gekenterten Boot zu bleiben und in einer die Körperwärme haltenden Embryonalhaltung zu verharren, bis Rettung möglich ist. Mich stört dabei: Niemand sagt, was denn passiert, wenn keine Hilfe kommt? Kaum einer spricht es offen aus: „Wenn kein Retter kommt, bist du tot.“ Manche deuten vage an, daß die Wellen einen ans Ufer waschen würden. Das geht aber

drei- oder viermal schneller, wenn man sein Boot aufgibt und sich von der Schwimmweste in der eiförmigen, wärmekonservierenden Haltung ans rettende Ufer tragen läßt. Ein vollgeschlagenes Kanu treibt auch bei starkem, anlandigen Wind sehr langsam.

Natürlich kann man schlecht gegen die Empfehlungen der Rettungsorganisationen, am Boot zu bleiben, argumentieren. Sie basieren auf Erfahrung, auf wissenschaftlicher und statistischer Erkenntnis. Es ist z.B. erwiesen, daß ein Schwimmer 35 % mehr Körperwärme verliert als einer, der sich inaktiv im Wasser zusammenkrümmt. Beim Schwimmen wird etwa dreimal soviel Körperwärme wie in der ruhenden Position erzeugt. Für kurze Zeit profitiert der Körper von dieser Wärme, doch über die Extremitäten geht sie sehr bald wieder verloren. Daraus entsteht die Gefahr, daß der Schwimmer der Unterkühlung zum Opfer fällt und das Bewußtsein verliert. In diesem Falle wäre das Verlassen des gekenterten Kanus die indirekte Todesursache.

Bleibt der gekenterte Kanute jedoch in einer wärmekonservierenden Haltung bei seinem Boot, wird er fast doppelt so lang bei Bewußtsein bleiben. Vielleicht sogar noch länger, wenn er einen Teil seines Körpers mittels irgendeines Auftrieb vermittelnden Gegenstandes über Wasser halten kann. Wenn in dieser Zeitspanne Hilfe kommt, profitiert der Kanute von seiner Entscheidung, beim Boot zu bleiben. Doch jetzt kommen wir wieder zu der Konsequenz, die keiner klar und deutlich aufzeigt: Wenn keine Hilfe kommt, stirbt der Kanufahrer.

Schalten wir zurück: Ein vernünftiger Kanute würde die Gefahr der Unterkühlung bei einer – jederzeit möglichen – Kenterung in seine Planung miteinbeziehen und sich nicht zu weit vom Ufer entfernen. Diese Entfernung würde nie die durch Schwimmen überbrückbare Distanz überschreiten. Die beim Schwimmen erzeugte Körperwärme könnte auf der relativ kurzen Distanz sogar positiv wirken. Dieses Beispiel trifft aber lediglich auf Wasser mit normalen Temperaturen zu.

Im Wasser, das nahe dem Gefrierpunkt liegt, geschieht alles viel, viel schneller. Hierüber mehr im Abschnitt über die Hypothermie.

Unter solch extremen Bedingungen wäre es unvernünftig, am Boot zu bleiben. Auf mich allein gestellt; ohne Hoffnung auf Hilfe weit und breit, würde ich mein Heil im Schwimmen suchen. Eine Entscheidung, über die ich nicht

nur lange nachgedacht habe, sondern in die auch eine Reihe von schlimmen, eigenen Erfahrungen mithineinspielt.
Es mag die einzig wahre und letzte Chance sein, die es in diesem Fall zu nutzen gilt. In einem anderen Fall mögen die Umstände ganz anders sein und ganz andere Aktionen erforderlich machen

Hier melden sich die Herausgeber wieder zu Wort:
„Was soll das", werden einige Leserinnen und Leser fragen, „bei uns in Mitteleuropa, wo es doch keine von diesen riesigen, eiskalten Wasserflächen gibt?"
Zwei knappe Gründe sind es, die uns Wort für Wort das von Bill Mason Gesagte unterschreiben lassen:
Zum einen hat sich der Kanu-Tourismus enorm entwickelt. Längst tummeln sich mitteleuropäische Kanuten in ganz beachtlichen Zahlen nicht nur auf skandinavischen Seen (wo die Bedingungen denen Kanadas in etwa entsprechen), sondern auch im Mutterland des Canadiers selbst.
Zum anderen: Nehmen wir doch mal unsere Seen im zeitigen Frühjahr, nehmen wir die meisten Alpengewässer. Ist da wirklich alles anders?
Last but not least: Das Gesagte gilt in erster Linie für Seen. Für Flüsse, vor allem für Wildwasser, gelten andere Kriterien.

Vermeiden der Tragödie

Um es noch einmal zu sagen: Die Grundregel „niemals das gekenterte Boot verlassen" besitzt durchaus Allgemeingültigkeit in bewohnten Regionen, in mehr oder weniger frequentierten Feriengebieten. Doch keine Regel ohne Ausnahme – vor allem, wenn der gesunde Menschenverstand einem die Ausnahme aufdrängt. So wie in der Einsamkeit des europäischen bzw. amerikanischen Nordens.
Bei einer Wildnistour z.B. läuft schon die Vorplanung ganz anders ab. Das gilt vor allem für die Befahrung von Stromschnellen. Warmes Wetter und kaltes Wasser vorausgesetzt, befahre ich Stromschnellen im offenen Canadier ohne große Überlegung bis zum Schwierigkeitsgrad III einschließlich. Im Falle einer Kenterung schnappe ich mir die Bergungsleine, gewinne so rasch wie möglich das Ufer und ziehe das Boot an Land. Die Sonne wird meine verlorengegangene Körperwärme schnell wiederherstellen. Bei ebenfalls kalten Außentemperaturen wie im Spätherbst würde ich einen IIIer umtragen – oder allenfalls mit Neopren-Anzug fahren.
In der Einsamkeit, ohne Aussicht auf Hilfe, am gekenterten Boot zu bleiben, würde allen Vernunftgründen widersprechen. Ich habe es nie getan und habe noch nie – trotz zahlreicher Kenterungen – ernsthaften Schaden genommen.
Um es immer wieder zu sagen: Es ist und bleibt die Frage des gesunden Menschenverstandes. So der abgeht, ist ohnehin keine Gefahr auszuschließen. Bis jetzt wurde mein Leben vor allem durch die Tatsache gesichert, daß ich angesichts kalten Wassers in den Augen vieler zum Feigling werde. Ich werde den Deibel tun und mich selbst in eine Lage bringen, wo mein Leben von einem abhängt, der zufällig des Weges kommt und mich vom kielobenschwimmenden Boot runterpflückt – oder auch nicht.
Das Wrack mag schlimmstenfalls irgendwo antreiben. Doch ich sitze dann längst am Feuer und trockne mich und meine Sachen.

Würde ich nicht da sitzen, wäre es mein eigener, tödlicher Fehler gewesen. Vielleicht sogar der, nicht auf Hilfe gewartet zu haben. Jedoch – wie groß wäre die Hoffnung gewesen, daß sie rechtzeitig gekommen wäre?
Und wieder ein Beispiel: Vor einigen Jahren paddelte ich bei steifem, auflandigen Wind am Ufer des Lake Superior entlang. An die exakte Wellenhöhe kann ich mich nicht mehr erinnern – außer daran, daß sie sehr hoch war. Sehe ich mir heute wieder die auf dieser Fahrt entstandenen Dias an, stelle ich fest, daß die Entfernung zwischen den einzelnen Wellenkämmen über zwei Canadierlängen, also 12 oder 13 m, betrug. Unter solchen Bedingungen zu paddeln, mag sich verrückt anhören – doch die Wellen brachen nicht, außer über Untiefen. Es war wie die hohe, aber eher harmlose Dünung eines Ozeans. Doch am Steilufer explodierten sie in einem hohen Brandungsspektakel von 5 oder 7 m. Es ging um eine Alleinfahrt, die ich zehn Jahre zuvor auf dem Lake Superior gemacht hatte und die jetzt im Film nachvollzogen werden sollte. Solange ich die Brecherzone und die Untiefen mied, bestand keinerlei Gefahr. Trotz der steifen Brise kam ich gut voran; ich hatte mein Gepäck nach vorne ins Boot gestaut.
Nach der Arbeit des Tages und dem Abendessen zog es mich noch einmal hinaus auf den See. Die bewußte Kamera-Einstellung stand an: Kanufahrer vor untergehender Sonne.

Aus der Sicherheit einer Bucht paddelte ich gegen die mächtigen Wellenberge an. In Verbindung mit dem extrem eindrucksvollen Steilufer wurde es eine grandiose Einstellung. Und ich hatte meinen Spaß dabei. Bis ich eine riesige Welle aus dem Nichts auftauchen sah – einen wahren Kaventsmann. Ich sah ihn kommen, und mein Herz rutschte in die Hose. Er türmte sich hoch über mir und begann, an seiner Spitze zu brechen. Wenn ich in diesen Kaventsmann, der einen breiten Schaumteppich vor sich ausbreitete, hineinfuhr, würde mein Boot sofort vollschlagen. Ich versuchte trotzdem gegenanzugehen und schaufelte aus Leibeskräften. Doch die Welle hob mich auf wie ein abgefallenes Baumblatt und trug mich rückwärts. Der Canadier schlug hinten voll, sackte übers Heck ab und kenterte.
Meine einzige Aussicht auf Rettung bestand darin, sofort zum Ufer zu schwimmen, und ich schwamm schon im eisigen Wasser, ehe ich überhaupt richtig aus dem Boot heraus war. Da war nichts zu überlegen; bei dieser Wassertemperatur blieb mir nur ganz wenig Zeit. Niemand – auch nicht das Filmteam am Ufer – konnte mir helfen. Hätte ich doch meinen Neopren-Anzug übergezogen! Wo kam diese verrückte Welle nur her?

Egal: Ich wußte, daß es um Sein oder Nichtsein ging – mußte schnell schwimmen und durfte mich trotzdem nicht verausgaben. Nach und nach überwand ich meine Panik, während ich meinen Körper auf das eisige Wasser einzustellen versuchte. Ich schwamm mit langsamen Zügen.
Zwischen mir und dem rettenden Ufer lagen knappe zweihundert Meter. Das Ufer aber – war eine Steilwand mit mächtiger Brandung! Irgendwo öffnete sich aber auch eine kleine Bucht mit einem Kiesstrand. Die mußte ich ansteuern... Ich schwamm, wie mir schien, endlos lang. Ken und meine Frau verloren beim hilflosen Zusehen fast den Verstand, konnten mir aber in keiner Weise zu Hilfe kommen. Ken zoomte zurück auf Weitwinkel, stellte die Kamera auf „Automatik“ und rannte zum Ufer hinunter, um mir zu helfen. Inzwischen hatte ich zwar den Buchteingang erreicht, doch ich kam nicht weiter. Die Felstürme zu beiden Seiten veränderten ihre Position überhaupt nicht. Die Wellen des Sees drückten mich hinein – und der Rücksog zog mich wieder heraus.
Eine Alternative wäre gewesen, 400 m am Steilufer entlang zu schwimmen und eine andere Bucht zu gewinnen, die, aus der ich mit dem Kanu gestartet war. Doch das würde ich nicht mehr schaffen. Stattdessen orientierte ich mich nach dem Scherwasser der beiden Hauptströmungen; versuchte alle mir verbliebenen Kräfte in einer schwächeren Brandungsphase zusammenzunehmen. Dann schwamm ich mit aller Macht auf die Bucht los, und wieder schien es eine schiere Ewigkeit.
Ich wurde von einem donnernden Brecher hochgehoben und nach vorne gerissen. Über mir schlug er zusammen und nahm mich im Rücklauf wieder ein Stück weit hinaus. Doch da kam schon der nächste und schob mich näher zum Strand hin. Ich fühlte Boden unter den Füßen, und da war auch schon Ken zur Stelle und half mir heraus. Ein warmer Schlafsack und warme Getränke holten mich zurück ins Leben.

Es dauerte eine Stunde und ich war wieder in der Lage, am Ufer entlang zu laufen. Ich sah, wie der Canadier kieloben in den Wellen schwamm. Er war in einer Stunde vielleicht 350 m weitergetragen worden. Schwimmend hatte ich für die 200 m vielleicht fünf Minuten gebraucht. Dabei hatte sich das Boot dem Ufer überhaupt nicht genähert; es trieb parallel zu ihm dahin.
Die Lehre aus diesem Geschehen: Es hängt ganz von den Umständen ab, was ich im Falle eines Falles tue!
Beschäftigen wir uns mit der Kanu-Tragödie der Schüler der St. John's Boy School auf dem Lake Temiskaming, in Ontario, bei der vierzehn junge Menschen ihr Leben verloren. Nachdem der erste Canadier im Sturm gekentert war, glaubte die Besatzung, Hilfe sei nahe. Doch als dann auch der zweite und der dritte Canadier umschlug, sank alle Hoffnung. All diejenigen, die das Ufer anschließend noch zu erreichen versuchten, waren schon zu sehr ausgepumpt, um es bis dahin schaffen zu können. Heute muß ich mir die Frage stellen, wer sich hätte retten können, wäre er sofort losgeschwommen. Doch das ist eine hypothetische Frage. Bei dem gekenterten Boot zu bleiben, hätte ebenfalls Rettung bedeuten können. Aber dann hätte ein glücklicher Zufall dazu beitragen müssen ...
Durch die Bank wären alle Kanu-Unfälle vermeidbar, wenn wir alle zu Hause blieben. Doch steht es nicht genauso mit den Unfällen im Straßenverkehr? ! Überall lauern Risiken; kein Mensch ist frei von Fehlern, und immer wieder werden von uns allen Fehler begangen. Es können kaum zu vermeidende Fehler, und es können ganz dumme Fehler sein. Trotzdem sollten wir Risiken meiden und aus unseren Fehlern und denen von anderen lernen. Andererseits sind das

physische und psychische Wohlbefinden, die echte, herzliche Freude und Entspanntheit, die während einer Kanutour in die Einsamkeit aufkommen, ein Risiko wert. An uns liegt es, ob es riesengroß oder winzigklein ist.
Den Menschen, die mich seinerzeit auf meiner ersten Kanutour in die Einsamkeit mitnahmen und mich anleiteten, fühle ich mich heute noch tief verpflichtet. Ich bin für immer in ihrer Schuld, denn was ich als junger Mensch auf diesen Fahrten erleben durfte, prägte mein ganzes weiteres Dasein. Meine Lehrmeister waren keine hervorragenden Kanufahrer, doch gaben sie ihr Bestes. Wir machten allesamt Fehler, aber wir überstanden sie auch alle. Das Können dieser Leute würde den heutigen Anforderungen für Kanu-Kurse nicht mehr gerecht werden. Wenn ich die damaligen Zeiten mit heute vergleiche, glaube ich, daß wir ein gut Stück weitergekommen sind.

Hypothermie

Die meisten Menschen, die sich irgendwann einmal in der Urnatur aufhalten (das kann die Taiga, der tropische Urwald oder das Gebirge sein), fühlen sich von Schlangen, Spinnen, Mäusen, Bären, Tollwut, Gewittern und dergleichen bedroht. Aber merkwürdigerweise macht sich kaum jemand Gedanken um das weitaus gefährlichste aller Phänomene: die Hypothermie oder Unterkühlung.
Was hat es mit diesem lautlosen Killer auf sich? Hypothermie ist der allmähliche geistige und physische Kollaps, der die Unterkühlung der inneren Organe und aller Bestandteile des menschlichen Körpers begleitet. Sie wird bewirkt durch Eintauchen in kaltes Wasser, wird durch kalte Luft und womöglich durch Nässe, Wind und Erschöpfung verstärkt. Der Körper verliert dabei schneller Wärme, als er sie zu produzieren vermag. Wer sich dem kalten Wind in unzulänglicher Kleidung aussetzt, kann sich eine Weile durch Bewegung warmhalten. Der Körper wird dabei ausreichend kompensieren, um die lebenswichtigen Organe warmzuhalten. Aber der Vorgang wird seine Energiereserven erschöpfen. Danach wird sich die Kälte im Gehirn einnisten und die klare Einschätzung der Situation und die Vernunft beeinträchtigen. In diesem Augenblick ist das Stadium der Hypothermie oder der gefährlichen Unterkühlung erreicht. Als nächstes verliert man die Kontrolle über seine Hände. Die Körpertemperatur sinkt weiter ab, die Wärmeproduktion geht auf die Hälfte des üblichen zurück. Heftiges, unkontrollierbares Zittern setzt ein. Die Überlebenschancen schwinden.
Das Tückische ist, daß man selbst Hypothermie nicht diagnostizieren kann. Wenn jemand nachfragt, behaupten die Betroffenen, sie fühlten sich in Ordnung. Vielleicht insistieren sie sogar, es sei alles mit ihnen okay. Aber der Zustand kann bereits unkorrigierbare Ausmaße angenommen haben, und das mitunter in Minutenschnelle.
Doch wir wollen es soweit nicht kommen lassen.Trockenbleiben ist der beste Schutzschild gegen diesen gefährlichen Feind. Nasse Kleider verlieren bis zu 90 % ihres Isolationswertes. Wolle büßt am wenigsten ein. Sie ist der beste traditionelle Schutz gegen Nässe.

Vorsicht bei Wind! Selbst eine schwache Brise entzieht der bloßen Haut viel mehr Wärme als unbewegte Luft. Wind treibt die kalte Luft in und unter die Kleidung. Wind hat zusätzlich eine weiter abkühlende Wirkung, da er Feuchtigkeit von der Oberfläche verdunsten läßt. Auch kaltes Wasser, das am Rücken oder an den Beinen entlang nach unten läuft, entzieht dem Körper mehr Wärme als man glaubt. Schon 10° C. „warmes“ Wasser ist so unverträglich, daß man sofort aus ihm heraus muß! Die kanadische Coast Guard (Küstenwache) schreibt in einem Merkblatt: „Selbst scheinbar warmes Wasser kann gefährlich werden, wenn man ihm längere Zeit ausgesetzt ist.“

Viele Fälle von Hypothermie beginnen sich schon bei + 10° C. Lufttemperatur zu entwickeln – eine Temperatur, die von kaum jemand als gefährlich angesehen wird. Die Unterschätzung der Gefahren, wenn Wind und Nässe hinzukommen, können durchaus fatale Folgen haben. Es ist oft nicht einfach, jemanden von dieser Gefahr zu überzeugen. Sich Regenzeug anzuziehen, nachdem man bereits naß geworden ist, ist ziemlich witzlos. Aber selbst dann noch verlangsamt es den Auskühlungseffekt. Mit Regenzeug geht aber auch das uralte Problem einher, daß die normale, dem Körper entweichende Feuchtigkeit kondensiert. Wer hart arbeitet, ist von innen bald genauso naß wie von außen.

Das klassische Gegenmittel ist wollene Unterwäsche. Selbst wenn sie sich feucht anfühlt, wird der Verlust an Körperwärme abgebremst. Ein anderes klassisches Gegenmittel, wenn man in Wildnisgebieten unterwegs ist: anhalten und ein großes Feuer machen. Warten, bis man trocken ist. Nie den starken Mann spielen.

Ich habe eine interessante Entdeckung im Laufe der Jahre gemacht: Wollunterkleidung agiert ähnlich wie Naßbiber, denn auch ein Neopren-Anzug läßt Wasser eindringen. Aber durch die Körperwärme wird das Wasser aufgeheizt, und es kommt kein kaltes Wasser nach. Wenn Knöchel, Handgelenke, Taille, Hals gut abgeschlossen sind, hat Wolle einen ähnlichen Effekt. Man wird zwar naß und es ist alles andere als der reine Komfort, doch die Körperwärme verflüchtigt sich viel langsamer. Vor allem, wenn man aktiv ist.

Vorsicht: Es darf nie zur totalen Verausgabung kommen!

Hier noch einmal die Symptome der Hypothermie:

- unkontrolliertes Zittern,
- langsame, stotternde, unzusammenhängende Sprechweise,
- starre oder fahrige Hände,
- stolpernde, schlurfende Schritte,
- Benommenheit,
- Erschöpfung; Schwierigkeiten, sich auf den Beinen zu halten.

Die Gegenmittel – oder die böse Konsequenz

- Raus mit dem Opfer aus Wind und Regen und aus der nassen Kleidung,
- rein in trockene Sachen und Schlafsack, angewärmte Steine oder mit heißem Wasser gefüllte Feldflaschen dazupacken,
- warme Getränke einflößen (Vorsicht bei Alkohol – nur bei vollem Bewußtsein; sonst heißes Zuckerwasser);
- solange das Opfer halbwegs bei Bewußtsein ist, es wachzuhalten versuchen.
- Es muß sich jemand zu dem Opfer in den Schlafsack legen. Noch besser: zwei Personen nehmen den Erkrankten zwischen sich (was nur bei Doppelschlafsäcken möglich ist). Direkter Hautkontakt ist die beste Therapie.
- Kein Transport (es sei denn, unter ärztlicher Leitung).
- Zittern (Schüttelfrost) produziert Körperwärme. Hier sofort mit Wärmezufuhr von außen nach innen nachhelfen.
- Bei Verschlimmerung des Zustandes setzen Bewußtseinsstörungen ein; die Körpertemperatur liegt bei 33° bis 34° C.
- Zittern hört bei 32° C auf.
- Bei 30° C verliert das Opfer das Bewußtsein; es besteht größte Lebensgefahr.
- Bei weiterem geringfügigen Absinken der Körpertemperatur treten Herzrhythmusstörungen auf, die im Herzversagen enden.
- Das Opfer stirbt.

Es versteht sich von selbst, daß alles daran gesetzt wird, auch das scheinbar leblose Opfer in ärztliche Behandlung zu bringen. Selbst wenn die Wiederbelebung Unterkühlter oder scheinbar Ertrunkener gelingt, muß so schnell wie möglich Transport ins Krankenhaus erfolgen.

Die Gefahr der Hypothermie beschränkt sich nicht nur auf den kalten Norden. Sie fordert auch in Mitteleuropa immer wieder ihre Opfer – ob das auf der Elbe ist, wo ein Ehepaar vor den Augen ihrer Kinder bei 4 C Wassertemperatur umkam oder auf einem Eifelbach im Frühjahr, wo ein erfahrener Kanute Opfer dieses leisen Killers wurde.

Vorsicht ist angebracht!

Bootstypen, Zubehör, Materialien etc.

Mannschafts-Canadier

Ich werde sehr häufig aufgefordert, meine Meinung zu sechs- oder achtsitzigen Canadiern abzugeben. Hier bei uns in Canada ist es ein Stück wieder ins Leben gerufene Geschichte, einen 30 Fuß- oder gar 40 Fuß-Canadier zu paddeln, und das ganz besonders, wenn es in authentischen Kostümen getan wird. Doch nach einer Weile stellt man fest, daß der „Avant“ im Bug und der „ Gouvernail“, der Steuermann, das ganze Vergnügen unter sich teilen und für die anderen nichts weiter übrigbleibt, als das Boot vorwärtszutreiben. Aber es sind Mannschaftscanadier, die viele Neulinge an den Kanusport heranbringen. Auch die Leute mittschiffs können im Laufe der Zeit viel lernen und nach einer Weile verblüffend gut manövrieren. Vor allem für Kinder ist ein Mannschafts-Canadier eine hervorragende Alternative. Im Aufwand ist er ökonomischer und billiger als eine Kanu-Flottille.
Aber ein Mannschafts-Canadier ist nicht unbedingt sicherer als ein normaler Zweier. Im Falle einer Kenterung ist die Boot-über-Boot-Bergung eines 6 m-Schiffes so gut wie unmöglich. Was ihre Stabilität angeht, so werden Mannschafts-Canadier mitunter überschätzt. Es stimmt nicht, daß sie vollbelastet höhere Wellen besser abreiten können als ein normales 5 m-Boot.

Mannschafts-Canadier werden inzwischen auch in Mitteleuropa von Schulen und Vereinen mehr und mehr eingesetzt. Im Fototeil sind einige dieser wunderschönen Boote wiederzufinden.

Ein paar Worte zu den Baumaterialien:

Birkenrinde

Die Birkenrinden-Kanus aus alter Zeit sind nur noch in Museen zu finden. Es gibt noch einige Indianer, die das Können von den Alten übernommen haben und auch heute noch Birkenrinden-Kanus bauen und verkaufen zu einem Preis, bei dem das Benutzen des Bootes zu schade wäre – also nur etwas für Liebhaber oder „fürs Wohnzimmer“.

Holz

Die leinenbezogenen Holz-Canadier waren bis vor ca. 30 Jahren dominierend, wurden dann in Nordamerika verdrängt von Aluminium und Fiberglas GFK. Auch in Europa gab es das geklinkerte Holz-Kanu. Hochburgen waren in Hamburg und Berlin. In Schweden war es das mehrschichtig

verleimte Sperrholz-Kanu, heute noch als Renn-Canadier bevorzugt.
Das Cedarstrip-Kanu, ein aus miteinander verleimten Leisten gebautes Boot, ist eine alte, heute nur noch selten zu findende Bauweise. Es wird modifiziert als „Stripper" angeboten, ebenfalls eine Leistenbauweise, die außen und innen mit Fiberglas beschichtet wird. Es kann nahezu das Gewicht von Kevlar-Booten erreicht werden, es ist aber auch empfindlich. All diese Boote sind heute weitgehend vom Markt verschwunden, weil sie zu lohnintensiv und daher zu teuer sind. Darüberhinaus sind sie sehr empfindlich und verlangen ständig gute Pflege.

Aluminium

Aluminium-Canadier sind eine Bauart der untersten Stufe (Rangordnung). Wenn überhaupt, soll der Rumpf ohne Nieten aus einem Stück gepreßt worden sein. Die Stabilität ist hoch. Das Boot ist recht schwer, es sei denn, man nimmt eine wesentlich dünnere Ausführung, die aber schnell einbeult. Aluminium-Kanus sind laut. Jede Welle verursacht blecherne Geräusche. Das Boot ist kalt im Winter, während es sich in der Sonne schnell aufheizt. Beim Anschlagen an Steine gibt es Beulen, die leicht herauszuhämmern sind, aber man bekommt nie mehr eine glatte Fläche. Alu-Kanus neigen dazu, auf Felsen hängenzubleiben, weil sie so leicht einbeulen. Wer auf ein geräuschloses Vorwärtskommen Wert legt (zum Beispiel bei Tierbeobachtungen), der sollte sich ein anderes Material aussuchen.
Aluminium-, Fiberglas- und ABS-Kanus können überall gelagert werden. Sie sind nicht witterungsanfällig.

Fiberglas (GFK = glasfaserverstärkter Kunststoff)

Polyester-Canadier sind gut bis schrecklich gefertigt, je nach Hersteller. Sie können in jeder Form und Größe gebaut werden. Die besten Canadier sind handgefertigt von kleineren, von ihrer Aufgabe begeisterten Firmen. Ebenso kommt es bei den Fahreigenschaften auf den jeweiligen Hersteller an. Die Stabilität ist ziemlich groß, aber es bestehen Unterschiede, die auf die verarbeiteten Materialien zurückzuführen sind. Das Gewicht ist mittel anzusehen und noch recht gut von einem Mann zu bewältigen.
Die harte Oberfläche begünstigt den Effekt des über die Felsen „Hinwegschlidderns". Ein großer Vorteil in flachen, schnellfließenden Gewässern. Die Gefahr, auf einem Felsen hängenzubleiben, querzudrehen und zu kentern, ist geringer.
Gegen sehr spitze Steine ist jedoch auch dieses Material nicht gefeit. Man muß immer ein Stück Glasfasermatte und Härter dabei haben, um eventuell kleinere Risse ausbessern zu können.

Kevlar (Aramidfaser)

Setzt man beim Canadier Kevlar und Kohlefasern (Carbon) ein, so entsteht wohl eines der stabilsten, leichtesten, aber auch teuersten Boote. Die Herstellungsart ist die gleiche wie bei Fiberglas.

ABS/Polyäthylen

Da Polyäthylen-Boote teure Formen voraussetzen, können nicht vielfältige, in jeden Bereich passende Bootstypen hergestellt werden. Es ist ein sehr stabiles, vielleicht das stabilste Material überhaupt. Allerdings sind diese Kanus wegen ihrer geringen Härte etwas schwerfälliger zu manövrieren. Sie neigen zu Verwindungen entlang der Längsachse. Die Boote sind teuer und sehr schwer.

Alle diese Boote werden in den unterschiedlichsten Längen und Breiten gebaut. Canadier gibt es für ein bis zwei sportliche Leute, fürs Wildwasser, für Familien mit Kindern und Gepäck, für lange gemütliche Wanderfahrten.

Lagerung

Kunststoffboote können im Freien Sommer wie Winter gelagert werden. Die Persenning ist in trockenem Zustand abzunehmen und trocken zu lagern.

Birkenrinde

Leinwand auf Holzplanken

Zederngeplankt

GFK

Aluminium

nochmals GFK

Kevlar

ABS

Kanus mit Persenning (Spritzdecke)

Persenning oder nicht – wir Mitteleuropäer können anders als die Nordamerikaner darauf zurückgreifen. Eine Persenning gibt es hier in professioneller Ausführung für praktisch jeden Canadier. Sie zu besitzen, bedeutet ja nicht und immer überall, mit ihr fahren zu müssen. Eine fachmännisch gefertigte Canadier Spritzdecke samt Schürzen ist nicht nur ein Schlechtwetterschutz für Boot und Besatzung, sondern mit ihr wird auch Wildwasser (früher bis IV) gefahren. Eine gut gearbeitete Persenning schließt auch gegen zusätzliches Preßwasser (bis III). Trotzdem: eine Versicherung gegen Fahrfehler ist sie nicht!

Im Wildwasser-Renn- und Slalomsport gilt es so schnell wie möglich ans Ziel zu kommen. Die aggressive Technik der rücksichtslosen Fahrweise macht eine Abdeckung unerläßlich – andernfalls würden die Boote vollschlagen. Während eines Rennens bleibt keine Zeit, in einem Kehrwasser das Boot auszulenzen.

Eingedeckte Canadier und Slalom-Boote gehen ganz anders an die Schnellen heran; hinter ihnen steckt eine gänzlich andere Philosophie. Erstaunlich, an was sich diese Kanufahrer alles herantrauen!

Erinnern wir uns: Beim Rennsport gibt es einsatzbereite, qualifizierte Rettungsmannschaften. Aber der Wildwasser-Rennsport ist nicht der Gegenstand dieses Buches. Trotzdem wird ein Canadier wildwassertauglich, wenn er mit einer guten Persenning oder Spritzdecke ausgestattet wird.

Auf Flüssen mit vielen unfahrbaren Katarakten und Fällen – wo also das Boot häufig getragen werden muß – ist eine Persenning eher hinderlich. Genausowenig ist es möglich, einen kieloben schwimmenden, eingedeckten Canadier wieder aufzurichten. Eine Eskimo-Rolle in einem mit einer Persenning geschützten Canadier haben weder ich noch meine Freunde geschafft. Die Cockpit-Abdeckungen haben Vorzüge, trotzdem ist und bleibt ein Wander-Canadier eben ein Wanderboot. Natürlich spricht auch einiges für die Abdekkung. Ein Vollschlagen wird praktisch unmöglich; die Gefahr wird geringer, daß nach einer Kenterung ein Canadier vor ein Hindernis gedrückt und zerstört wird. Andererseits führt und verführt eine gute Persenning mit Schürzen dazu, sich an und in härterem Wildwasser zu versuchen. Ehe man sichs versieht, tummelt man sich im Bereich der Kajaks und festen eingedeckten Canadier, was weitere Sicherheitsvorkehrungen wie Helme etc. voraussetzt.

Vor allem bei Hochwasser – wenn hohe Roller und Schwälle zu fahren sind, ist ein mit einer guten Persenning gefahrener Canadier schon eine großartige Sache. In Mitteleuropa fahren gute Teams bis WW IV problemlos.

Auf den ersten beiden Fotos sieht man, wie Paul und ich die hohen Schwälle direkt angehen – ohne daß die Gefahr des Vollschlagens besteht.

In der zweiten Sequenz jedoch reißt unsere hausgemachte Persenning auf; der Canadier wird zum U-Boot und säuft ab. Es war aber weiter nicht tragisch, denn der dicke Schwall stand am Ende der Schnelle, und das ganze Abenteuer endete in einer erfrischenden Schwimmtour. Im Wildwasser muß eine Persenning absolut zuverlässig sein. Diese Voraussetzung erfüllen die allermeisten professionell gearbeiteten Spritzdecken in Europa, im Gegensatz zu Nordamerika – wo in erster Linie mit offenen Booten gefahren wird und es keine Kanu-Hersteller gibt, die auch zu ihren Booten eine Persenning maßschneidern.

Ab WW III sollte auch ein Helm getragen werden. Aus einem offenen Canadier fällt man bei einer Kenterung schon seitlich heraus; der Kopf bleibt in der Nähe der Wasseroberfläche.

Das ist im durch eine mit Spritzdecke abgedeckten Kanu anders: Es dauert den Bruchteil einer Sekunde länger, bis man raus ist. Die Gefahr, kopfunten mit einem Felsen zu kollidieren, ist größer.

Kniegurte

Wer sein Kanu richtig fürs Wildwasser ausrüsten will, denkt an Fußstützen, Kniegurte und Polster. Ohne diese Hilfsmittel bewegt sich die Möglichkeit, einen Ausleger zu fahren, in Grenzen, Mit Kniegurten kommt man weiter heraus, indem man das gegenüberliegende Bein anhebt.

Man verschmilzt regelrecht mit dem Canadier. Im Falle einer Kenterung bringt man einfach die Beine zusammen und fällt heraus. Kniegurte sind an sich schon komfortabel – verhindern aber auch Rutschereien im Boot. Sie müssen jedoch tief liegen, damit sie sich beim Strecken sofort lösen. Ein weiteres Hilfsmittel ist das Kniebrettchen im „Gatz“-Kanu, das – auf Wunsch angebracht – vor den Oberschenkeln liegt und so während des Kniens den Beinen Halt gibt.

Aber Vorsicht! Wer eine Persenning, Spritzschürzen, Knie-

gurte, Polster und Haltebrettchen etc. verwendet, geht das Risiko ein, daß die Gefahr, sich bei einer Kenterung im Boot zu verklemmen, größer als im offenen Canadier ist. Doch bei richtiger Fahrweise verringert sich die Gefahr eines Umschmisses. In jedem Fall sollte man vom Kanuhersteller die Gurte usw. anbringen lassen.

Der Kiel

Die Frage, ob Kiel oder nicht, läßt sich leicht beantworten. Ursprünglich schützen flache Kiele die Unterseite der empfindlichen Holz-Leinen-Kanus. Bei den ersten Polyester-Booten brauchte man ebenfalls Kiele, um eine bessere Längs-Aussteifung zu erreichen. Das ist heute durch moderne Materialien überholt.
Der Nachteil von Außenkielen zeigt sich bei schräg anlaufenden Wellen und beim Anhaken an Unterwasserhindernisse. Die Manövrierfähigkeit eines Bootes mit Kiel wird in strömenden Gewässer – also da, wo es darauf ankommt – eingeengt. Außerdem führt das kiellose Boot zu einer saubereren Fahrtechnik. Ganz nebenbei: Die Birkenrinden-Kanus der Indianer hatten auch keinen Kiel.

Pflege

Die Polyestercanadier bedürfen keiner Pflege, sie sind wartungsfrei. Wer will, kann jedoch die Optik durch Wachs oder Lackpflegemittel verbessern.

Reparatur

Bei Wanderfahrten wird ganz selten eine Reparatur notwendig sein. Es sollte immer eine kleine Rolle selbstklebendes Gewebeband mitgeführt werden, mit der man einen Riß im Boot oder Stoff problemlos abdichtet.
Dauerhaft repariert wird mit den jeweilig dem Boot entsprechenden Materialien, deren Anwendung auf den Packungen angegeben ist. Bei Polyesterbooten ist die Reparatur ganz unproblematisch.

Das Paddel

So wie mit einem guten Werkzeug ist auch nur mit einem guten Paddel eine effektive Leistung zu erreichen.

Es wird eine Vielzahl von Stechpaddeln angeboten, einfache aus Massivholz, meistens Fichte, und billige Plastikpaddel, die bestenfalls als Reservepaddel mitgeführt werden sollten. Das moderne Paddel ist aus verleimtem und überfurniertem Holz mit verstärkter Spitze oder aus einem Kunststofflaminat mit Aluminiumschaft hergestellt. Sehr teure Paddel werden aus den nahezu unverwüstlichen Kevlar/Kohle-Aramid/Carbonfasern gefertigt.

Welches Material man bevorzugt, ist Geschmackssache. Ein Kunststoffpaddel ist pflegeleichter, der beschichtete Aluschaft vielleicht etwas kühler als Holz. Das Holzpaddel wirkt dagegen natürlicher, passender zum Canadier.

Das Paddel sollte leicht und elastisch sein, um bei ca. 1800 Paddelschlägen pro Stunde die Ermüdung so gering wie möglich zu halten. Ein elastisches Paddel bringt keinen harten Schlag in den Muskel beim Einsetzen und federt am Ende des Zuges etwas nach, was die Effektivität erhöht.

Die Länge des Stechpaddels sollte etwa 25 cm unter der Körpergröße liegen. Genau bemessen ist es, wenn in sitzender Position der Paddelgriff etwa in Kinnhöhe ist und das Paddelblatt voll in das Wasser eintaucht. Der Heckpaddler wird zum Steuern ein etwas längeres Paddel bevorzugen als der Bugpaddler. Wir haben festgestellt, daß beim Solo ein 5 cm längeres Paddel angenehmer ist als beim Zweierfahren.

Bei Kindern kann man das Paddel 10 cm länger wählen. Dann reicht es ein oder zwei Jahre länger.

Ob ein schmales oder breites Paddelblatt besser ist, hat schon zu langen, fruchtlosen Diskussionen geführt. Das schmale Paddel ermöglicht schnellere oder weniger kraftaufwendige Schläge, ist aber nur in tiefem Wasser einzusetzen.

Bei flachen Gewässern hat man mit dem breiten Blatt mehr Erfolg. Die modernen Paddel haben eine gute Kombination von Blattlänge und -breite, so daß der Wanderfahrer immer zurechtkommt.

Schwimmwesten

Die Schwimmweste ist eine reine Schwimmhilfe und bietet bei Ohnmacht keinen Schutz vor dem Ertrinken. Sie wird überwiegend nur zur eigenen Sicherheit bei einer Kenterung auf großen Seen und breiten, schnell fließenden Flüssen getragen. Im Wildwasser ist sie, kombiniert mit dem Sturzhelm, ausreichend, da sie das meist nur kurze Schwimmen als Auftriebskörper unterstützt.
Die Schwimmweste besteht aus geschlossenzelligem Weichschaum, dessen Auftrieb auch durch Beschädigungen nicht gemindert wird.

Rettungswesten

Die Rettungsweste hat einen Kragen. Bei einer Kenterung dreht sie den Schwimmenden automatisch auf den Rücken, so daß der Kopf, gestützt durch den Kragen, aus dem Wasser herausragt und auch dem Ohnmächtigen noch das Atmen ermöglicht. Die Rettungsweste hat vor der Brust Griffe, die ein schnelles Bergen ermöglichen sollen.
Kinder und Erwachsene, die nicht schwimmen können, sollten unbedingt eine Rettungsweste tragen.

Zubehör

Dieses Thema ist nicht auf die Schnelle abzuhandeln. Zu groß ist das Spektrum. Handelt es sich um einen mehrmonatigen Wildnis-Trip, eine ganz normale Ferientour oder einen Wochenendausflug? Und zu ausgeprägt sind die Individuen gerade unter den Kanuten. Nach einiger Überlegung haben wir als Herausgeber uns entschlossen, einen speziellen Band in dieser Reihe zu verfassen: „Großer Spaß mit kleinen Booten“.

Trotzdem haben wir das Wesentliche aufgelistet:
Boot: Paddel, Ersatzpaddel, Leinen.
Wohnung: Zelt je nach Größe und Komfortwünschen der Besatzung, Schlafsäcke, Isoliermatten.
Küche: kleiner Benzin-Kocher für wildere, Camping-Gas-Kocher für zivilisierte Gegenden. Für die absolute Wildnis keins von beiden; hier kocht man überm Lagerfeuer. Töpfe, Pfanne, Bestecke, Teller, Becher.
Verpackung: Sehr praktisch, wenn auch schwieriger zu tragen sind Kunststoff-Tönnchen oder -Behälter. Da wasserdicht, dienen sie gleichzeitig als Auftriebskörper. Gummierte Packsäcke. Hier darf man keinesfalls sparen! Durchnäßte Schlafsäcke sind ein Graus!

Kleidung: vieles kann, muß aber nicht sein. Regenzeug sollte ebenfalls von guter Qualität sein. Goretex, ein atmendes Gewebe, ist zwar eine hervorragende Sache, aber auch sehr teuer und doch nicht hundertprozentig. Für drunter ist Wolle das Beste, für drüber alles, was bequem, strapazierfähig und nicht sonderlich schmutzanfällig ist. Leichte Gummistiefel sind sehr praktisch in der kalten Jahreszeit und im Norden ein Muß. Neopren ist etwas für Spezialisten, ebenso eigens für Wildwasserfahrer entwickelte Bootsschuhe. Bade- und Sporthose, Oberteil, Sonnenbrille nicht vergessen!
Verpflegung: So sehr auf den individuellen Geschmack zugeschnitten, daß sich Allgemeingültiges kaum sagen läßt. Unsere Empfehlung: möglichst viel im Lande einkaufen; das ist ein Teil des Abenteuers! Großzügige Portionen kalkulieren – nach ein paar Tagen an der frischen Luft wird jeder hungrig.

Rettungsgerät: Wurfbeutel, Erste Hilfe, Schwimm- bzw. Rettungswesten.
Hygiene: Klappspaten, Mückenöl, Sonnencreme, Toilettenpapier.

Sonstiges: stabiles Messer, Beil, Tragegestell, einige Taschenbücher für Regentage.

Erste Hilfe

Sollte ohnehin Allgemeingut sein. Sie ist genauso wichtig für jeden Kanuten wie für jeden Autofahrer. Dazu gehört selbstverständlich eine kleine Erste Hilfe-Box, deren Inhalt für längere Touren nach eigenen Bedürfnissen bzw. geographischen Gegebenheiten zusammengestellt werden muß.

Dachgepäckträger

In den meisten Fällen muß der Canadier irgendwann zum Wasser. Ob er nur mal eben um die Ecke oder für eine lange Urlaubsfahrt transportiert wird – immer muß der Dachgepäckträger und die Befestigung des Bootes optimal sein. Das gilt viel weniger wegen des Bootsverlustes als wegen der Gefahr für die anderen Verkehrsteilnehmer.
Wir haben einmal für die Fernsehsendung „Der 7. Sinn" auf der Autobahn das Abheben oder „vom Dach-Fliegen" des Bootes bei 100 km/h original nachvollzogen. Es ist unvorstellbar, welche Gewalt der fliegende Bootskörper entwikkelt! Das bedeutet, daß man im Interesse des gesamten Kanusports – vor allem aber, um schreckliche Unfälle zu vermeiden – die Dachlast seines Bootes nicht nur hundert-, sondern hundertfünfzigprozentig sichert!
Der Dachgepäckträger sollte breite Füße und kräftige Holme haben. Eine rutschfeste Schaumauflage ist sinnvoll, eine seitlichen Halt gebende Stütze ebenfalls, jedoch nicht notwendig. Spezielle Mulden werden nicht gebraucht, da der Canadier meistens umgekehrt transportiert wird. Bei aufgezogener Persenning transportiert man ihn manchmal aufrecht, um noch einige leichte Gepäckstücke hineinzupacken. Auch da wird ein seitliches Verrutschen verhindert, wenn man die Gurte oder Seile, mit denen der Canadier am Dachgepäckträger befestigt wird, dicht am Boot festzurrt. Niemals Expandergummis verwenden!
Bei starkem Druck durch Fahrtwind geben sie überhaupt keinen Halt; durch Abbiegen der Haken oder Aus-der-Hand-Gleiten können schwere Verletzungen entstehen. Wichtig ist die zusätzliche Sicherung mit Leinen zur Stoßstange oder zum Abschlepphaken, vorne und hinten.
Ein auf dem Autodach befestigtes Boot (oder auch mehrere) darf nicht über die Wagenlänge hinausragen. Hinten ist 1 m Überstand ohne Kennzeichnung erlaubt. 1,5 m Überstand kennzeichnet man bei Tage mit rotem Warnschild, in der Nacht mit roter Lampe. Bis 3 m Überstand mit den obigen Sicherungen sind im Nahverkehrsbereich bis 100 km Umkreis vom Wohnsitz gestattet.

Mücken

Vielleicht noch ein Wort der beiden Herausgeber zu einem Problem der Wildnis, das Bill Mason nicht beschreibt: zur Mücken- und Fliegenplage! Sie kann einem zu bestimmten Zeiten in Kanada wie in Skandinavien, aber auch im sonst so trockenen Rhône-Tal ganz gehörig an die Nerven gehen! Ein allgemeingültiges, hundertprozentiges Mittel dagegen gibt es nicht, dafür aber recht gute Sprays und Lotionen; weiter hilft helle Kleidung mit geschlossenen Bündchen an Armen und Hals. Vitamin B-Tabletten dagegen helfen nicht, und noch weniger die batteriebetriebenen Summer. Viel Knoblauch und Zwiebeln helfen – aber nur, wenn beide zu einem echten Bestandteil der täglichen Nahrungsaufnahme geworden sind und damit auch manch andere Wesen in die Flucht schlagen.

Welches Boot zu welchem Zweck?

Die erste Frage ist immer: „Wie finde ich das ideale Boot – welches Boot ist für mich oder uns das richtige?“ Die Antwort auf diese Frage ist gar nicht so leicht zu beantworten. Zuerst gilt es, sich klarzumachen, was man von seinem Boot wirklich erwartet.
Da sind einmal die äußeren Dimensionen:
Ein Boot sollte so bemessen sein, daß es, beladen mit der zu transportierenden Besatzung *und* dem vielen Gepäck für eine längere Urlaubstour, leicht gefahren werden kann.
Der normale Wander-Canadier ist ein Allroundboot, das ein breites Spektrum aller möglichen wassersportlichen Aktivitäten ermöglicht. Ein Grund für seine große Beliebtheit! Wahrscheinlich wird ein Boot von 5 m Länge und 0,90 m Breite den meisten Bedürfnissen am ehesten gerecht. Es geht dabei ja auch um die Sicherheit der Familienmitglieder! Also muß auch der sportliche Fahrer Zugeständnisse an Länge und Breite machen. Es ist immer richtig, ein Boot eher etwas größer als zu klein zu wählen.
Andererseits werden wir oft gefragt: „Warum werden so viele unterschiedlich lange und breite Canadier gebaut?“ Das ist rasch erklärt. Das schmale, lange Boot ist schnell, gut im Geradeaus-Lauf, aber nicht so wendig. Das kurze, breite Boot ist sehr gut zu drehen, stabil in der Wasserlage, aber langsam. Gut zu verstehen ist das, wenn man einen Stab in einen mit Wasser gefüllten Teller legt. Der Stab wird, angestoßen, weit in eine Richtung laufen, aber seitlich kaum auskurven. Selbst

wenn sich der Teller dreht wie ein Kreisel, wird die Kraft, in eine Richtung angewandt, den Stab kaum von der Stelle bewegen. Daraus resultieren die in Kanutenkreisen bekannten Ausdrücke „er dreht auf dem Teller“ und „Länge läuft“.
Es gibt eine Anzahl von Kanus, die einen Kompromiß zwischen den beiden Extremen herstellen.
Versuchen wir es mit einer Hilfestellung:
- Canadier für Wanderfahrten auf Bächen, Flüssen, Seen und leichtem Wildwasser:
- 1 Person, Bootslänge 4,00 – 4,40 m; Breite 0,80 m
- 2 Personen, Bootslänge 4,50 – 5,00 m; Breite 0,80 – 0,90 m
- 2 Personen mit 1 oder 2 Kindern bis 10 Jahre, Bootslänge 4,70 – 5,50 m; Breite 0,80 – 1,00 m
- 4 Personen, Bootslänge 5,00 – 5,50 m; Breite 0,95 – 1,00 m

Diese Bootsgrößen ermöglichen die Zuladung des notwendigen Urlaubsgepäcks.

Einige Beispiele:
Zwei Erwachsene wollen mit einem Kind von ca. acht Jahren überwiegend Kleinflüsse mit engen Kurven befahren: Da wäre ein Canadier von 4,70 m Länge und 0,90 m Breite richtig, weil er auch bei Gepäckzuladung noch wendig genug wäre. Er ist kurz und liegt aufgrund seiner Breite nicht zu tief. Stünden aber bei gleicher Besetzung und Zuladung größere Flüsse und offenes Wasser auf dem Programm, wäre ein Canadier von 5,25 m Länge und 0,85 m Breite eher geeignet. – Er ist schneller und kursstabiler. Ein kleines 4-m-Kanu ist – wenn schwer beladen – schon wegen seines Tiefgangs träger und problematischer zu manövrieren.

Oft geht der Trend zum Allroundboot mit seinem größeren Anwendungsbereich, allerdings mit Zugeständnissen an Wendigkeit und Schnelligkeit. Ausgeglichen werden diese Negativa durch das Mehr seiner Möglichkeiten. Für zwei Personen mit ca. 75 kg wäre demnach ein Canadier zwischen 4,50 m und 4,70 m Länge richtig. Eine Familie mit zwei oder mehr Kindern sollte eine Bootslänge von 5,50 m wählen, weil die Kinder größer werden und das Kanu dann immer noch genug Raum bietet, Gepäck aufnehmen und trotzdem leicht laufen muß. In einem solchen Boot können auch mal statt der Kinder erwachsene Freunde mitfahren. Vielfach ist es so, daß eines Tages die Kinder ihr eigenes Boot nebenher paddeln. Das macht gar nichts, denn dieser große Canadier läßt sich wegen des geringen Tiefganges auch von zwei Personen leicht fahren. So leicht, daß es auch der Familienvater allein schafft, während der anmutigere Teil der Besatzung ein Sonnenbad nimmt.

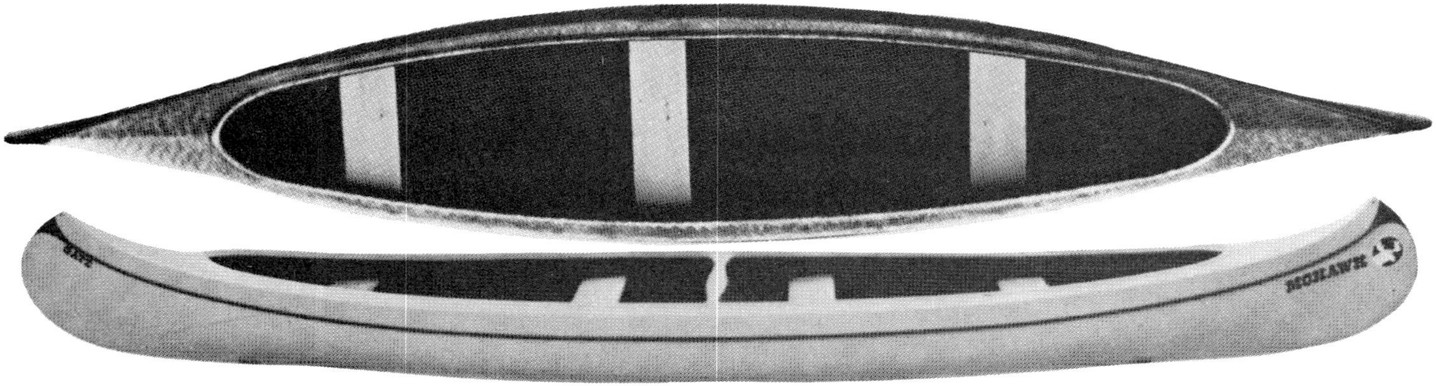

Der Canadier mit einer geraden Kiel- und langen Wasserlinie ist schnell und spurt gut. Es ist ein Boot für Seen und große Flüsse, weniger geeignet für schnelle Wendemanöver in engen Felsrinnen und in Stromschnellen.

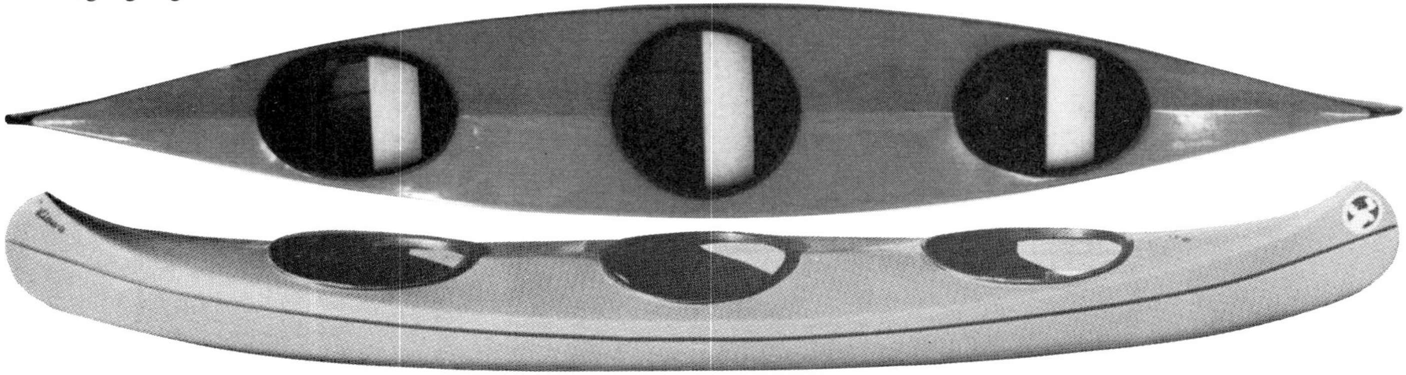

Ein Canadier mit starkem Kielsprung (Längskrümmung) und größerer Breite ist sehr wendig. Er ist das ideale Boot für kleinere Flüsse und fürs Wildwasser. Er ist aber etwas langsamer als der oben angeführte Bootstyp.

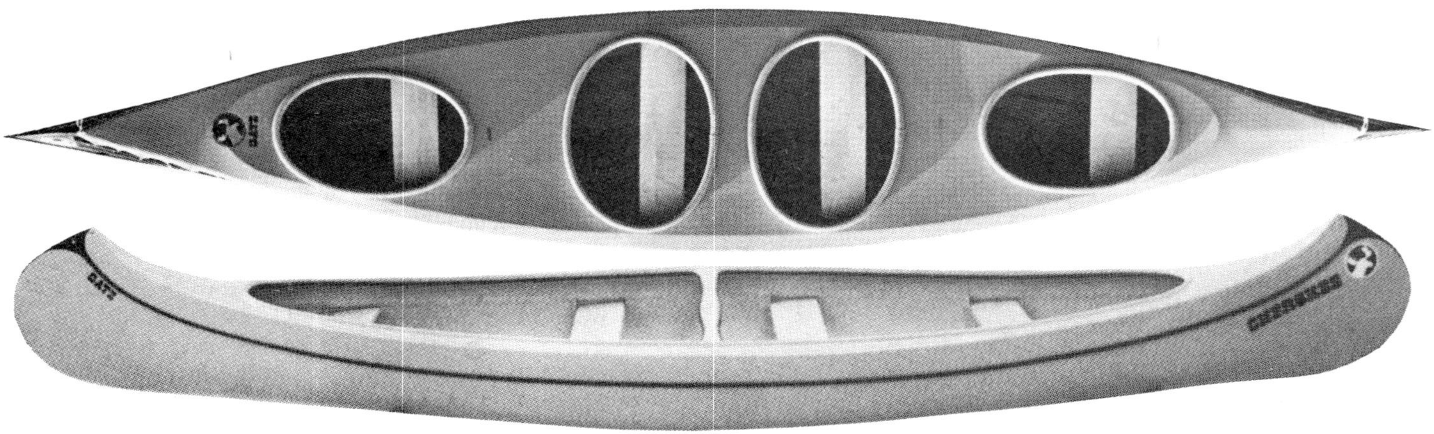

Für Wanderfahrten auf den unterschiedlichsten Gewässern sollte ein Canadier zwischen beiden Extremen liegen, so daß größtmögliche Kippstabilität mit einer leichten Handhabung einhergehen. Wenn ein wendigeres Boot durch Wind, Wellen und Strom aus dem Kurs kommt, ist es leichter wieder in die Richtung zu bringen als ein zu kursstabiles Boot.
Ein hoher Bug mit einer schwach gebogenen Oberdecklinie fährt auch in höheren Wellen relativ trocken.

Der Querschnitt des Canadiers mittschiffs, bezogen auf die Bootslänge, beeinflußt ebenfalls die Fahreigenschaften.

Breiter, flacher Boden: hohe Kippstabilität, Wendigkeit.

Schmaler, gewölbter Boden: weniger Kippstabilität, Schnelligkeit.

Breiter, gewölbter Boden: kippstabil, wendig, zufriedenstellende Schnelligkeit.

Ladekapazitäten

Yoho I		4,20 m	0,80 m	ca. 23 kg	ca. 200 kg
Yoho I		4,20 m	0,70 m	ca. 23 kg	ca. 200 kg
Yoho I		4,20 m	0,80 m	ca. 23 kg	ca. 200 kg
Yoho II		4,55 m	0,80 m	ca. 28 kg	ca. 260 kg
Yoho II		4,55 m	0,80 m	ca. 28 kg	ca. 260 kg
Yoho III		4,90 m	0,90 m	ca. 34 kg	ca. 350 kg
Mohawk 470		4,70 m	0,90 m	ca. 32 kg	ca. 350 kg
Mohawk 500		5,00 m	0,80 m	ca. 36 kg	ca. 325 kg
Mohawk 520		5,25 m	0,85 m	ca. 38 kg	ca. 400 kg
Cherokee 500		5,00 m	0,95 m	ca. 40 kg	ca. 425 kg
Cherokee 550		5,50 m	0,95 m	ca. 44 kg	ca. 450 kg
Oldtimer		5,27 m	0,87 m	ca. 38 kg	ca. 400 kg

Foto: Ernst Käufer

Kanusport und Umwelt

Die Idee der „Wildnis“ ist die des Weißen Mannes. Für die Eingeborenen war das Land nie „wild“, für sie war es ihr Zuhause. Sie brauchten nie eine feindliche Umwelt „zu zähmen“. Der Weiße dagegen sah das ursprüngliche Land als eine Gefahr an, die es zu bekämpfen galt – und er ging daran, es den Vorstellungen seiner europäischen Heimat anzupassen. Dabei ist er soweit gediehen, daß der größte Teil des verfügbaren Landes als „gezähmt“ gilt. Es wird immer schwieriger, die abgelegenen Gegenden zu finden, wo das Land so geblieben ist, wie Gott es geschaffen hat. Es gibt sie immer noch, die urwüchsige Wildnis – aber man muß sie zu finden und dorthin zu kommen wissen. Das Problem liegt in der Bewahrung der Ursprünglichkeit.

Leider gibt es heute kaum noch etwas, an dem nicht ein Preisschild hängt; die Werte sind in Dollar, in Mark, in anderen Währungen ausgeworfen.

Aber es gibt auch andere Wertungen. Das sind die ästhetischen, die spirituellen Werte; die Profite, die der Geist durch die Herausforderung des Körpers kassiert. Das sind natürliche Werte, die kaum in Mark und Pfennig umzurechnen sind. Ein Grund, weshalb die Natur so schwer gegen die ökonomische Ausbeutung zu verteidigen ist. Die Tatsache, daß viele Wildtiere von der Bildfläche verschwinden, macht uns betroffen. Der wichtigste Grund hierfür ist die Zerstörung ihres Biotops. Da wo wir die Wildtiere vertreiben, vertreiben wir auch den Kanuten. Aber wir sind nur Gäste in der Ursprünglichkeit. Und sollten uns entsprechend verhalten. Das Haus der Tiere, das wir besuchen, so wieder verlassen, wie wir es vorgefunden haben. Es sollte uns daran erinnern, daß unsere Anwesenheit die Überlebensmöglichkeiten manch anderer Lebewesen einschränkt. Ich versuche, den Kanusport populär und beliebter zu machen. Durch dieses Engagement werden womöglich weitere Schäden an einer bis dato noch intakten Umwelt provoziert. Das Problem liegt darin, die letzten Wildnis-Enklaven noch so zu erleben, ohne sie durch unsere Anwesenheit negativ zu verändern. Sogar Wildnis-Enthusiasten können den Gegenstand ihrer Bewunderung förmlich zu Tode lieben.

Manchmal plagen mich Selbstzweifel, ob es richtig ist, Naturfilme zu machen und in ihnen ursprüngliche Gegenden bekanntzumachen. Mitunter finde ich wunderschöne Plätze und muß mich selbst fragen: „Warum soll ich's ihnen sagen?“ – „Ihnen“ – damit meine ich Menschen, die bis dahin wenig Interesse hinsichtlich ihrer Umwelt gezeigt hatten.

Wenn ich zuweilen zu einem von mir entdeckten Platz zurückkehre und die leeren Dosen, Flaschen, den Abfall vorfinde, dann bekomme ich Probleme mit meiner Arbeit. Doch wenn man die Ursprünglichkeit erhalten will, braucht man die Unterstützung eines beträchtlichen Teiles der Gesellschaft. Es ist ein Erziehungsproblem, zuerst aber das Wecken von Interesse, um einer ökonomischen Ausbeutung entgegenzuwirken. Unsere moderne, technologisch orientierte Gesellschaft braucht die Ursprünglichkeit bitterer denn je. Die heute noch wilden Flecken auf der Landkarte werden ganz bestimmt nicht größer – eher ist das Gegenteil der Fall. Was uns noch bleibt zu erhalten, ist nur möglich, wenn viele Menschen ihrem Engagement Ausdruck verleihen.
Manchmal habe ich den Eindruck, daß die Regierungen aller Länder nichts weiter im Sinn haben, als ihr Land so schnell wie nur irgend möglich zu betonieren und alles aufzustauen, was nur irgendwie fließt. Dabei habe ich zu meiner Überraschung festgestellt, daß manch ein von uns gewählter Politiker ebenso enthusiastisch über die Wildnis denkt wie wir selbst. Aber wir müssen uns bemerkbar machen und sie unterstützen, wenn es um die Erhaltung der Umwelt geht. Ich benutze dazu als meine Medien den Film, die Schriftstellerei, die Malerei. Was mir wiederum die Möglichkeit gibt, mich „draußen“ aufzuhalten. Selbstverständlich macht es mir riesigen Spaß, Hobby und Job miteinander zu verbinden – was eigentlich recht egoistisch ist. Doch darüberhinaus weiß ich auch um meine moralische Verpflichtung der Umwelt gegenüber. Tiere und Pflanzen sind wie wir von Gott erschaffen und haben genau wie wir Menschen ein Recht auf ihre Existenz.

Last but not least . . .

Vor allem mit ihren Frauen haben die beiden Herausgeber heiße Diskussionen geführt, wie sie sprachlich der lieblichen Hälfte der meisten Zweierbesatzungen gerecht werden sollten. Um es vorweg zu bekennen: Die Diskussion endete ohne das angestrebte Ergebnis. Die beiden Frauen waren letztlich der Ansicht, daß es (noch) keine vernünftige, linguistische Alternative gibt zu Vorder- oder Hintermann, zu Paddler, Kanute, Wasserwanderer usw. Das Wort Vorderfrau geht schließlich genausowenig wie Wasserwanderin ...
Halten wir es mit dem Stillen Ernst, nicht nur bei den rheinischen Kanuten ein Begriff: „Seit ich verheiratet bin und meine Frau mitpaddelt, muß ich mich bei unseren Fahrten zwar mit einer Reihe von Luxusartikeln, auf die ich vorher verzichtet habe, abschleppen – als da sind Seife, Handtuch, Rasierzeug, Topflappen und dergleichen. Doch diese zusätzliche Belastung wird mehr als nur ausgeglichen durch die Anmut und den Frohsinn, mit denen unsere Frauen selbst eine total verregnete Tour zu einem unvergeßlichen Erlebnis machen.“
Uns bleibt nichts anderes übrig, als herzlich und dankbar diesen Worten zuzustimmen. Und sei es nur als kleine Kompensation für die scheinbare Dominanz des Männlichen im Kanu-Sport.

Statt eines Nachwortes

Es klingt nach Seemannsgarn, wie es auch gern unter Kanuten gesponnen wird: Genau wie bei den im Vorwort erwähnten ersten Paddelversuchen von Arno Gatz schipperte auch ich mittels eines abgeworfenen Jagdbomber-Treibstofftanks auf heimischen Gewässern im Saarland herum. Doch bald ersetzte eine Reihe von Kajaks und Canadiern die verbeulte, alte Blechbüchse. Der Radius meiner Touren vergrößerte sich rasch. Das zwangsläufige Resultat war, daß sich die Kurse von Arno und mir immer wieder kreuzten. Das tun sie nun schon seit über zwanzig Jahren.

Sowohl Arnos als auch mein Dasein ist längst ohne Kanu nicht mehr denkbar. Während der eine jede freie Stunde paddelnd auf deutschen und im Urlaub auf kanadischen Gewässern verbringt, ist für den anderen in seinem Refugium in Labrador das Kanufahren ein Stück täglich Brot. Arno Gatz entwickelt und baut immer wieder neue Bootsformen und -modelle (wie die interessanteste Neuschöpfung der letzten Jahre, den „Inuit"). Meine schönsten und abenteuerlichsten Reisen wären ohne Kanu nie Wirklichkeit, die meisten meiner Bücher wären nie geschrieben worden.

Lange haben wir, gemeinsam mit unseren Frauen Sigi und Brigitte, überlegt, wie wir ein sowohl für Anfänger wie auch für Könner interessantes Lehr- und Lesebuch speziell für den Canadierfahrer entwickeln könnten. Bis wir dann – unabhängig voneinander – auf Bill Masons „Path of the Paddle" stießen. Hier lag nun ein hervorragendes Werk vor, das wir lediglich den europäischen Verhältnissen anzupassen brauchten. Dieser Mühe haben wir uns gerne unterzogen. Durch das besondere Engagement von Sigi und Arno Gatz ist es dann auch noch möglich geworden, „Die Kunst des Kanufahrens – Der Canadier" sehr preiswert herauszubringen. Daß das alles mit dem 25jährigen Betriebsjubiläum der Firma „mit dem Elchkopf" zusammenfiel, ist ein schöner Zufall. Ich hoffe, daß sich unsere Kurse noch häufiger kreuzen als in den vergangenen zwanzig Jahren und gratuliere Sigi und Arno Gatz herzlich zu ihrem Jubiläum.

Köln, Januar 1987
Elmar Engel

Bibliographie

„Kajak und Canadier"
Training – Technik – Taktik
von Obstoj, Knap, Suchotzki
rororo 7018, 2. Auflage, Reinbek 1984

„Kanu – Kajak – Faltboot"
Großer Spaß mit kleinen Booten
von Elmar Engel
BusseSeewald, Herford, 5. Auflage 1986

„Wildwasserfahren"
Technik – Training – Taktik
von Robert Steidle
BLV, München, 2. Auflage 1982

Darüber hinaus gibt es eine ganze Reihe von Erlebnisberichten über Kanutouren in Europa und anderen Kontinenten. Alle Titel hier aufzuführen, würde den Rahmen dieses Buches sprengen.

Zweimal im Monat erscheint die Zeitschrift „Kanu-Sport", das amtliche Nachrichtenorgan des Deutschen Kanu-Verbandes, mit Nachrichten aus den Vereinen, mit Berichten über Leistungs- und Wandersport, Gewässerschutz, Ausrüstung usw. Zu beziehen über:

Deutscher Kanu-Verband
Berta-Allee 8, Postfach 10 09 50
4100 Duisburg 1
Tel. 02 03 / 7 29 65